INTUITION
Dein Coach für ein gesundes und glückliches Leben

Das Buch

Jeder Mensch ist anders und jeder Mensch besitzt sie: Intuition – das unbewusste Gefühl für ein gesundes und glückliches Leben. Intuition wurde Ihnen von der Evolution in die Wiege gelegt. Ihr können Sie vertrauen. Sie ist Ihr innerer Coach, der weiß, was gut für Sie ist, was fehlt und was zu viel ist. Dieses Buch zeigt Ihnen auf eine andere Art und Weise, was in Ihnen steckt, und lässt Sie dieses Gefühl wiederfinden. Es vermittelt Ihnen das richtige Wissen, befreit Sie von Zweifel und Unsicherheiten und schärft Ihren Blick für das, was Sie persönlich für sich brauchen.

Claudia Meyer

INTUITION

DEIN COACH FÜR EIN GESUNDES UND GLÜCKLICHES LEBEN

COPYRIGHT: © 2017: Claudia Meyer – www.claudia-meyer-pt.com
Lektorat: Erik Kinting – www.buchlektorat.net
Covergestaltung: Benjamin Urban – HINGIN-GRAPHIX.de
Umschlag & Satz: Erik Kinting, Benjamin Urban

VERLAG: tredition GmbH, Hamburg
978-3-7439-7463-0 (Paperback)
978-3-7439-7464-7 (Hardcover)
978-3-7439-7465-4 (e-Book)

Das Werk, einschließlich seiner Teile, ist urheberrechtlich geschützt. Jede Verwertung ist ohne Zustimmung des Verlages und der Autorin unzulässig. Dies gilt insbesondere für die elektronische oder sonstige Vervielfältigung, Übersetzung, Verbreitung und öffentliche Zugänglichmachung.

BIBLIOGRAFISCHE INFORMATION DER DEUTSCHEN NATIONALBIBLIOTHEK:
Die Deutsche Nationalbibliothek verzeichnet diese Publikation in der Deutschen Nationalbibliografie; detaillierte bibliografische Daten sind im Internet über http://dnb.d-nb.de abrufbar.

Die Benutzung dieses Buches und die Umsetzung der darin enthaltenen Informationen erfolgt ausdrücklich auf eigenes Risiko. Der Verlag und auch die Autorin können für etwaige Unfälle und Schäden jeder Art, die sich aus der Befolgung von Ratschlägen oder sonstigen Empfehlungen, aus keinem Rechtsgrund eine Haftung übernehmen. Rechts- und Schadenersatzansprüche sind umfassend ausgeschlossen.
Das Werk inklusive aller Inhalte wurde unter größter Sorgfalt erarbeitet. Dennoch können Druckfehler und Falschinformationen nicht vollständig ausgeschlossen werden. Der Verlag und auch die Autorin übernehmen keine Haftung für die Aktualität, Richtigkeit und Vollständigkeit der Inhalte des Buches, ebenso nicht für Druckfehler. Es kann keine juristische Verantwortung sowie Haftung in irgendeiner Form für fehlerhafte Angaben und daraus entstandenen Folgen vom Verlag oder der Autorin übernommen werden.

Wenn es Ihnen gelingt, den Weg so wichtig zu nehmen wie das Ziel, dann wird Sie die gesamte Reise erfüllen, nicht nur das Ankommen.

Unbekannt

INHALTSVERZEICHNIS

Wie soll ich das nur schaffen? 11

Ihr Weg 15
    Ihr Coach findet Ihren Weg 15
    Ihr Coach und sein Team 16

Einfach finden 65
    Vorab ein kurzer Vergleich:
    Der Lebenskeks aus Sicht der Schulmedizin und TCM 65

Einfach finden im Essen 69
    Superfoods – lebenserfahrene Naturhelden 69
    Zucker und Fett – echt lecker und echt gut 91
    Essbares Glück – Glückshormon Serotonin 124
    Getreide und Milch – nicht immer ganz einfach 132
    Bio machts leicht 152

Einfach finden im Denken 157
    Die Gedanken entscheiden 157
    Eine Geschichte 163

Einfach finden im Fühlen 167
    Was machen natürlich schlanke Menschen anders? 167
    Was alles satt macht 168
    Was alles dick macht 171
    So lassen Sie die Dickmacher abblitzen: Meine Tipps 179

Einfach finden im Bewegen **189**
   Was Bewegung alles kann 190
   Wie sich der innere Schweinehund vertreiben lässt
   und was sonst noch zählt: Meine Tipps 192
   Kleine Muskelkunde 198
   Bewegung und Abnehmen – der Mix machts: 197

Einfach finden im Schlafen **207**
   Was im Schlaf alles abläuft 208
   Schlafstörer 210
   Schlafförderer: Meine Tipps 213

Einfach finden im Rhythmus **219**
   Das Leben hat einen Rhythmus 219
   Die innere Uhr liebt feste Gewohnheiten 222
   Zurück zu den Wurzeln – ein Beispiel 230

Gefunden: Mein Coach und ich – wir schaffen das! **233**

Wichtigste Quellen **238**

WIE SOLL ICH DAS NUR SCHAFFEN?

Haben Sie oft das Gefühl, dass Sie ständig gegen die Zeit anrennen und all die Dinge, die noch zu tun wären, nicht mehr zu schaffen sind? Dass Sie Ihre kleinen und großen Lebenswünsche irgendwann ins Abseits geschoben haben und Ihr Leben an Ihnen vorbeizieht?

Vermutlich belastet Sie Ihre lange To-do-Liste, auf der Sie ein Häkchen nach dem andern setzen und regelmäßig feststellen, dass Sie doch nie fertig werden. Vielleicht sind es auch die unzähligen Tage, die Ihnen keine Gelegenheit geben, etwas Anständiges zu essen und nur einen schnellen Happen zwischendurch erlauben. Oder es ist Ihr Körper, der Ihnen sagt, dass Sie schon einmal fitter und ausgeglichener waren und nach einem festen Platz in Ihrem Terminkalender verlangt – einem Terminkalender, der nicht bis zum Bersten voll ist, sondern in dem Sport und Entspannung sowie Cappuccino und Kuchen mit Freund oder Freundin noch Platz finden und den Alltag versüßen.

Oder vielleicht sind es die Gedankengänge, die mit *Ich würde gerne mal ...* anfangen und Sie an die vielen schönen Dinge erinnern, die Sie noch erleben möchten; Gedankengänge, die Ihnen immer wieder bewusst machen, dass der richtige Zeitpunkt eben doch nicht *irgendwann schon noch kommen wird*, wo das richtige Leben anfängt.

So haben Sie sich Ihr Leben nicht vorgestellt. Wäre es da nicht gut, einen Gang runterzuschalten? Einmal zweckfrei nichts zu tun und sich den kleinen Freuden des Lebens zuzuwenden? Einfach nur Zeit zu *verschwenden*, um die Gedanken schweifen zu lassen und zu sich selbst zu finden. Freunde treffen, die Familie genießen oder die Muße aufbringen, der richtigen Ernährung eine Chance zu geben.

Ein Leben für die Zukunft lässt in der Gegenwart nicht viel Zeit für die Dinge übrig, die Sie stärken und motivieren. So ein Leben macht keinen

Spaß, sondern auf kurz oder lang unglücklich und krank. Zudem haben Sie nicht unendlich viel Zeit und das ewige Verschieben auf *das nächste Mal* führt womöglich dazu, dass Sie Ihren Lebensentwurf gefährden. Glücklich und zufrieden können Sie nur im Hier und Jetzt sein.

Woran liegt es, dass Ihr vollgepacktes Leben Sie nicht loslässt und Sie Ihre Balance nicht finden? Die Balance, bei der Sie nur Ihrem Gefühl zu vertrauen brauchen und die Ihnen die Lebenspower schenkt, um das umzusetzen, was zu Ihnen passt.

Die Evolution hat für Sie ein anderes Leben vorgesehen. Der Mensch ist für den Rhythmus unserer Zeit eigentlich nicht geschaffen und hat es schwer, der heutigen Schnelllebigkeit gerecht zu werden. Heute ist der *frühe Vogel mit dem Wurm im Schnabel* gefragt. Effizientere Prozesse, direktere Kommunikationswege und ständige Erreichbarkeit bringen ihn oft an seine Grenzen, denn die alltäglichen Erwartungen, immer besser zu werden und möglichst viele Dinge in immer kürzerer Zeit zu bewältigen, gehören ebenso zum Zeitgeist, wie eine ständige Reizüberflutung und fehlende Wertschätzung. So ein Leben erzeugt einen Menschen, der sich mit vielen Dingen gleichzeitig beschäftigt, immer öfter gereizt ist und nicht mehr abschalten kann, der beginnt an sich selbst zu zweifeln, seine eigenen Fähigkeiten infrage zu stellen und der oftmals von dem Gefühl bestimmt wird, nie zu genügen und sich den Genuss erst verdienen zu müssen. Aber auch Auto, Bus und Bahn lassen ihn nicht die ersehnte Stabilität finden, denn sie schränken seinen natürlichen Bewegungsdrang ein und nehmen ihm die Möglichkeit, Fitness zu tanken und die durch Angst, Frust und Ärger aufgestauten Gefühle loszuwerden.

Und auch andere Bereiche werden zur Schnelligkeit angetrieben. Obst und Gemüse werden vorzeitig geerntet und Brot muss auf seine traditionelle Herstellung verzichten. Ebenso dürfen all die Tiere, die den Menschen mit ihren Produkten versorgen, nicht nach ihrer eigenen Fasson leben und werden zur Eile gedrängt. Hierdurch büßen die Lebensmittel ihre guten Eigenschaften ein und werden durch Zucker, Fett und Zusatzstoffe *aufgepeppt*, die auf Dauer dick und krank machen.

Der Mensch hat die Orientierung verloren. Und obwohl er ständig bemüht ist, allem und jedem gerecht zu werden, schafft er es nicht, sich ausreichend schnell den neuen Gegebenheiten anzupassen und seinen eigentlichen Bedürfnissen gerecht zu werden. Er ist auf dem besten Wege, das Genießen zu verlernen. Auch die Unfähigkeit, die passenden Lebensmittel zu erspüren oder einfach mal loszulassen, hindert ihn daran das zu finden, was zu ihm passt. Hierdurch verblassen seine Wünsche und Sehnsüchte und damit fällt auch ein Stückchen Lebensfreude weg.

Dabei weiß der Mensch, wie wertvoll die alltäglichen kleinen Glücksmomente sind, die ihm Genuss, Liebe und Geborgenheit schenken. Er weiß, dass Bewegung und die richtige Ernährung beste Voraussetzungen mitbringen, sein Leben mit Energie und Gesundheit zu füllen. Er weiß, wie gut freie Zeiten auf ihn wirken, die er nach seinen Wünschen gestalten kann und die ihm Ruhe und Gelassenheit geben – die ihm die Gelegenheit geben, zu überprüfen, ob die eingeschlagene Richtung mit seiner Lebensvision noch übereinstimmt. Und er weiß, wie gut es sich anfühlt, wenn er in seiner Einzigartigkeit wahrgenommen wird und Anerkennung und Wertschätzung spürt. Somit weiß der Mensch, was er braucht. Nur den richtigen Weg hat er häufig noch nicht gefunden.

IHR WEG ...

IHR COACH FINDET IHREN WEG

Ihren Weg zeigt Ihnen Ihr Coach. Mit seiner Hilfe finden Sie Ihre Balance und können dem Leben mit einer gewissen Leichtigkeit begegnen. Er führt Sie zu Nischen, in denen Sie sich selbst finden, und gibt Ihnen das Gefühl, dass es mehr gibt, als *nur* zu funktionieren. Mit ihm brauchen Sie aus Ihrem bisherigen Leben nicht aussteigen und können Ihren Bedürfnissen wieder gerecht werden.

Doch wer ist Ihr Coach?

Die Intuition ist ein göttliches Geschenk.
Der denkende Verstand ein treuer Diener.
Es ist paradox, dass wir heutzutage angefangen haben,
den Diener zu verehren und die göttliche Gabe zu entweihen.

ALBERT EINSTEIN

Ihr *Coach* ist die *Intuition*, von der Albert Einstein spricht, und er ist noch weit mehr: Ihr Coach ist ein echter Freund, der Ihnen in Fragen des Lebens zur Seite steht, der weiß, was für Sie gut ist, was Ihnen fehlt und was zu viel ist. Mit ihm sind Sie gewappnet gegen die viel zu lange To-do-Liste. Er lässt Sie nicht hinter Ihrer Arbeit verschwinden, sondern lockt Sie hervor und setzt neue Impulse für ein bewegtes und selbstbestimmtes Leben.

Ihr Coach nimmt Sie in Ihrer Gesamtheit wahr und kann Ihre körperlichen Botschaften sicher deuten. Er ist auf Ihre Freiheit und eigenen Werte bedacht und weiß, was Sie ausmacht und was in Ihnen steckt. Ihm ist bewusst, wie breit Ihr Leben gefächert ist, und er kennt Ihre Gefühle und versteht, warum Sie so und nicht anders handeln. Denn er besitzt den ganz bestimmten Spürsinn – den Spürsinn, den er sich im Laufe der Evolution und Ihres Lebens angeeignet hat. Denn es ist das Leben, das ihn ausstattet und prägt.

Ihr Coach macht Ihr Leben einfacher, glücklicher und gesünder. Er lässt Sie jeden Tag aufs Neue das gute Gefühl von Zuversicht erleben, wenn Sie körperlich und geistig frisch und munter Ihre Aufgaben angehen. Mit ihm sind Sie auf dem richtigen Weg. Nicht weil Sie suchen, sondern weil Sie ihm vertrauen.

Wie lange es dauert, bis Ihr Coach voll und ganz für Sie da ist, hängt davon ab, wie gut es Ihnen gelingt, das richtige Rüstzeug zu finden. Das Rüstzeug, das seinen Spürsinn schärft und Ihnen Ihre Lebensbalance wiedergibt. Denn das heutige Leben macht auch vor ihm nicht halt und beeinträchtigt seine Fähigkeiten.

IHR COACH UND SEIN TEAM

Ich nenne sie *Dan*, *Sebastian* und *Lynn*: Diese drei unterstützen Ihren Coach. Sie sind einzigartig, genial, unverzichtbar und im Team unschlagbar, echte Profis eben und ein guter Grund, sie gebührend vorzustellen:

- Dan, der Darm, ist der Kommunikationsexperte im Team. Außerdem ist er für die Verdauung zuständig und ein exzellenter Abwehrstratege.
- Sebastian, der Säure-Basen-Haushalt, hält Ihren Stoffwechsel auf Trab und kann gut improvisieren.
- Lynn, das Lymphsystem, transportiert die Nährstoffe zu den Zellen und macht zusammen mit Dan die Immunabwehr erst perfekt.

Ohne die drei schafft Ihr Coach es nicht, Ihnen Ihre Balance wiederzugeben, denn sie sorgen dafür, dass all die Dinge, die seinen Spürsinn stören, von ihm ferngehalten werden. Und das gelingt ihnen umso besser, je fitter sie sind. Daher ist es gut, wenn Sie alle drei nacheinander kennenlernen und ihre enge Verbundenheit verstehen.

DAN, DER DARM – EMOTIONAL UND KOMMUNIKATIV

Auch wenn Dan gemeinhin als ein schlangenförmiges und übel riechendes Gebilde angesehen wird, so ist er doch etwas ganz Besonderes: Er ist nicht nur der wichtigste Teil des Verdauungstraktes und ein exzellenter Abwehrstratege, sondern auch derjenige im Team, der die Kommunikation übernimmt.

Denn die Evolution hat beschlossen, Dan ein eigenes Gehirn zu geben. Das befähigt ihn, frei und unabhängig zu entscheiden. Dabei denkt und handelt er, wie es für ein Gehirn üblich ist: Er greift auf gespeicherte Informationen zurück, reagiert auf Veränderungen und verfügt über einen großen Wissensschatz, den er für seine Aufgaben nutzt. Und das weiß auch Ihr Coach und nutzt Dans feine Antennen, um Ihre Bedürfnisse zu erspüren.

Das sagt die Traditionelle Chinesische Medizin (TCM) zu Dan, dem Darm:

Der Darm hat eine ihm eigene Intelligenz und reagiert auf äußere wie innere Faktoren wie ein empfindliches Messgerät. Unser Bauchhirn fühlt mit, es denkt, es erinnert sich und lässt uns intuitiv »aus dem Bauch heraus« entscheiden. Möglicherweise handelt es sich dabei auch um das sogenannte »Unbewusste«, nach dessen biologischer Grundlage noch immer geforscht wird.

Dans Gehirn ist ein zartes Netz von rund 100 Millionen Nervenzellen, das sich als dünne Schicht zwischen seinen Muskeln weitläufig von der

Speiseröhre bis zum Enddarm erstreckt. Es ist nahezu das Abbild des Gehirns im Kopf, denn es ist vom selben Ursprung, da es sich bereits in der frühen embryonalen Entwicklungsphase vom Kopfhirn löst und in den Bauchraum wandert. Beide Gehirne sind jedoch nicht voneinander getrennt, sondern durch einen dicken Nervenstrang, den *Vagusnerv,* miteinander verbunden. Und diese Verbindung, die sogenannte *Darm-Hirn-Achse,* nutzen die beiden auch, um sich zu verständigen. Dabei ist Dan ist derjenige, der mit 90 Prozent weitaus mehr Informationen an das Kopfhirn sendet als umgekehrt. Er gibt aber nicht nur Informationen weiter, sondern erteilt auch Anweisungen, und zwar an den Teil des Gehirns, der für Gefühle und Stimmungen zuständig ist. Zudem werden auch die Nachbarorgane ständig auf dem Laufenden gehalten und instruiert.

Dan ist intelligent und sensibel und lernt vor allem in jungen Jahren. Frühe Erfahrungen hinterlassen daher nicht nur Spuren im Kopf, sondern prägen und lenken auch ihn und machen sich hier und da im Alltag bemerkbar. Zuwendungen machen ihn glücklich und geben ihm Stabilität, während Kummer, Stress und Überforderungen ihn daran hindern, seine Fähigkeiten zu entfalten.

Auch einige Medikamente beeinträchtigen ihn, da sein Gehirn die gleichen Hormone bildet und die gleichen Zelltypen und Rezeptoren besitzt wie das Kopfhirn. Deshalb können stimmungsaufhellende Mittel Durchfall bewirken und Beruhigungsmittel Verstopfung hervorrufen. Leidet er unter chronischen Beschwerden, ist er noch empfindsamer, dann fällt es ihm schwer, seine ursprünglichen Stärken einzusetzen. Zudem kann sich seine Sensibilität auch in anderen Bereichen durch Migräne, Depressionen, Schlaf- und Essstörungen sowie Angst widerspiegeln. Ist er gut drauf, steckt er kleine Unannehmlichkeiten hingegen locker weg und legt sie nicht so schnell auf die Goldwaage.

Und ist er gut drauf, gelingt es ihm auch ohne Weiteres, all seine Stärken einzusetzen. Denn mit seinen zahlreichen Ausbuchtungen, Erhebungen und Schlingen besitzt er eine Fläche von rund 32 Quadratmetern, die er hegen und pflegen muss, da er mit dieser den Körper vor äußeren Umwelteinflüssen schützt.

Dan hat praktisch drei Arbeitsplätze: den Dünndarm, der gleich hinter dem Magenausgang beginnt und auf eine Länge zwischen drei bis sechs Meter kommt; den Dickdarm, der mit seinem kurzen Meter direkt daran anschließt und den knapp 20 Zentimeter langen Enddarm, der dann den Abschluss bildet. Im Dünndarm wird die Nahrung verdaut. Er ist mit Abermillionen fingerförmiger Darmzotten ausgestattet, die die Nährstoffe aufnehmen und ins Blut abgeben. Im Dickdarm wird die restliche Nahrung für den Stuhlgang passend eingedickt und über den Enddarm dann ausgeschieden.

Dan wird von rund 100 Billionen Bakterien bewohnt – gute und schlechte Bakterien, die in ihrer Gesamtheit bis zu zwei Kilo wiegen und die Darmflora bilden. Die meisten von ihnen wohnen im Dickdarm, aber auch im Dünndarm wohnen recht viele, wobei sie sich weit mehr im unteren als im oberen Abschnitt aufhalten.

Die Darmflora entscheidet über Dans Wohlbefinden und übt einen großen Einfluss auf die Vorgänge im Körper aus. Sie ist sozusagen das Ökosystem des Menschen und ein Indikator für seine Gesundheit.

Da nur die guten Bakterien in Dans Interesse arbeiten, sollten sie sich mit etwa 90 Prozent klar in der Überzahl befinden, um den schlechten problemlos Paroli bieten zu können.

Die guten Bakterien sind Dans größter Schatz und extrem gut organisiert. Einige von ihnen sind für die Immunabwehr zuständig. Sie schützen den Körper vor unerwünschten Eindringlingen, da mit der Nahrung auch schädliche Umweltstoffe und Krankheitserreger aufgenommen werden.

Und hier kommt Lynn, das Lymphsystem ins Spiel, denn Dan regelt die Immunabwehr *nur* zu etwa 80 Prozent alleine – den restlichen Part übernimmt Lynn, die einen Großteil ihrer Lymphknoten in seinem Verdauungsbereich stationiert hat. In ihren Lymphknoten werden ihre Abwehrzellen ständig weitergebildet, um immer auf dem neuesten Stand zu sein. Für den nötigen Informationsfluss sorgen Dans Bakterien. Denn sie sind diejenigen, die unerwünschte Eindringlinge sofort melden. Somit ergänzen sich Dan und Lynn perfekt.

Aber auch in anderen Bereichen sind Dans Bakterien echte Spitzenkräfte. Sie ...

- zerlegen und erschmecken die Nahrung und legen den Einsatz der Verdauungssäfte fest.
- bestimmen, welche Nährstoffe über Dans Schleimhaut in die Blutbahn durchgelassen werden dürfen und welche Fremdstoffe ausgeschieden werden müssen.
- pflegen seine Schleimhaut und verdrängen auch die Krankheitskeime, die durch Pilze oder Parasiten hervorgerufenen werden. Diese entstehen, wenn unverdaute Nahrungsbestandteile Dans Schleimhaut belasten.
- bilden lebenswichtige Vitamine und Fettsäuren. Darunter sind verschiedene B-Vitamine wie Folsäure, B6 und B12, Vitamin K2 sowie wie Buttersäure, die seine Schleimhaut besonders gut schützt.
- versorgen seine Zellen mit Energie.
- regen Dan zu mehr Bewegung an.
- erledigen die Entgiftung.
- vollbringen auch bei Nahrungsmittelunverträglichkeiten wahre Wunder.

Ebenso wertvolle Arbeit leisten Dans Bakterien bei der Kommunikationsarbeit zwischen seinem Gehirn und dem Kopfhirn, denn seine Bakterien besitzen ihre eigenen Signalstoffe, die von seinen sogenannten *enteroendokrinen Zellen* übersetzt und über das Hormonsystem oder den Vagusnerv zum Kopfhirn gesendet werden. Das ist zum Beispiel dann der Fall, wenn sie die Nahrung zerlegen und erschmecken, den Einsatz der Verdauungssäfte festlegen und über Verstimmung oder Wohlgefühl entscheiden. Denn diese in seiner Schleimhaut befindlichen Zellen besitzen die gleichen Geschmacksrezeptoren, die sich auch auf der Zunge befinden. Daher weiß Dan ziemlich schnell, ob ihm ein bestimmtes Nahrungsmittel auch gut bekommt. Hieran beteiligt ist auch sein Geruchssinn, wobei seine Riechzellen die gleichen sind wie die in der Nase.

Der Mensch und Dans Bakterien leben in einer friedlichen Symbiose, da beide diese Beziehung nutzen, denn der Mensch bietet den Bakterien Unterkunft und Nahrung und sie verwandeln dafür seine Nahrung in Energie und sorgen dafür, dass es ihm gut geht.

Jedoch wird die Symbiose ständig neu beeinflusst und es gibt vieles, was seinen Bakterien schaden kann. Seine Bakterien lieben ein schwach saures Milieu. In diesem Milieu gelingt es ihnen leicht, ihre Aufgaben zu erfüllen und Dans Schleimhaut gesund zu halten. Dann ist sie wie ein dichtes Maschennetz und kann von größeren Substanzen nicht durchdrungen werden. Sogar Fremdkeime haben dann keine Chance sich einzunisten und zu vermehren.

Verändert sich die Symbiose, verändert sich auch Dans Milieu. Ein Milieu, in dem sich Pilze, Fäulniskeime, Parasiten und die schlechten Bakterien wohlfühlen und fortlaufend gärende und saure Stoffe aus unverdauten Nahrungsresten produzieren, die seine Schleimhaut reizen und entzünden. Dann vergrößern sich seine Maschen und auch größere Substanzen wie Pilze, Keime, unverdaute Eiweißbestandteile und Abbauprodukte können leicht hindurchschlüpfen, in die Blutbahn und somit in den gesamten Körper eindringen. Durch diese durchlässige Schleimhaut, dem sogenannten *Leaky-Gut-Syndrom*, können dann auch allergieauslösende Stoffe, sogenannte *Antigene* aus Nahrungsmitteln in den Blutkreislauf gelangen und eine Immunreaktion auslösen, die sich auch gegen gesundes Gewebe richtet. Auch Allergene von Pollen oder Tierhaaren können auf diese Weise wirken. Ebenso haben entzündliche Darmerkrankungen wie *Morbus Crohn* und *Colitis ulcerosa* oder auch Pilzinfektionen, rheumatische Gelenkbeschwerden, Hauterkrankungen wie *Neurodermitis* und *Psoriasis* hier ihren Ursprung. Das Risiko, an Darmkrebs zu erkranken, ist dann ebenfalls erhöht.

Besonders stark verarbeitete Lebensmittel machen Dan auf Dauer das Leben schwer, da sie vorwiegend aus verarbeitetem Zucker und Fetten sowie Lebensmittelzusätzen bestehen. Zucker ist die Lieblingsspeise der schlechten Bakterien und Pilze. Er verändert Dans Milieu und gefährdet den Lebensraum seiner guten Bakterien. Auch Lebensmittelzusätze hemmen ihr Wachstum, sodass sie nicht mehr in der Lage sind, ihren vielfältigen Aufgaben nachzukommen.

Und auch ein Zuviel an Fleisch, Fisch, Käse, Kaffee und Alkohol machen ihm zu schaffen. Ganz besonders feindlich wirken Antibiotika. Selbst Säureblocker gegen Sodbrennen, die eigentlich der Verdauung helfen sollen, schaden ihm. Aber auch Stress, zu wenig Schlaf und Bewegung sowie Zeitmangel beim Essen wirken sich negativ auf seinen Gesundheitszustand aus.

Darüber hinaus irritieren womöglich künstliche Duftstoffe aus Parfums, Waschmitteln oder Duftkerzen seinen Geruchssinn. Inwieweit sich die Vermutung bestätigt, werden weitere Studien zeigen.

DANS LEISTUNGSFÄHIGKEIT WIRD SCHON VOR DER GEBURT GEPRÄGT

Wie gut Dan sein Potenzial entfalten kann, wird bereits ganz früh im Mutterleib beeinflusst, denn die Bakterien, die sich als Erstes bei ihm ansiedeln, bestimmen die Qualität seiner Darmflora, weil sie die weiteren Neuankömmlinge auswählen. Daher kann eine werdende Mutter ihr ungeborenes Kind schon in der ersten Phase der Entwicklung mit einer guten Darmflora ausstatten; vorausgesetzt, dass auch ihre gesund ist.

Die erst Kolonie Darmbakterien erhält das werdende Kind bereits über die Nabelschnur. Danach entscheidet die Art der Geburt über die weitere Zusammensetzung. Bei einer natürlichen Geburt verschluckt der Säugling auch Darm- und Vaginalsekrete der Mutter, die seinen Darm besiedeln und seine Darmflora von Anfang an stärken. Einem Kind, das per Kaiserschnitt geboren wird, entgeht an dieser Stelle diese wertvolle frühkindliche Programmierung.

Die Erstbesiedelung erfährt ihre Fortsetzung durch das Stillen, da die Bakterien aus dem Darmgewebe über Lymphbahnen und Brustdrüsen mit der Milch weitergegeben werden. Somit besitzt der Darm des Säuglings in den ersten Wochen nach der Geburt nur eine sehr geringe Anzahl schlechter Bakterien. Bei Flaschenkindern breiten sich die schlechten Bakterien hingegen schnell aus und da die Erstbesiedelung langfristig auch das Immunsystem beeinflusst, wächst zudem die Neigung zu Allergien, Autoimmunerkrankungen, Entzündungsprozessen, Ekzemen, Depressionen und Stoffwechselkrankheiten.

Die Medizin geht davon aus, dass in absehbarer Zukunft, als vorbeugende Therapie, die Darmflora gleich von Geburt an mit den richtigen Bakterien gestärkt wird und sich diese Behandlung im Laufe des Lebens in regelmäßigen Abständen wiederholt.

Die immense Bedeutung der Darmflora deckt sich im Übrigen mit der Sichtweise der TCM, denn in der TCM ist der Darm der ruhende und nährende Pol des Körpers; seine Pflege ist einer ihrer wichtigsten Grundsätze. Die TCM praktizierte bereits vor über 1000 Jahren die Übertragung der Darmflora, die sogenannte Stuhltransplantation. Hierbei wird der Stuhl eines gesunden Menschen in den Darm eines Kranken gespritzt, sodass die verpflanzten Bakterien dann dort sesshaft werden können, um eine neue Mixtur aufzubauen.

Auch in Deutschland, Österreich und der Schweiz wird diese Therapieform mittlerweile durchgeführt und ist seit wenigen Jahren auch mit Bakterienkapseln möglich.

DAFÜR KANN SICH DAN BEGEISTERN: MEINE TIPPS

Ihre Darmflora ist so individuell wie Ihr Fingerabdruck. Sind Sie Rohköstler, haben Sie eine andere Darmflora als ein Mensch, der sich vorwiegend von Fertigprodukten und Fast Food ernährt. Auch ein Chinese verfügt über eine andere Darmflora als ein Europäer. Ebenso unterscheidet sich die Darmflora rheumakranker Menschen von denen, die kein Rheuma haben. Und auch die Darmflora von Übergewichtigen setzt sich aus anderen Bakterien zusammen als die von schlanken Menschen.

Mit jeder Mahlzeit haben Sie die Möglichkeit, Dan mit guten Bakterien zu versorgen, sie zu unterstützen und somit sein Milieu zu stärken.

PROBIOTIKA – GUTE BAKTERIEN AUF DEM TELLER

Dan braucht *Probiotika*. Probiotika sind nichts anderes als Lebensmittel, die reich an guten Bakterien sind. Sie sind widerstandsfähig gegen Magensäure und Verdauungsenzyme und bieten den Bakterien sicheren Geleitschutz, um sich anzusiedeln. Hierzu zählen alle durch Milchsäurefermentation hergestellten Lebensmittel wie zum Beispiel Sauermilchprodukte und eingelegtes Gemüse.

EIN KLEINER ABSTECHER: MILCHSÄUREFERMENTATION

Milchsäurefermentation ist eine gute alte Art, Lebensmittel haltbar zu machen. Dies geschieht auf ganz natürliche Weise mithilfe von Bakterien.

Besonders sauer eingelegtes Gemüse, wie zum Beispiel Sauerkraut, gehört hier zu, denn die Bakterien befinden sich natürlicherweise überall in der Luft, im Wasser und auf dem Gemüse. Daher bietet ihnen klein geschnittenes Gemüse, das mit eigenem Zellsaft bedeckt ist, ideale Lebensbedingungen. Genau dieses sauerstofffreie Milieu benötigen sie, um den im Gemüse enthaltenen Zucker in Milchsäure zu verwandeln und ein saures Milieu zu erzeugen, in dem sie sich vermehren und gegen schädliche Mikroorganismen verteidigen können.

Fermentiertes Gemüse liefert nicht nur wertvolle Bakterien, sondern durch den Fermentationsprozess steigt auch der Gehalt an Nährstoffen.

Zudem sind fermentierte Lebensmittel besser verträglich. Daher sind auch Sauermilchprodukte weitaus bekömmlicher als Milch, da die Bakterien hierbei den Milchzucker, die *Laktose*, in Milchsäure umgewandelt haben.

Und hierfür kann sich Dan begeistern:
- Rohes, fermentiertes Gemüse wie Sauerkraut, eingelegte Auberginen, Gurken, Ingwer, Kürbis, Möhren, Paprika, Rote Beete, Zucchini und Zwiebeln. Im Prinzip können alle Gemüsesorten durch Milchsäuregärung eingelegt werden. So wird auch *Kimchi*, ein traditionell eingelegtes Gemüse der koreanischen Küche, durch Fermentation hergestellt.
- Milchsaure Gemüsesäfte und fermentierte Konzentrate aus Naturheilpflanzen.
- Brottrunk (aus Vollkornsauerteigbrot) und Kombucha (aus Tee). Täglich ein Glas Brottrunk zum Essen versorgt Dan optimal mit Milchsäurebakterien, je nach Geschmack pur oder mit Wasser oder Apfelsaft verdünnt.
- Fermentierte Sojaprodukte wie *Miso* (Sojabohnenpaste), *Natto* (fermentierte Sojabohnen), Sojasauce und *Tofu*. Produkte aus Sojabohnen sind in Bio-Qualität unbedenklich. Diese werden nach traditionellen Zubereitungsmethoden hergestellt. Hierbei dauert der Fermentationsprozess zwei bis drei Jahre oder auch länger. Industriell erzeugte Sojaprodukte werden im Schnellverfahren produziert. Bei ihnen findet keine Milchsäurefermentation statt, sondern sie werden oft mithilfe von bedenklichen Zusatzstoffen und Sojamehl in den Handel gebracht und besitzen keine positiven Eigenschaften.
- *Lassi*, ein indisches Joghurtgetränk. Dieses wird traditionell vor dem Abendessen getrunken.
- Sauermilchprodukte wie Buttermilch, Kefir und Joghurt.

Dan ist auf regelmäßigen Nachschub an guten Bakterien angewiesen, denn mit jedem Gramm Stuhl verlieren mehr Bakterien ihr Leben als Menschen auf der Erde sind, wobei sich unter ihnen zweifellos auch die schlechten befinden, aber auch Viren und Pilze

Werden fermentierte Lebensmittel pasteurisiert, sind sie so gut wie unwirksam, weil hierbei fast alle Bakterien getötet werden. Zu den pasteurisierten Lebensmitteln gehören herkömmliches Sauerkraut aus dem Glas sowie auch viele der beworbenen probiotischen Lebensmittel wie Joghurt, Quark, Käse und Wurst. Zudem enthalten diese Produkte typischerweise Zucker oder ungünstige Zuckerzusätze und Lebensmittelzusatzstoffe, welche das Wachstum der schlechten Bakterien fördern und somit die Guten verdrängen. Ebenso schädlich wirkt Hitze.

Ungesüßter milder Naturjoghurt besitzt zwar keine allzu großen Mengen an guten Bakterien, allerdings enthält er weder Zucker noch Zusatzstoffe und daher entscheidet ein regelmäßiger Verzehr, ob sich ausreichend viele Bakterien ansiedeln können. Eine tägliche Portion von 150 Gramm kann sich hierbei schon recht positiv auswirken.

NATÜRLICHE NAHRUNGSERGÄNZUNG MIT PROBIOTIKA

Eine einfache Lösung, Dan mit hochwertigen Probiotika zu versorgen, sind probiotische Nahrungsergänzungsmittel, da sie besonders viele gute Bakterien besitzen. Das kann dann sinnvoll sein, wenn Sie oft erkältet sind und Ihre Abwehrkräfte stärken möchten oder eine Nahrungsmittelunverträglichkeit besteht.

Auf jeden Fall ist eine zusätzliche Einnahme nach und auch schon während einer antibiotischen Behandlung hilfreich, um die Symbiose schnellstmöglich wieder herzustellen, denn neben den Krankheitserregern töten Antibiotika auch immer Dans Bakterien ab, sodass mit ihnen auch der natürliche Schutz vor Eindringlingen verloren geht. Daher können nen sich nach einer solchen Behandlung neue Krankheitserreger besonders leicht ansiedeln und unerwünschte ausbreiten, die bisher verdrängt wurden. Pilze kommen sogar völlig unbeschadet davon und blühen erst so richtig auf.

Ist Dan sehr geschwächt, erleichtern spezielle Kombipräparate seine Gesundung. Sie versorgen ihn nicht nur mit guten Bakterien, sondern liefern deren Nahrung gleich mit. Zusätzlich harmonisieren sie mit speziellen Nährstoffen sein Milieu und stärken seine Schleimhaut, da sich vor allem sein Bedarf an B-Vitaminen, Mineralstoffen, Spurenelementen und Fettsäuren, wie den Omega-3-Fettsäuren, nach einer antibiotischen Behandlung erhöht.

In der Regel dauert es drei bis sechs Monate, bis Dan sich wieder stabilisiert hat. Sollte dies nicht der Fall sein, ist es gut, die Therapie mit einer reduzierten Erhaltungsdosis weiter fortzusetzen. Besonders einfach ist die Einnahme von magensaftresistenten Kapseln.

Noch ein kleiner Tipp zu guter Letzt: Manche Produkte besitzen ein ganz besonderes Bakterium – *Lactobacillus Helveticus*. Dieses Milchsäurebakterium ist in vielerlei Hinsicht ein kleiner Meister. Es schützt Dan vor Krankheiten aller Art, indem es Allergene, Toxine und schlechte Bakterien in ihre Schranken verweist und dafür sorgt, dass Pilze sich nicht übermäßig vermehren können. Folglich werden Entzündungsprozesse gehemmt oder gelindert und Dan kann seine Symbiose leichter wiederherstellen. In den meisten Fällen verschwinden dann auch Magenschmerzen, Verdauungsbeschwerden, Reizungen und Erschöpfung. Zudem sorgt dieses Bakterium für eine deutlich bessere Verfügbarkeit von Nährstoffen aller Art. Das ist vor allem bei Nahrungsmittelunverträglichkeiten und einer gestörten Nährstoffaufnahme überaus nützlich.

PREBIOTIKA – LIEBLINGSFUTTER FÜR DANS BAKTERIEN

Dans Bakterien brauchen das Richtige zu essen – und zwar lösliche Ballaststoffe, sogenannte *Prebiotika*. Sie sind ihr Überlebensfutter und werden weder von der Magensäure geschädigt noch von den schlechten Bakterien abgebaut. Mit Prebiotika schaffen es Dans Bakterien mühelos, sich zu vermehren, für das gewünschte saure Milieu zu sorgen und ihre Aufgaben zu erledigen.

Zu den löslichen Ballaststoffen zählen *Pektin, Inulin* und *Oligofruktose.* Diese finden Sie in höheren Konzentrationen in

- Artischocken, Spargel, Chicorée, grünen Bohnen, Möhren, Lauch, Pastinaken, Schwarzwurzeln, Topinambur, Knoblauch, Löwenzahnwurzeln, Zichorienwurzeln und Zwiebeln,
- Äpfeln, Aprikosen, Erdbeeren, Kirschen, Zitrusfrüchten und vor allem in Zitrusschalen und Apfeltrester,
- Mandeln (hierbei hat das Fett die prebiotische Wirkung).

Auch *resistente Stärke* gehört zu den löslichen Ballaststoffen. Sie ist in allen stärkehaltigen Lebensmitteln, die nach dem Erhitzen wieder abgekühlt sind. Dann ist aus der normalen Stärke eine gegen Verdauungsenzyme resistente Stärke geworden, die besonders von denjenigen Bakterien bevorzugt wird, die Buttersäure bilden. Buttersäure ist ein ideales Pflegemittel und schützt Dans Schleimhaut vor Entzündungen und Krankheiten.

Resistente Stärke befindet sich vor allem in der erhitzten und wieder abgekühlten Variante von:

- Kartoffeln, Kürbis, Süßkartoffeln, Pastinaken und Schwarzwurzeln,
- Hülsenfrüchten wie Bohnen und Erbsen,
- Getreide wie Hafer, Reis und Hirse.

Daher können Sie mit gutem Gefühl übrig gebliebenes Essen für die nächste Mahlzeit aufheben oder für den kommenden Tag vorkochen; wie zum Beispiel gebratene Pasta, Aufläufe, Eintöpfe, Bratkartoffeln oder Kartoffelsalat. Und auch in Brot ist resistente Stärke enthalten.

Darüber hinaus sind lösliche Ballaststoffe noch für etwas anders gut: Sie regen Dan zu regelmäßiger Darmentleerung an, indem sie Wasser binden, dadurch den Stuhl weicher machen und das Stuhlvolumen erhöhen. Allerdings können sie Blähungen verursachen, das ist meistens jedoch nur in der Umstellungsphase der Fall, bis sich genügend Bakterien angesiedelt haben.

NATÜRLICHE NAHRUNGSERGÄNZUNG MIT PREBIOTIKA

Eine bequeme Art, Prebiotika zu sich zu nehmen, sind Nahrungsergänzungsmittel. *Inulin* wird bevorzugt aus Agaven, Chicorée, Topinambur oder Zichorienwurzeln isoliert. *Oligofruktos*e wird aus Inulin gewonnen und *resistente Stärke* ist als Mais- und Kartoffelstärke erhältlich.

Sie können sie einfach Speisen wie Müsli oder Joghurt sowie Getränken zugeben und auch selbst gemachte Backwaren, Brotaufstriche, Suppen und Dressings lassen sich hiermit aufwerten. Die Dosierung liegt bei circa fünf Gramm täglich und ist auf Dauer möglich.

Inulin und Oligofruktose haben noch eine weitere gute Eigenschaft: Sie verbessern die Aufnahme von Mineralstoffen und fördern daher auch die Kalzium- und Magnesiumaufnahme für eine gute Knochengesundheit.

VERSCHNAUFPAUSE FÜR DAN: MEINE TIPPS

Geht es Dan schlecht und ist er schwach und müde, fällt es ihm schwer, den Körper mit dem zu versorgen, was er braucht – selbst dann, wenn er gesunde Lebensmittel zu verdauen hat. Denn auch gesunde Lebensmittel muss er in ihre kleinsten Bestandteile zerlegen und dem Körper zur Verfügung stellen.

Eine Verschnaufpause stärkt Dan. Sie hilft ihm, unbekümmert zu verdauen, und macht den Weg frei für eine gute Nährstoffversorgung.

SCHONKOST FÜR DAN

In der Regel braucht Dan drei bis sechs Monate, um sich zu erholen. Nicht nur nach einer Antibiotikabehandlung, sondern auch, wenn Schlacken und Ablagerungen ihn über Jahre verschmutzt haben und seine Symbiose stören. Daher sind diejenigen Lebensmittel, die ihm das Leben schwer machen, fürs Erste tabu. Diese belasten zudem nicht nur Dan, sondern das gesamte Team.

Auch wenn Ihnen die Umstellung zunächst schwerfällt, erfreut sie nicht nur Dan, sondern ist zugleich eine gute Gelegenheit, neue Lebensmittel auszuprobieren. Es gibt viele leckere Alternativen, die Sie im weiteren Verlauf noch kennenlernen werden und die Ihnen ohne Entbehrungen gesunden Genuss versprechen. Und womöglich werden Sie feststellen, dass, je besser sich Dan fühlt, sich auch Ihr Appetit verändert und Ihnen die *teambelastenden* Lebensmittel gar nicht so fehlen, wie Sie geglaubt haben.

PUTZ-MUNTER-AKTION

Ist Dan zu sehr verschmutzt, findet er mit einer Darmreinigung schnell zu alter Kraft zurück. Sie erfrischt und motiviert nicht nur ihn, sondern hebt auch Ihre Stimmung und fördert ein klares Körpergefühl. Denn durch die enge Verbundenheit mit dem Kopfhirn werden nicht nur körperliche, sondern auch seelische Altlasten abgeworfen. Daher können längst vergessene Themen in Träumen auftreten, die noch im Unterbewusstsein schlummern. Auch verschiedene Erkrankungen wie Allergien, Nahrungsmittelunverträglichkeiten oder Infektanfälligkeiten lassen sich hierdurch umstimmen.

Eine Darmreinigung ist eine einfache Sache. Sie erfordert keine besondere Vorbereitung und kann Dan auch in seiner Schonzeit sinnvoll begleiten. Es gibt verschiedene Produkte, die meistens auf Basis von *Flohsamenschalen* bestehen. Flohsamenschalen sind Samenschalen einer *Wegerich*-Art, die als Quellstoffe fungieren. Sie säubern Dans Zotten auf sanfte Weise und schützen seine Schleimhaut vor Reizungen. Dabei wirken sie wie ein Schwamm, indem sie Gifte aufsaugen, das Stuhlvolumen erhöhen und Dan zu einer zügigen Entleerung ermuntern. Flohsamenschalen verursachen nur selten Blähungen, sodass Sie die Angst vor einem Blähbauch getrost vergessen können.

Für die Zubereitung rühren Sie einfach einen Teelöffel Flohsamenschalen in ein halbes Glas Wasser ein und trinken es zügig aus. Um die Quellfähigkeit zu optimieren, sollten Sie kurz darauf ein weiteres Glas langsam und schluckweise austrinken. Die Mischung kann morgens und/ oder abends außerhalb der Mahlzeiten auf leeren Magen eingenommen werden. Sie können Flohsamenschalen auch in andere Flüssigkeiten einrühren, nur nicht in Milch, da sie in Milch nicht richtig aufquellen.

Es ist immer ratsam, eine Darmreinigung mit einem Probiotikum zu begleiten, um die Darmflora von Anfang an mit guten Bakterien zu stärken. Auch hier eignet sich ein Probiotikum mit *Lactobacillus Helveticus* besonders gut. Darüber hinaus gibt es Produkte, die Flohsamenschalen, gute Bakterien mitsamt deren Nahrung sowie spezielle Kräuter und Pflanzenenzyme enthalten. Sollten Ihnen die Produkte nicht schmecken, geben Sie einfach Sojasauce oder Gemüsebrühe hinzu.

Ob Sie sich für Flohsamenschalen allein oder die Produktmischungen entscheiden, hängt nicht zuletzt auch von Ihrem Alltag ab. Wenn Sie viel unterwegs sind oder Ihnen einfach die Muße fehlt, sich mit Probiotika, Prebiotika und Flohsamen zu beschäftigen, machen es Ihnen die Mischungen auf jeden Fall leichter.

Eine Darmreinigung können Sie kurmäßig zweimal im Jahr für zwei Wochen durchführen oder Sie setzen den Flohsamencocktail täglich auf Ihren Speiseplan. Zudem machen sich Flohsamenschalen auch im Müsli, als Backzutat, in Smoothies oder über den Salat nützlich. Sie machen lange satt und wirken sowohl regulierend bei Verstopfung als auch bei Durchfall. Bei Darmverschluss oder krankhaften Verengungen des Magen-Darm-Traktes und der Speiseröhre dürfen sie allerdings nicht eingenommen werden.

INGWER, KURKUMA UND ANDERE GEWÜRZE

Ingwer und Kurkuma sind nicht nur leckere Gewürze in Pasta-, Reis- oder Gemüsegerichten, sondern stärken auch Dan. Beide Wurzeln hemmen die Vermehrung der schlechten Bakterien, vermindern Blähungen und haben jede für sich noch ein paar andere Vorzüge:

- Kurkuma enthält Kurkumin, ein gelbes Pigment. Es schützt Dan vor Krebs und seine Schleimhaut vor Entzündungen. Die gleichzeitige Einnahme mit Pfeffer verstärkt die Wirkung. In der Naturheilkunde wird Kurkuma mit Olivenöl gemischt, um die guten Eigenschaften des Kurkumins voll auszuschöpfen.
- Beim Ingwer sind es die ätherischen Öle und Scharfstoffe, die Dan helfen – ob als Tee, Gewürz oder frisch in kleine Stückchen geschnitten. Klein geschnittene Stückchen oder dünne Scheiben lassen sich besonders gut mit Zitronensaft oder Natursalz würzen.

Darüber hinaus ist Ingwer angesichts seiner durchblutungsfördernden Eigenschaften vor allem bei kaltem Wetter das perfekte Mittel, um den Körper von innen zu wärmen oder eine im Anmarsch befindliche Erkältung zu vertreiben.

REZEPT FÜR INGWERTEE

½ Teelöffel Ingwer, frisch geriebenen oder klein geschnitten wird 15 – 20 Minuten bei kleiner Hitze geköchelt und dann zugedeckt für 5 Minuten stehen gelassen. Diese Zeit braucht der Tee, damit alle wichtigen Inhaltsstoffe auch gelöst werden können. Möchten Sie Ihren Tee süßen, probieren Sie doch mal Kokosblütenzucker aus. Aber auch klein geschnittene Trockenfrüchte wie Feigen, Datteln oder Rosinen können den normalen Zucker ganz leicht ersetzen.

Zudem gibt es noch viele andere Gewürze, die Dans Arbeiten erleichtern. Hierzu gehören Anis- oder Fenchelsamen, Petersilie, Kreuzkümmel, Kümmel sowie Zimt, Vanille und Kardamom. Auch alte traditionelle Kräuterauszüge aus Melisse, Salbei, Löwenzahn und Zistrose unterstützen Dan.

Zistrose ist ein uraltes griechisches Heilkraut und wird unter der Bezeichnung *Cystus* vertrieben. Cystus hat eine aufbauende und entgiftende

Wirkung. Es stärkt Dans Symbiose und somit das Immunsystem, indem es die schlechten Bakterien bekämpft und die Besiedlung der guten Bakterien fördert. Pflanzen aus Bioanbau und Wildwuchs haben in der Regel mehr Wirkstoffe als solche aus konventionellem Anbau.

DAN UND DER MAGEN – BEIDE MÖGEN KEIN BUNTES DURCHEINANDER

Dan und der Magen mögen kein buntes Durcheinander, und zwar deshalb, weil der Magen nicht sortieren kann. Er kann die Nahrung nur lagenweise stapeln und sie in der Reihenfolge verdauen, wie sie aufgenommen wurde. Daher können selbst bekömmliche Lebensmittel die beiden vor unlösbare Probleme stellen und unangenehme Verdauungsbeschwerden hervorrufen.

Kohlenhydrate, Fette und Eiweiße benötigen unterschiedliche Milieus und Enzyme, um verdaut zu werden. Kohlenhydrate werden schnell und Eiweiße langsam verdaut. Fette liegen dazwischen. Kohlenhydrate werden im basischen Milieu verdaut und da der Speichel basisch ist, beginnt ihre Verdauung bereits im Mund. Fette und Eiweiße werden erst im sauren Milieu des Magens verdaut.

Für kohlenhydratreiches Obst braucht der Magen nur ungefähr 20 Minuten, wogegen er für eiweißreiches fettes Fleisch bis zu 8 Stunden benötigt. Wird Obst nun als Nachtisch gegessen, muss es so lange warten, bis das Fleisch verdaut wurde und fängt in der Zwischenzeit an zu gären und zu faulen. Es bildet Säuren und verursacht Magendrücken und Blähungen. Auch geht die Gärung mit der Bildung von giftigen Begleitalkoholen, sogenannten *Fuselalkoholen* einher, die zu einer nichtalkoholischen Fettleber führen können. Dies kann übrigens auch ein Grund dafür sein, warum einige Menschen schlechte Leberwerte haben, obwohl sie wenig oder keinen Alkohol trinken. Vor allem Rohkost in Form von Obst und Salaten ist recht gärungsfreudig, wobei insbesondere Obst durch seinen hohen Fruchtzuckeranteil maßgeblich hieran beteiligt ist.

Staufrei und somit leichter und gesünder kann der Magen verdauen, wenn zuerst die leicht verdaulichen Lebensmittel gegessen werden. Dann stehen ihnen die schwer verdaulichen nicht im Weg. Kleine Kinder essen intuitiv in der richtigen Reihenfolge. Sie essen zuerst die leicht verdaulichen Lebensmittel – und zwar so viel, bis sie genug davon haben – und gehen erst dann zum nächst schwer verdaulichen über.

Mit einer einfachen Basisregel können Sie dem einen oder anderem Lebensmittel leicht ein Schnippchen schlagen und es zukünftig ganz unbeschwert genießen: Obst und Salat und auch alle anderen wasserhaltigen Lebensmittel werden schnell verdaut. Dann folgen Fisch, Getreideprodukte, Hülsenfrüchte, Joghurt, Samen und Nüsse und zum Schluss Käse und Fleisch.

In dieser Übersicht finden Sie die Verdauungszeiten zu den unterschiedlichen Lebensmitteln. Diese können allerdings schwanken, da auch das Kauverhalten seinen Anteil daran hat.

VERDAUUNGSZEITEN – WAS BRAUCHT WIE LANGE?

- *Obst- und Gemüsesäfte, Wassermelone ca. 15–20 Minuten*
- *Blattgemüse, früchtefreie grüne Smoothies ca. 20–40 Minuten*
- *andere Melonen und Zitrusfrüchte, Ananas, Kiwi ca. 30 Minuten*
- *andere frische Früchte ca. 40 Minuten*
- *Gemüse, gedünstet oder gekocht ca. 40–50 Minuten*
- *stärkereiches Gemüse, wie Kartoffeln ca. 60 Minuten*
- *Getreide und Hülsenfrüchte ca. 1,5 Stunden*
- *Samen, wie Sesam und Sonnenblumenkerne ca. 2 Stunden*
- *Nüsse ca. 2,5–3 Stunden*
- *fettarmer Joghurt ca. 1,5 Stunden*
- *Vollmilchjoghurt ca. 2 Stunden*

- *Hartkäse ca. 4–5 Stunden*
- *ganzes Ei ca. 45 Minuten*
- *fettarmer Fisch ca. 30 Minuten*
- *fetter Fisch ca. 45–60 Minuten*
- *Geflügel, ohne Haut ca. 2,5 Stunden*
- *Rind und Lamm ca. 3–4 Stunden*
- *Schwein ca. 4,5–5 Stunden*
- *fettiges Fleisch ca. 7–8 Stunden*

Völlegefühl und Blähungen können auch dann entstehen, wenn der Magen noch mit der vorherigen Mahlzeit beschäftigt ist und die Nächste bereits folgt. Das ist vor allem beim zeitintensiven Fleisch oder Hartkäse der Fall.

Vom bunten Durcheinander und kurzen Essenspausen ist auch Dan betroffen, denn er übernimmt die Speisen in dem Zustand, wie der Magen ihm diese übergibt, und muss sich folglich mit ungesunden Säuren herumplagen, die zudem seine Bakterien vertreiben. Darüber hinaus verwehren kurze Essenspausen seinen Wunsch nach Sauberkeit, da sie ihm keine Gelegenheit geben, zwischendurch mal aufzuräumen und seinen Dünndarm zu säubern – denn das kann er nur dann, wenn dieser leer ist und das ist eine Stunde nach dem Verdauen der Fall.

SEBASTIAN, DER SÄURE-BASEN-HAUSHALT – STABIL UND TOLERANT

Sebastian kennt sich mit Säuren und Basen aus. Er ist derjenige im Team, der für Stabilität sorgt und Ihren Stoffwechsel rundlaufen lässt.

Dabei kann er lange ein Auge zudrücken und weiß sich zu helfen.

Sebastian weiß, dass jeder Ihrer Gedanken, Bewegungen und Atemzüge Energien benötigt und Säuren produziert. Diese Säuren sind normal, denn sie sind natürliche Abfallprodukte des Stoffwechsels, die täglich anfallen und gut zu bewältigen sind.

Daneben gibt es Säuren, die sich zu einer wahren Plage entwickeln können, weil sie nicht nur Sebastian über die Maßen belasten, sondern auch Dan und Lynn in Atem halten, sodass sie ihren Aufgaben nicht immer gerecht werden können. Diese Säuren entstehen vornehmlich durch die Lebensmittel, die schon bei Dan auf Ablehnung stoßen. Und ebenso sind auch hierbei Stress, Kummer und Sorgen nicht minder störend.

EIN KLEINER ABSTECHER: SÄURE-BASEN-CHEMIE

Vielleicht wissen Sie noch aus dem Chemieunterricht, dass eine Lauge oder Base in der Lage ist, eine Säure zu neutralisieren. Genauso regelt Ihr Körper seine verschiedenen Stoffwechselbereiche – wie zum Beispiel die Signalübertragungen der Nervenzellen, wenn Sie denken, oder die Arbeit der Muskeln, wenn Sie sich bewegen – mithilfe von Säuren und Basen.

Ihr Körper besteht zu 80 Prozent aus Basen und zu 20 Prozent aus Säuren. Je nachdem, welche Stoffwechselbereiche tätig sind, benötigen sie entweder ein saures oder basisches Milieu, um optimal funktionieren zu können. Somit hat jeder Bereich sein eigenes Milieu und dies gilt folglich auch für die verschiedenen Organe, das Bindegewebe und das Blut.

Wie sauer oder basisch das Milieu ist, zeigt der pH-Wert. Hierbei reicht die Skala von 0–7 im sauren Bereich und von 7–14 im basischen Bereich. Ein Milieu kann alles Mögliche sein, denn auch ein Aqua-

rienfreund muss wissen, welchen pH-Wert das Wasser haben muss, damit sich seine Fische wohlfühlen.

0	1	2	3	4	5	6	7	8	9	10	11	12	13	14
sauer							*neutral*					*basisch*		

- *Je niedriger der pH-Wert, desto konzentrierter ist die Säure.*
- *Je höher der pH-Wert, desto mehr Basen stehen zur Verfügung.*

Im Magen herrscht durch die Magensäure ein recht saures Milieu mit einem pH-Wert zwischen 2 und 4, denn die im Magen aktive Salzsäure bekämpft Bakterien und Parasiten und wird für die Eiweißverdauung benötigt. Daher ist es auch nicht förderlich, zu den Mahlzeiten zu trinken, da eine verdünnte Magensäure ihre gewünscht zersetzende Kraft einbüßt und somit Dans Verdauungsarbeit verlangsamt.

Dans Dünndarm hat ein leicht basisches Milieu vom 7 bis 8, sodass hier die Enzyme für die Kohlenhydratverdauung die Arbeiten seiner guten Bakterien unterstützen.

Im Dickdarm liegt der pH-Wert zwischen 5,5 und 6,5. Da sich vor allem hier Dans gute Bakterien ansiedeln, ist dieses leicht saure Milieu besonders wichtig.

Das Blut hat einen pH-Wert von 7,35 bis 7,45 und ist somit basisch. In diesen Bereich fühlt sich der Mensch wohl, denn auch das Fruchtwasser, in dem er sich neun Monate lang entwickelt hat, ist basisch. Sebastian sorgt dafür, diesen Wohlfühlbereich stabil zu halten. Hierbei wird er vom Bindegewebe gesteuert – denn eine der Aufgaben des Bindegewebes ist es, für das richtige Verhältnis von Säuren und Basen zu sorgen.

EIN KLEINER ABSTECHER: BINDEGEWEBE

Das Bindegewebe bildet das Grundsystem des Körpers und wird auch Fasziengewebe oder Faszien genannt. Faszien geben dem Körper Struktur, Form und Halt. Sie sind ein Netz ohne Anfang und Ende, das sich durch den gesamten Körper zieht und sämtliche Körperteile miteinander verbindet. Sie machen ungefähr 70 Prozent des gesamten Körpergewebes aus und umhüllen Muskeln, Sehnen, Knochen, Organe, Gefäße und Nerven. Alles schwimmt im Fasziengewebe – es trägt und versorgt alles und hat somit direkten Kontakt zu den Zellen. Es ist das Übergabegewebe, in dem der Ausgleich aller Stoffwechselvorgänge stattfindet. Es dient als Wasserspeicher, Temperaturregler und nur hierüber findet die Versorgung und Entsorgung jeder einzelnen Zelle statt; egal ob Muskel-, Organ- oder Nervenzelle.

Besonders gut sind die Faszien als weiße Häute bei einem rohen Stück Filetfleisch zu erkennen. Und ebenso gut sind sie auch bei Zitrusfrüchten sichtbar, wie sie die einzelnen Stückchen voneinander abgrenzen und ihnen ihre Form geben. Im Grunde besitzen alle Lebewesen diese trennenden Gewebehüllen.

Stehen Säuren und Basen im richtigen Verhältnis zu einander, braucht Sebastian nicht anderes zu tun, als die täglich anfallenden Säuren des Stoffwechsels mit dem Blut zu den Ausscheidungsorganen zu leiten. Zu den wichtigsten gehören Niere, Lunge, Leber und Haut. Die Niere scheidet die Säuren über den Urin aus und die Lunge kann sie über die Ausatmung abgeben – beim Lachen, durch bewusste Bewegungs- oder Atemübungen und beim Sport, wobei dann auch die Haut tätig werden kann und die Säuren mit dem Schweiß ausscheidet.

Dan hat die Möglichkeit die lästigen Säuren über den Stuhl loswerden. Das gelingt ihm aber nur dann, wenn er gesund ist. Denn ist er krank, leidet er selbst schon unter säurebildenden Gärungsprozessen.

Allerdings verläuft Sebastians Arbeit nicht immer so problemlos. Oftmals fehlen ihm basische Mineralstoffe, mit denen er das Zuviel an Säuren aus Lebensmitteln, Stress, Kummer und Sorgen leicht neutralisieren könnte – Mineralstoffe wie Kalzium, Magnesium, Kalium, Natrium, Eisen und Zink, die besonders reichhaltig in Gemüse, Kräutern und Obst enthalten sind. Dann ist er gezwungen, diese Mineralstoffe aus den körpereigenen Depots zu holen. Hierzu zählen vor allem Kalzium und Magnesium, wobei er sich Kalzium in erster Linie aus Knochen, Gelenken und Zähnen sowie Magnesium aus Muskeln und Nervenzellen holt. Die bei der Neutralisation entstandenen Schlacken lagert er in den Faszien ein, denn die Faszien sind wie dafür geschaffen, weil sie die passend weich und überall greifbar sind. Hier verbleiben die Schlacken, bis Dan wieder die richtigen Mineralstoffe zur Verfügung stehen, um sie zu lösen.

Verbleiben die Schlacken dauerhaft in den Faszien, kommt es zu einer chronischen Übersäuerung in den Körperzellen und Organen. Diese schleichend verlaufende Stoffwechselstörung geschieht ganz unmerklich, weil Sebastian die Belastung zunächst noch recht gut kompensieren kann. Daher dauert es oft Jahre, bis sich die ersten Anzeichen bemerkbar machen, die sich im weiteren Verlauf zu ernsthaften Beeinträchtigungen entwickeln können. Denn dem Körper fehlen nicht nur die entzogenen Mineralien, die er zum Leben braucht, sondern die Faszien verlieren durch die eingelagerten Schlacken ihre Fähigkeit Wasser zu binden und hierdurch auch ihre Elastizität und Durchlässigkeit. Daher können sie ihre Funktion als Übergabebereich für die Versorgung und Entsorgung der Körperzellen nur noch schlecht erfüllen und folglich wird auch die Funktionsfähigkeit der Zelle als wichtigste Einheit für Stoffwechselvorgänge stark beeinträchtigt.

Es sind eher die unspezifischen Beschwerden, die mit einer Übersäuerung einhergehen. Vor allem Verhärtungen und Muskelverspannungen im Nacken- und Rückenbereich, aber auch Schmerzen und Funktionseinschränkungen von Sehnen, Bändern und Gelenken können dann auftreten. Und auch Haarausfall, Hautunreinheiten und Cellulitis sowie Konzentrationsstörungen, Migräne, Müdigkeit, Erschöpfung, vorzeitige Alterung, Osteoporose und Übergewicht sind oft Ursachen einer Übersäuerung.

PH-WERT-BESTIMMUNG

Eine Beurteilung des Säure-Basen-Haushaltes lässt sich zuverlässig durch eine Blutgasanalyse feststellen. Hierbei wird die Pufferkapazität des Blutes untersucht. Diese Analyse wird von Speziallabors angewandt. Eine pH-Messung des Urins mit Teststreifen ist hingegen nicht aussagekräftig. Diese bestimmt nur den pH-Wert des Urins, jedoch nicht den des Blutes. Ein Rückschluss, ob eine Übersäuerung vorliegt oder ob ausreichend Pufferkapazitäten vorhanden sind, ist damit nicht möglich. Zudem ist jede Messung nur eine Momentaufnahme, da auch Tageszeit und Nahrungsaufnahme den pH-Wert beeinflussen.

Darüber hinaus macht eine Übersäuerung auch Lynn das Leben schwer. Denn sind die Faszien verschlackt, kann auch sie ihre Aufgaben nur noch mühsam erfüllen.

LYNN, DAS LYMPHSYSTEM – UMSORGEND UND HELLWACH

Lynn ist relativ unbekannt, gut aufgestellt und hat ihren Sitz in den Faszien. Sie ist die Dritte im Team und arbeitet mit Dan und Sebastian zusammen. Sie regelt mit Dan die Immunabwehr und versorgt die Zellen mit dem, was er aufgenommen hat. Mit Sebastian teilt sie sich die Entgiftung und sammelt die Abfallstoffe ein, die größer sind als seine Stoffwechselschlacken. Damit ihr dieses auch gut gelingt, gleicht sie sich mit ihren unendlich vielen und verzweigten Verästelungen dem Blutkreislauf und der Netzstruktur der Faszien an. Auf diese Weise kann sie alle Bereiche des Körpers bequem erreichen. Zu

Lynn gehören die Lymphgefäße mit der darin fließenden Lymphflüssigkeit, der sogenannten *Lymphe*, und den dazwischen geschalteten Lymphknoten. Die Lymphe hilft Lynn, die Zellen zu bedienen. Sie befindet sich nicht nur in den Lymphgefäßen, sondern auch in den Faszien. Denn alle Stoffe, die vom Blut zu den Zellen gebracht und vom Blut aufgenommen werden, gehen den Weg über die Faszien, weil die Blutgefäße selbst keinen direkten Zugang zu den Körperzellen haben. Daher sind die Faszien nicht nur der Lagerplatz für Sebastians Stoffwechselschlacken, sondern eine überaus wichtige Übergabestation, über die Lynn die Organe, Nerven und Muskeln mit Sauerstoff, Nährstoffen, Enzymen und anderen Stoffen (zum Beispiel Medikamenten) versorgt und von Nahrungsfetten, entarteten Zellen und sonstigen Abfällen befreit.

Ungefähr fünf bis zehn Liter Lymphe filtert Lynn täglich. Ihre Lymphe ist bei oberflächlichen Hautverletzungen gut zu erkennen, wenn sich die oberen Hautschichten abgelöst haben und noch kein Blut fließt. Dann tritt an dieser Stelle die durchsichtige, leicht gelbliche Flüssigkeit aus; erst darunter liegen die Blutgefäße. Daher kommen Fremdstoffe, die durch Verletzungen über die Haut und Schleimhäute aufgenommen werden, viel früher mit der Lymphe als mit dem Blut in Berührung.

Somit nimmt die Lymphe nicht nur die groben Abfälle aus den Faszien mit, sondern auch Bakterien, Gifte und andere Fremdstoffe, die von außen aufgenommen werden, und reicht sie, wie Sebastian auch, mit dem Blut an die Ausscheidungsorgane weiter. Auf dem Weg dorthin passiert sie die stationierten Lymphknoten, wo sie für 20 Minuten verweilt. Hier werden die Abfälle gefiltert und auf Krankheitserreger untersucht. Sollten dabei Gefahren auftauchen, treten Lynns Abwehrzellen in Aktion; dann vermehren sie sich stark, sodass die Lymphknoten anschwellen. Auf diese Weise lernt das Immunsystem immer neue Krankheitserreger kennen und erweitert fortlaufend sein Gedächtnis.

Lynn besitzt etwa 600 Lymphknoten. Jeder Lymphknoten ist eine eigenständige Filterstation und einer bestimmten Körperregion zugeordnet. Sie befinden sich zwar in größerer Menge bei Dan, da er das Zentrum des gesamten *Schleimhaut-Immun-Netzwerks* darstellt, sind aber auch an Kopf, Hals und

Nacken sowie im Bereich der Brust, Achseln und Leisten stationiert.
Einige Fremdstoffe, wie Tabakrückstände, kann Lynn jedoch nicht bewältigen. Sie werden als Schlacken in den Lymphknoten deponiert, um das Blut zu schützen. Nur sind die Lymphknoten dann nicht mehr voll funktionstüchtig und auch die Lymphe kann dann nicht mehr richtig fließen, sodass es ihr immer schwerer fällt, die Immunabwehr aufrechtzuerhalten, die Zellen mit Nährstoffen zu versorgen und von Giftstoffen zu befreien.

WAS DAS TEAM LIEBT

Teamgeist wird bei Dan, Sebastian und Lynn großgeschrieben. Jeder von ihnen möchte, dass es dem anderen gut geht. Ist der eine gut drauf, sind es die anderen auch. Fühlt sich der eine schlecht, durchleben das auch die beiden anderen. Denn wenn Dan verschlackt und krank ist, verschmutzt er auch Lynn, da viele ihrer Lymphknoten bei ihm angesiedelt sind. Genauso wird auch Sebastian geschwächt, wenn es Dan nicht gut geht, weil gärende Nahrungsmittelreste auch Säuren bilden und seinen Mineralstoffbedarf erhöhen. Und sollte er die Faszien belasten müssen, wäre auch Lynn davon betroffen.

Dan, Sebastian und Lynn haben Spaß an einer basischen Lebensweise, oder besser ausgedrückt: einer teamgesunden Lebensweise. Eine teamgesunde Lebensweise hält alle drei fit und bedeutet nichts anderes, als all die Dinge zu nutzen, die Ihr Coach schätzt, um Sie in Balance zu bringen: die richtigen Lebensmittel, gute Gedanken und Gefühle sowie Entspannung und Bewegung.

In den letzten 50 bis 100 Jahren haben sich nicht nur die Lebensmittel, sondern auch das Essverhalten hat sich wesentlich stärker verändert, als in den Tausenden Jahren zuvor. Fleisch und Zucker werden heute zehnmal mehr gegessen und auch Milchprodukte waren früher nur kleinster Bestandteil des Speiseplans. Die Auswirkungen bei übermäßigem Verzehr von Fleisch, Wurst, Milchprodukten und Zucker belasten das Team weit mehr als Getreide und Hülsenfrüchte. Zudem werden viele Lebensmittel durch industrielle Verarbeitungsmethoden und ungünstige Zusatzstoffe derart verändert, dass Dan sie nicht erkennt und somit auch nicht weiß, wie er sie zu verdauen hat. Auch das belastet und bildet Säuren.

Lebensmittel werden basisch oder sauer verstoffwechselt. Allerdings entscheidet nicht der Geschmack, wie ein Lebensmittel auf den Körper wirkt, sondern wie reich sein Gehalt an Vitalstoffen (Vitamine, Mineralstoffe und Spurenelemente) ist und welche Restprodukte bei seiner Verdauung anfallen. So wirkt zum Beispiel eine sauer schmeckende Zitrone basisch, während zuckrige Süßigkeiten sauer wirken.

Säurebildner sind alle tierischen Produkte wie Fleisch, Fisch, Milchprodukte und Eier. Sie enthalten viel Schwefel, Phosphor, Chlor und Jod. Auch Weißmehlprodukte, Zucker, Zusatzstoffe und Alkohol bilden Säuren, denn sie zapfen die körpereigenen Mineraldepots an und verbrauchen zudem noch übermäßig viele Vitamine und Spurenelemente, um verstoffwechselt zu werden. Daher kann ein bereits bestehender Mangel an Nährstoffen den Mangel noch erhöhen und zugleich eine stärkere Säurebildung auslösen.

Die meisten pflanzlichen Lebensmittel zählen zu den Basen spendenden. Sie besitzen viel Kalzium, Magnesium, Kalium, Natrium, Eisen und Zink. Folglich liebt das Team die Lebensmittel, die auch bei Dan ganz oben auf der Liste stehen, denn genau diese können die Säuren mühelos neutralisieren, entlasten die Faszien und sichern eine gute Versorgung jeder einzelnen Zelle zu.

Nicht alle säurebildenden Lebensmittel sind schlecht und ungesund. Einige sind gesünder als andere; ungesund sind die, bei denen die säurebildende Wirkung höher ist, als ihr gesundheitlicher Nutzen.

Bio-Produkte können es den Dreien in vielerlei Hinsicht einfacher machen, denn sie enthalten weder ungünstige Zusatzstoffe noch verarbeitete Fette und Zucker. Zudem sind sie mit weitaus weniger Pestiziden belastet.

Auch die Futterbeschaffenheit der Tiere sowie der Einsatz von Medikamenten beeinflussen die Qualität von Fleisch, Fisch, Eier und Milchprodukten.

Gute Säurebildner belasten das Team nicht unnötig und damit Sebastian die Säuren auch gut abpuffern kann, ist es günstig, diese mit basischen Lebensmitteln zu kombinieren.

BASENSPENDER

- Frisches Obst wie Äpfel, Aprikosen, Beeren, Birnen, Pflaumen, Pfirsiche, Trauben und Zitrusfrüchte sowie frische Feigen und Datteln.
- Trockenobst wie Äpfel, Datteln, Pflaumen, Korinthen, Rosinen, Südfrüchte und ganz vorne an Feigen.
- Gemüse wie Auberginen, Kohlrabi, Kürbis, Lauch, Möhren, Rote Beete, schwarzer Rettich, Sellerie und Zucchini. Vor allem grünes Blattgemüse wie Kohl, Mangold und Spinat werden vom Team favorisiert. Auch das Grün von Kohlrabi, Radieschen und Karotten ist essbar und wird bevorzugt.
- Kartoffeln.
- Rohkost wie frische Gurken, Kohlrabi, Möhren und Tomaten.
- Pilze.
- Salate und Kräuter wie Brunnenkresse, Petersilie, Sauerampfer und Schnittlauch sowie Gewürze.
- Sprossen aus gekeimten Hülsenfrüchten, Rettich, Radieschen oder Brokkoli.
- Hirse und auch die Zwerghirse *Teff* aus Äthiopien.
- Dinkel; er wird als einziges Getreide neutral eingestuft.
- Keimlinge aus Getreide in Bioqualität, denn diese werden ohne chemische Präparate gelagert.
- Keimbrot aus gekeimtem Getreide.
- Mandeln – auch Mandelmus und Mandelmilch, Erdmandeln, Esskastanien sowie frische Walnüsse.

- Produkte aus Kokosnuss wie Kokosmehl, Kokosflocken, Kokosmus, Kokosmilch und Kokoswasser.
- Hochwertige fermentierte Sojaprodukte wie Miso und Tempeh in Bio-Qualität.
- Pflanzliches Proteinpulver aus Lupinen.
- Früchtesmoothies, grüne Smoothies und Zitronenwasser.
- Naturreine frisch gepresste Obst- und Gemüsesäfte.
- Basentee und Brennnesseltee.
- Molke.
- Natürlicher Zucker wie Kokosblütenzucker, Melasse, Reissirup oder Yacon. Diese teamgesunden Zucker enthalten wichtige Vitalstoffe und wirken somit basisch und werden später noch ausführlich vorgestellt.
- Naturbelassene Fette wirken neutral. Hierzu zählen Kokosöl, Olivenöl und omega-3-reiche Öle wie Leinöl oder Hanföl.

Basische Superfoods

Superfoods sind besonders nährstoffreiche Lebensmittel. Und diese grünen Naturhelden sind zudem noch besonders basisch:

Gräser, Algen, Moringa und alle bitter schmeckenden Pflanzen wie zum Beispiel die meisten Kräuter und Gewürze sowie einige Blattsalate.

Welche Lebensmittel sich *Superfoods* nennen dürfen und warum sie so gut sind, werden Sie ebenfalls im weiteren Verlauf erfahren.

GUTE SÄUREBILDNER

- Fleisch, Fisch und Eier aus biologischer Herkunft in kleinen Mengen. Viele Fleischsorten und insbesondere Innereien besitzen einen hohen Puringehalt und bilden Harnsäure. Dies kann zu Beschwerden in den Gelenken führen sowie Gicht begünstigen, wenn diese Säuren nicht gelöst werden können.
- Naturbelassene Kuhmilch, Ziegen- und Schafsmilch.

- Getreide wie Gerste, Hafer, Hirse, Kamut, Mais und Reis.
- Getreideprodukte wie Bulgur oder Couscous aus Dinkel.
- Scheingetreide wie Amaranth, Quinoa und Buchweizen.
- Hülsenfrüchte in kleinen Mengen. Einige Hülsenfrüchte wie Bohnen und Erbsen sind recht purinreich und bilden somit ebenfalls Harnsäure.
- Artischocken, Spargel und Rosenkohl werden zwar sauer verstoffwechselt, enthalten jedoch Bitterstoffe.
- Sauer eingelegte Gemüsesorten wie Sauerkraut oder Gurken, weil sie die guten Bakterien besitzen.
- Nüsse und Samen besitzen hochwertiges Fett und Eiweiß. Ihre Säuren lassen sich zudem durch Einweichen reduzieren. Wie das funktioniert, wird im weiteren Verlauf noch näher beschrieben.
- Pflanzliche Getreide- und Nussdrinks aus Dinkel, Hafer, Reis, Mandeln oder Nüssen.
- Grüner und weißer Tee richtig zubereitet bei niedriger Temperatur und kurzer Ziehdauer von zwei Minuten.
- Hochwertige fermentierte Sojaprodukte wie Miso und Tempeh in Bio-Qualität.
- Pflanzliche Proteinpulver aus Reis, Hanf und Mandeln.
- Natürliche Zuckeraustauschstoffe wie Xylit und Erythrit. Auch diese beiden süßen Alternativen werden später noch ausführlich vorgestellt.
- Kakao in Rohkostqualität, denn reiner Rohkakao wird nicht erhitzt und enthält basische Mineralstoffe. Auch Bitterschokolade ist gut; denn je höher der Kakaoanteil einer Schokolade ist, desto weniger Platz haben Zucker und andere Zutaten.

SCHLECHTE SÄUREBILDNER

- Zucker und zuckerhaltige Produkte wie Süßigkeiten und Kuchen. Auch gezuckertes Müsli und andere zuckerhaltige Frühstücks-Cerealien wie Cornflakes und Crispies gehören hierzu. Zucker ernährt die schlechten

Bakterien und bildet Säuren, weil er wichtige Mineralstoffe und Vitamine raubt.
- Fleisch besitzt nicht nur einen hohen Puringehalt, sondern Produkte aus konventioneller Aufzucht enthalten zudem oft Medikamentenrückstände wie Antibiotika. Darüber hinaus fehlen diesen Produkten durch das verabreichte Tierfutter wichtige Fettsäuren.
- Fisch und Meeresfrüchte aus konventioneller Aquakultur. Auch ihnen fehlen durch die Futterbeschaffenheit wichtige Fettsäuren. Außerdem haben auch Muscheln und einige Fischsorten wie zum Beispiel Heringe, Makrelen oder Sardinen recht hohe Purinwerte.
- Eier aus konventioneller Landwirtschaft. Wie beim Fleisch und Fisch fehlen auch den Eiern durch die Futterauswahl wichtige Fettsäuren.
- Kuhmilchprodukte, vor allem verarbeitete und fettarme Produkte. Fettreiche Produkte wie Butter, Crème fraîche und Sahne sind teamfreundlich, weil Dan sie als Fette betrachtet und dementsprechend verdaut.
- Getreideprodukte aus Weißmehl wie Back- und Teigwaren sowie weißer und polierter Reis. Bei diesen Produkten fehlen die Vitalstoffe aus den Getreideschalen.
- Alle stark industriell verarbeiteten Lebensmittel wie Fertigprodukte und Fast Food. Sie sind nicht nur vitalstoffarm, sondern ihre Zusatzstoffe bilden zudem Säuren.
- Verarbeitete Fette und Öle. Diese sind denaturiert, werden vom Team nicht erkannt und daher schlecht verdaut und verstoffwechselt.
- Fruchtsäfte aus Konzentrat und Softdrinks wie Limonaden oder Diätdrinks.
- Kaffee, schwarzer Tee, Früchtetee und Alkohol.
- Mineralwasser und alle kohlensäurehaltigen Getränke.
- Essig wie Weinessig und Balsamico (bis auf naturtrüben Apfelessig).
- Ketchup mit Ausnahme von selbst gemachtem Ketchup.
- Stark verarbeitete Sojaprodukte, die als Grundlage für Fleischersatz verkauft werden, insbesondere das texturierte Sojaprotein mit der Abkürzung TVP.

Gute Säurebildner brauchen Sie unbedingt, denn sie versorgen Sie mit wichtigen Nährstoffen und vervollkommnen Ihren Speiseplan. Aber auch mit den schlechten Säurebildnern können Sie sich gesund ernähren – nur mengenmäßig sollten Sie sich einschränken. Entscheidend ist, wie viel und wie oft Sie diese essen, damit sie ungesund werden. Lediglich die übersüßten und industriell stark verarbeiteten Fertigprodukte sollten Sie im Regal stehenlassen. Und für den Fall, dass Sie mal über die Stränge geschlagen haben, so wissen Sie nun, wie Sie gegensteuern können: dann reichen schon ein paar Feigen oder Rosinen aus. Auch über grüne Superfoods, frische Sprossen und Keimlinge freut sich das Team. Sie sind wahre Helfer und können ein säureüberschüssiges Gericht mühelos ausgleichen. Und sollte Ihnen die Zeit zum Einkaufen und Zubereiten von frischen Lebensmitteln fehlen, sind sie die perfekten Mitmischer für schnelle Snacks oder aufgewärmte Gerichte.

Ihren süßen Hunger können Sie leicht mit Trockenfrüchten oder Kuchen aus gutem Getreidemehl stillen, denn auch Kuchen muss nicht schlecht sein. Mit einem kleinen Anteil an Kokosmehl und teamgesunden Zucker wird er schnell zu einer basischen Köstlichkeit. Auch andere Süßigkeiten, Kekse oder Schokocremes, ob selbst gemacht oder gekauft, können Sie in der teamgesunden Variante ebenso unbeschwert genießen.

TEAMGESUND GENIESSEN: MEINE TIPPS

BEI 80:20 LÄUFT'S RUND
Dieses Verhältnis entspricht dem Säure-Basen-Verhältnis Ihres Körpers. Das bedeutet: Wenn Sie 80 Prozent basenspendende und 20 Prozent säurebildende Lebensmittel zu sich nehmen, ist das ideal.

OBST UND GEMÜSE
Obst – Dan mag nur kleine Mengen
Obst ist gesund und liefert jede Menge Vitamine und Mineralstoffe. Allerdings war Obst für den Menschen immer nur Beikost und kann nur in kleinen

Mengen von Dan verdaut werden, denn Früchte enthalten viel Fruchtzucker, die sogenannte *Fruktose*, und zu viel davon fängt an zu gären und hat somit die gleichen Auswirkungen wie Obst, das lange auf seine Verdauung warten muss: es bildet Säuren, verursacht Unwohlsein, vertreibt die guten Bakterien und belastet die Leber.

40–50 Gramm Fruchtzucker über den Tag verteilt sind für Dan kein Problem und das entspricht je nach Obstsorte zwei bis vier Früchten. Ist er allerdings krank und schwach, kann diese Menge schon zu viel für ihn sein.

Besonders viel Fruchtzucker besitzen die neugezüchteten süßen Apfel- und Birnensorten sowie Weintrauben, Süßkirschen und insbesondere Trockenfrüchte. Spitzenreiter in Sachen wenig Fruchtzucker sind Avocados und Papayas. Aber auch in Aprikosen, Pfirsichen, Nektarinen, Pflaumen, Erdbeeren, Ananas, Mangos, Honigmelonen und Zitrusfrüchten ist er nur in geringen Mengen vertreten.

Im Grunde sind es aber eher die hohen zugesetzten Fruchtzuckermengen in verarbeiteten Lebensmitteln, die Dan überfordern und die Leber belasten, denn gerade diese sind ungesund – dazu erfahren Sie später noch mehr.

Rohkost am Abend stört

Basische Rohkost kann auch dann Säuren bilden, wenn sie abends gegessen wird, denn auch Dan und der Magen kommen am Abend zur Ruhe, schlafen in der Nacht und schaffen es nicht mehr, diese komplett zu verdauen. Daher wirken sich gärende Nahrungsmittelreste in der Nacht besonders ungünstig aus, weil Dan und der Magen erst am Morgen ihre Arbeit wieder aufnehmen und die Reste somit genug Zeit haben, ihre schlechten Eigenschaften zu entfalten. Gekochte Nahrung hingegen kann nicht mehr gären.

Gemüse ist der Favorit

Gemüse, insbesondere dunkelgrünes Blattgemüse und Kräuter sind die Lebensmittel, die vom Team favorisiert werden. Und je mehr Sie von ihnen auftischen, umso weniger Platz verbleibt für die säurebildenden Lebensmittel; ob als Salat am Mittag oder abends warm aus dem Ofen.

Reife Früchte sind basische Früchte
Obst und Gemüse werden oft unreif geerntet und verkauft. Allerdings sind nur reife Früchte basische Früchte. Denn nur reifes Obst und Gemüse, welches seine volle Reife ausgebildet hat, kann optimal verdaut werden und die Nährstoffe weitergeben, die in ihm stecken.

Einige Früchte reifen auch nach der Ernte noch weiter und diese können Sie auch unreif kaufen: Aprikosen, Avocados, Äpfel, Bananen, Birnen, Guaven, Feigen, Kiwis, Mangos, Melonen, Nektarinen, Papayas, Passionsfrüchte, Pfirsiche, Pflaumen und Tomaten.
Den Reifeprozess können Sie beschleunigen, indem Sie einen Apfel zu den unreifen Früchten legen.

Früchte, die nicht nachreifen, sondern mit der Zeit nur schrumpelig, schlaff und welk werden sind: Ananas, Auberginen, Beeren, Blumenkohl, Brokkoli, Blatt-, Stängel- und Wurzelgemüse, Gurken, Kirschen, Paprika, Trauben, Zitrusfrüchte und Zucchini.

Zu früh geernteten Früchten fehlen nicht nur die Nährstoffe, sondern auch die Enzyme, die Dan für seine Verdauungstätigkeit benötigt, denn sie sind neben seinen guten Bakterien wichtige Arbeitskräfte, die Lebensmittel erst bekömmlich machen.

EIN KLEINER ABSTECHER: ENZYME

Enzyme sind die Zündkerzen Ihres Stoffwechsels, ohne die Sie nicht leben können. Sie sind an allen körperlichen Vorgängen beteiligt und wichtige Arbeitskräfte für eine mühelose Verdauung.
Enzyme funktionieren nach dem Schlüssel-Schloss-Prinzip. Das

bedeutet, sie haben an ihrer Bindungsstelle ein Schloss, zu dem nur der richtige Schlüssel passt. Ein Enzym ist zum Beispiel die Laktase, das die Laktose in ihre Bestandteile zerlegt, damit die Milch auch verträglich ist. Somit ist die Laktase das Schloss und die Laktose der Schlüssel.

Enzyme werden von den guten Darmbakterien produziert und sind darüber hinaus auch in einigen Lebensmitteln aktiv. Obst, Gemüse und Sprossen enthalten viele Enzyme, vor allem probiotisches fermentiertes Gemüse. Sind Sie mit Enzymen gut versorgt, erleichtern Sie Dans Verdauungsarbeit und gewährleisten eine optimale Nährstoffverwertung, da sie für den Transport der Nährstoffe durch die Darmwand in den Blutkreislauf zuständig sind. Enzyme sind hitze- und kälteempfindlich. Ideal sind Temperaturen zwischen 20 und 42 Grad. In diesem Bereich können sie ihre Aufgaben optimal verrichten. Kältere Temperaturen hemmen sie in ihrer Aktivität, wogegen wärmere sie zerstören. Daher ist es gut, gekühlte Lebensmittel schon eine Weile vor dem Zubereiten und Verzehr aus dem Kühlschrank zu nehmen und erhitzte Speisen mit frischen Salaten, Kräutern oder enzymhaltigen Sojasaucen zu ergänzen. Auch ein Esslöffel Apfelessig, verdünnt in einem halben Glas Wasser vor dem Essen, versorgt Sie mit wertvollen Verdauungsenzymen. Allerdings nur dann, wenn er nicht pasteurisiert wurde.

Ebenso wird die Enzymaktivität durch den Biorhythmus der Pflanzen beeinflusst, denn auch Gemüse und Obst haben ihren eigenen Biorhythmus und lagern am liebsten am Tag hell und in der Nacht dunkel. Dann können sie ihre Nährstoffe länger bewahren und sich auch weiterhin vor Schädlingen schützen.

FLEISCH, FISCH UND EIER

Wenn Sie gern Fleisch und Fisch essen, setzen Sie diese Lebensmittel am besten nur ein- bis zweimal in der Woche auf Ihren Speiseplan. Ein Ei können Sie ruhig täglich verzehren, denn seine ausgewogene Nährstoffzusammensetzung macht es zum perfekten Lebensmittel und relativiert die Säurebildung.

HÜLSENFRÜCHTE UND NÜSSE

Hülsenfrüchte als Beilage oder in Suppen oder Eintöpfen versorgen Sie mit wertvollem Eiweiß und sind neben den tierischen Produkten gute pflanzliche Quellen. Ebenso gut sind Nüsse, ob als Zugabe in Salaten, Gemüse- und Pastagerichten oder pur zwischendurch. Auch ein Nussmus ist lecker und schmeckt auf dem Brot, im Müsli oder Joghurt. Außerdem kann es leicht selbst gemachte Soßen verfeinern und ist verdünnt ein guter Milchersatz.

GETREIDE, MILCHPRODUKTE, ZUCKER, FETTE UND ÖLE

Diese sind in der teamgesunden Variante für Ihren Coach besonders wichtig, daher stehen sie etwas später noch im Mittelpunkt. Nur das schon mal vorab:

<u>Getreide</u>

Die guten alten Getreidesorten können Sie ruhig mehrmals am Tag auf den Tisch stellen, nur die modernen Weizensorten sollten Sie meiden. Zu den alten Getreidesorten gehören Hafer, Emmer, Einkorn, Kamut und Dinkel. Dinkel ist das einzige Getreide, welches keine Säuren bildet. Auch die traditionell verarbeiteten Sauerteigbrote bereiten Dan keine Mühe. Ebenso sind auch Brote aus Keimlingen sowie Sprossen aufgrund ihrer Enzyme besonders gut verträglich. Gut verträglich sind auch Hirse, Teff, Amaranth, Buchweizen und Quinoa, denn sie alle besitzen leicht verdauliches Eiweiß.

Milch und Milchprodukte
Verarbeitete Kuhmilchprodukte sind oft schlecht zu verdauen. Anders sieht es bei naturbelassener Kuhmilch sowie Ziegen- und Schafsmilch und deren Produkten aus. Diese können Sie in kleinen Mengen täglich genießen. Gute Alternativen zu Milch sind Nussdrinks sowie alle anderen pflanzlichen Getreidedrinks. Sie sind ideale Zutaten fürs Müsli, zum Bakken und ebenso als Getränk ein Genuss.

Zucker, Fette und Öle
Zucker macht das Leben süßer und Fette sind vollmundige Aromaträger. Und in den teamgesunden Varianten möchte Ihr Coach sie auch nicht missen, denn gerade diese bringen ihn in Topform. Natürlich süßen können Sie mit Kokosblütenzucker, Reissirup, Melasse, Yacon oder den zahnschonenden Varianten wie Xylit und Erythrit, die dem normalen Zukker am nächsten kommen.

Bei den Fetten liegen Sie für alle kalten Speisen mit den omega-3-reichen Ölen wie Leinöl oder Chiaöl sowie einem kalt gepressten Olivenöl genau richtig. Und für die heiße Küche verwenden Sie am besten Kokosöl oder Ghee.

GHEE
Ghee ist die geklärte Butter und wird im Ayurveda als eines der gesündesten Lebensmittel angesehen und täglich verwendet. Sie enthält nur das reine Butterfett, da die säurebildenden Stoffe wie Milchzucker und Eiweiß entfernt wurden. Daher ist sie als Fett besonders leicht verdaulich.

Mit Ghee können Sie die heilenden Wirkungen der Gewürze wunderbar verstärken, denn werden sie in Ghee angebraten, können sie leichter vom Körper aufgenommen werden. Daher eignet Ghee sich besonders gut für sämtliche Gemüse-, Fleisch-, Fisch- und Reisgerichte. Und auch im Milchreis oder warmen Müsli schmeckt sie richtig lecker, ob nun in der süßen Variante mit Vanille, Zimt, Kardamom und teamgesunden Zucker oder in der salzigen mit einem guten Natursalz.

Zudem unterstützt Ghee die Verdauung anderer Lebensmittel, schützt Dans Schleimhaut vor Entzündungen und stärkt die Abwehrkräfte. Ebenso hilft sie durch ihre reinigende Wirkung dem gesamten Team bei der Entgiftung, indem sie Schlacken löst. Besonders gut wirkt sie gleich morgens, aufgelöst in einem Glas mit warmem Wasser.

Ghee gibt es mittlerweile in Bioläden und Drogerien. Zudem lässt sie sich auch leicht selbst herstellen: Dazu erhitzen Sie gute Bio-Butter in einem Topf und schöpfen den hierbei entstehenden Schaum ab. Im Schaum sind Wasser, Milchzucker und Eiweiß enthalten. Übrig bleibt das reine Butterfett. Deshalb ist Ghee auch ohne Kühlung lange haltbar.

GETRÄNKE

Wasser

Das Team liebt stilles und mineralarmes Wasser. Trinken Sie hiervon genug, kann Sebastian sich leicht von unnötigen Schlacken befreien und Lynns Lymphe mühelos fließen. Denn Lynn enthält etwa zweieinhalb Mal mehr Lymphe wie Blut und braucht dementsprechend viel Flüssigkeit. Und hat sie nicht genug, dickt ihre Lymphe ein und fließt nur noch zähflüssig.

Stilles mineralarmes Wasser ist das ideale Wasser zum Durchspülen der Faszien. Es hat das beste Reinigungspotenzial, da es keine Säure besitzt und über genügend freie Kapazität verfügt, Schlackenstoffe aufzunehmen und auszuscheiden. Ein Mineralwasser mit einem hohen Anteil an Mineralien, wie zum Beispiel ein Heilwasser, schafft das nicht, weil es über keine freien Kapazitäten mehr verfügt. Leitungswasser enthält in der Regel die richtige Dosis an Mineralien und Verunreinigungen können Sie sich leicht mit einem Wasserfilter herausfiltern. Auch kohlensäurehaltige Getränke, Säfte, Milch und Kaffee können keine belastenden Stoffe aufnehmen.

Besonders gut wirkt abgekochtes heißes oder warmes Wasser. Es reinigt effektiv und versorgt das Team perfekt mit Flüssigkeit. Das Trinken von heißem oder warmem Wasser kommt aus der ayurvedischen und chinesischen Medizin. Dort werden zur Entschlackung und Entgiftung mehrmals täglich kleine Schlucke davon getrunken. Auch wenn dieser Tipp bei Ihnen eine gewisse Skepsis hervorruft, so sprechen seine guten Wirkungen doch für sich. Traditionell wird das Wasser 10 Minuten gekocht, um es mit Energie anzureichern, aber auch ein nur kurz aufgekochtes Wasser ist meiner Ansicht nach fast genauso gut.

Abgekochtes heißes oder warmes Wasser wirkt sich ganzheitlich auf den Körper aus, denn es kann aufgrund seiner feineren Struktur mühelos in das Fasziengewebe eindringen. Ähnlich wie beim Wäschewaschen werden hierdurch Schlacken und Giftstoffe leichter aus den Zellen herausgespült. Dieser Effekt wird mit zunehmendem Alter immer wichtiger, weil dann die Menge des Baueiweißes der Zellen abnimmt. Sie werden kleiner und auch weniger und somit werden auch die Organe und Gewebe kleiner, welches in der Folge zu Funktionseinbußen führen kann. Daher kann heißes Wasser auch die kleiner gewordenen Zellen noch gut durchspülen, sie einfacher mit Nährstoffen versorgen und somit ihre Leistungsfähigkeit unterstützen.

Und wie viel Wasser sollen Sie trinken? Wie der tägliche Kalorienbedarf hängt auch der Flüssigkeitsbedarf von vielen individuellen Faktoren ab. Hierzu gehören die Umgebungstemperatur, Ihre Lebens- und Arbeitsbedingungen und vor allem Ihr Gewicht. Eine Menge von 30 bis 40 Milliliter pro Kilo Körpergewicht täglich ist ein guter Wert, nach dem Sie sich richten können, und eine Menge, die sich leicht über den Tag verteilt trinken lässt. So sind das bei einer Frau von 65 Kilo gut zwei Liter und bei einem Mann von 85 Kilo knapp drei Liter.

Ein prüfender Blick nach dem Wasserlassen zeigt Ihnen, ob Sie genug getrunken haben. Ideal ist es, wenn Ihr Urin hell und klar ist.

Nicht nur zu wenig, sondern auch zu viel Flüssigkeit wirkt belastend, insbesondere für die Niere. Denn zu viel Flüssigkeit bringt die Mineralstoff-Wasser-Bilanz aus dem Gleichgewicht, sodass sie ihre Arbeit drosseln muss, um die Ausscheidung zu verringern. Wenn Sie jede Stunde auf die Toilette müssen, trinken Sie zu viel. Ein guter Anhaltspunkt ist ungefähr alle drei Stunden.

Trinken Sie lieber außerhalb der Mahlzeiten und verzichten Sie beim Essen auf Getränke, denn Getränke verflüssigen sowohl die Magensäure als auch die Verdauungsenzyme. Ungünstig zum Essen sind vor allem zu kalte und auch zu heiße Getränke, da beide die Verdauungsenzyme lahmlegen und die Arbeiten von Dan erschweren. Warmes oder heißes Wasser zwischen den Mahlzeiten getrunken ist Pflegebalsam für das gesamte Team und hat eine entspannende und beruhigende Wirkung. Wenn Sie das Wasser gleich am Morgen zubereiten, ist es in einer Thermoskanne immer verfügbar und bietet Ihnen zugleich einen guten Überblick über die getrunkene Menge; ob Zuhause, bei der Arbeit oder unterwegs. Im Sommer oder immer wenn Ihnen danach ist, können Sie das abgekochte Wasser auch nur zimmerwarm trinken.

Menschen lieben Gewohnheiten und das regelmäßige Trinken von abgekochtem, heißem oder warmem Wasser ist auf jeden Fall eine wunderbare Angewohnheit, um das Team auf einfache Weise zu vitalisieren. Es kostet so gut wie nichts und ist schnell gemacht. Lassen Sie sich einfach für einige Zeit darauf ein und begegnen Sie dem Tag mit einer Tasse warmem Wasser und auch im Tagesverlauf immer wieder. Vielleicht werden auch Sie feststellen, wie gut es Ihnen bekommt.

Basentee

Mit Basentees können Sie Ihrem Team auf jeden Fall kurmäßig oder auch mal zwischendurch etwas Gutes tun. Diese Tees bestehen aus speziellen Kräutern und Pflanzen und können Schlackenstoffe besonders leicht lösen. Auch ein Brennnesseltee wirkt basisch. Sollten Sie zu den Teemuffeln gehören, sind auch hier klein geschnittene Trockenfrüchte oder teamgesunde Süßungsmittel leckere Zuckeralternativen. Und auch mit Zitronensaft schmeckt ein Tee gut.

Früchtetees und alle schwarzen Teesorten werden sauer verstoffwechselt und sind somit ungünstig. Greifen Sie bei Tee lieber zu Bio-Tees, denn diese enthalten in der Regel keine Rückstände aus Pflanzenschutzmitteln.

Ebenso helfen selbst gemachte Gemüsebrühen dem Team, sich von Säuren zu befreien.

GUTE LAUNE

Sind Sie gut drauf, ist es Dan auch, das trifft auch fürs Essen zu. Auch der Magen freut sich über eine entspannte Stimmung, weil Stress und Ärger ihn ebenso belasten und Säuren bilden – sie *schlagen auf den Magen* und blockieren seine Verdauungsarbeit, weil zunächst die Nachwirkungen verdaut werden müssen. Deshalb sind beide auch erst später in der Lage, sich der Verdauung zuzuwenden. Vermeiden Sie daher schwierige Diskussionen oder emotionale Auseinandersetzungen während Sie essen und essen Sie erst dann, wenn sich der Ärger verzogen hat.

BEWEGUNG

Klar, dass Bewegung das Team in Form bringt. Jede Art von moderatem Ausdauersport wie Laufen, Radfahren, Walking oder Schwimmen sind willkommen.

Bewegung hilft Dan, leichter zu verdauen, und Sebastian kann nicht nur über die Nieren, sondern auch über die Atemluft und den Schweiß Säuren loswerden. Auch Lynn braucht Bewegung, denn sie hat keinen eigenen Antrieb wie der Blutkreislauf durch das Herz, sondern wird durch Atem- und Muskelbewegungen in Fluss gehalten. Hierbei werden ihre Lymphgefäße zwischen den Muskeln rhythmisch zusammengedrückt und ihre Lymphe nach oben befördert, sodass ihr Lymphfluss um das 10- bis 15-fache gesteigert werden kann.

MINERALSTOFF-FITNESSKUR – ERSTE HILFE FÜR DAS TEAM

Die extra Portion Mineralstoffe kann das Team vor allem als Kur gut gebrauchen, denn sie ist genau das Richtige, um Säuresünden in recht kurzer Zeit auszugleichen. Das kann gewiss dann sinnvoll sein, wenn Ihnen Ihr Gefühl schon seit Längerem sagt, dass Ihr Stoffwechsel eben nicht mehr rundläuft – wenn Sie ständig unter Zeitdruck stehen, häufig müde, verspannt und unkonzentriert sind, sich mal mehr oder weniger mit Kopfschmerzen herumquälen oder Ihre Ernährung eher von den teamunfreundlichen Lebensmitteln geprägt ist.

Insbesondere Magnesium wird bei Stress vermehrt verbraucht, sodass ein Mangel die durch Stress hervorgerufenen Begleiterscheinungen noch verstärkt: Er macht müde, energielos und führt zu Verspannungen. Daher ist eine zusätzliche Gabe von Magnesium als *Salz der inneren Ruhe* gerade in stressigen Zeiten eine Wohltat. Magnesium vertreibt das Stresshormon *Cortisol* und fungiert als Gegenspieler aller Verhärtungs- und Verkrampfungsprozesse. Es beruhigt die Nerven, beeinflusst Herzrhythmusstörungen positiv und gibt den oftmals verspannten Muskeln im Nakken-, Schulter- und Rückenbereich die Möglichkeit sich zu lockern. Diese entkrampfenden Eigenschaften gelten ebenso für Sehnen und Bänder, darüber hinaus auch für Blutgefäße und helfen somit auch bei Bluthochdruck.

Zudem beeinflusst auch Sport Ihre Mineralstoffbilanz. Sind sie aktiv, verliert das Team über den Schweiß viele Mineralstoffe. Sind Sie es nicht, hat es keine Gelegenheit, überschüssige Säuren über die Ausatmung und den Schweiß loszuwerden.

Eine Kur ist für einen Zeitraum von vier bis sechs Wochen gedacht.

DIESE MINERALSTOFFE MACHEN DAS TEAM FIT

Mineralstoffe aus Citraten

Nicht alle Mineralstoffe werden gleich gut vertragen, weil sie an unterschiedliche Transportstoffe gebunden sind. Daher nimmt Ihr Körper nicht nur die Mineralstoffe auf, sondern auch die Wirkung der jeweiligen Verbindung. Das Team bevorzugt Mineralstoffe aus Citraten, wie sie natürlicherweise auch in Nahrungsmitteln vorkommen und als Bausteine im Körper vorliegen. Diese kann es nicht nur am besten aufnehmen und nutzen, sondern sie haben auch den Vorteil, dass sie die Magensäure nicht neutralisieren, weil sie erst im leicht basischen Milieu des Dünndarms aufgenommen werden.

Herkömmliche Basenmittel aus Bikarbonaten lösen sich bereits im Magen auf und setzen Gase frei, die sich mit lästigem Aufstoßen und Magenschmerzen melden können. In der Zutatenliste finden Sie diese unter der Bezeichnung *Hydrogencarbonate*. Hydrogencarbonate erschweren durch die Neutralisation der Magensäure die Aufnahme von Eiweiß, Vitamin B12 und basischen Mineralstoffen. Außerdem verscheuchen sie die Verdauungsenzyme und erschweren somit auch die Verdauung von Fetten und Kohlenhydraten. Zudem kann eine neutralisierte und somit außer Kraft gesetzte Magensäure nicht mehr ihre Abwehrfunktion gegen Krankheitserreger ausüben.

Mineralstoffe nehmen Sie am besten eine halbe Stunde vor den Mahlzeiten ein, wobei die Dosierung vom jeweiligen Präparat abhängig ist. Mit Kombipräparaten können Sie die natürlich wirkenden Synergieeffekte der Mineralstoffe nutzen und ein Ungleichgewicht im Mineralstoffhaushalt vermeiden. Kalzium und Magnesium zum Beispiel können nur im richtigen Verhältnis fungieren und besten Osteoporoseschutz bieten, denn nur im Verhältnis von 2 Teilen Kalzium und 1 Teil Magnesium ist Kalzium optimal verfügbar und lässt sich im Knochen einbauen (in dieser Kombination ist die Einnahme vor dem Schlafengehen am besten, da hierdurch der Knochenaufbau in der Nacht unterstützt wird). Daher ist auch nicht jedes Mineralwasser dazu geeignet, den Körper mit Mineralien zu versorgen. Das Gleiche gilt für Milch. Hier liegt das Verhältnis von Kalzium zu Magnesium bei 8:1.

Einige Kombipräparate berücksichtigen zudem auch die Vitamine C, D3 und K2, die die Aufnahme der Mineralstoffe unterstützen. Stöbern Sie in Drogerien, Reformhäusern, Bioläden oder im Internet und legen Sie Ihren Fokus auf natürliche mineralische oder pflanzliche Präparate, dann werden Sie das richtige Produkt leicht finden.

Salzsole aus Natursalzen

Eine Sole ist eine Mischung aus naturbelassenem Salz und Wasser. Naturbelassenes Salz wie zum Beispiel Himalaja-Salz besitzt mit seinen 84 Elementen die gleichen Elemente wie das Blut. Diese *Salze des Lebens* versorgen Sie mit allen wichtigen Mineralien und Spurenelementen im richtigen Verhältnis und unterstützen aufgrund ihrer großen Übereinstimmung die Selbstregulation aller körperlichen Prozesse und somit auch die Arbeiten des Teams. Sie assistieren den Enzymen, helfen bei der Entgiftung, regulieren den Stoffwechsel, beruhigen die Nerven und stärken das Immunsystem.

Normales raffiniertes Speisesalz kann das nicht, denn es besteht nur aus Natriumchlorid. Natursalze machen nicht durstig und brennen auch nicht auf den Schleimhäuten, daher sind sie auch ein hervorragendes Mittel bei Haut- und Zahnfleischproblemen sowie für Nasenspülungen.

Ein einzigartiges Natursalz ist Bambussalz. Dieses Salz ist ein Neuling in Europa und entstammt einer mehr als 1000 Jahre alten Tradition buddhistischer Mönche. Es ist ein Meersalz, das zunächst wie andere Meersalze auch auf dem Wattenboden trocknet, nur das dieser aus schwefelhaltiger Lehmerde besteht. Zum Bambussalz wird es, indem es in ein ausgehöhltes Bambusrohr gefüllt und bei Temperaturen von 1000 bis 1500 Grad gebrannt wird. Nach 24 Stunden bleibt ein Salzkissen übrig, das zerrieben noch einmal oder achtmal auf die gleiche Weise gebrannt wird.

Bambussalz ist eine basische Wohltat für das Team. Nicht nur durch seinen hohen pH-Wert von 10, sondern auch durch die schwefelhaltige Lehmerde die, ähnlich der Heilerde, giftstoffbindende Eigenschaften besitzt.

Jedes Natursalz hat seinen eigenen Geschmack, wie auch jeder Wein anders schmeckt, und der Geschmack von Bambussalz ist schon außergewöhnlich. Denn in beiden Salzen findet sich die schwefelhaltige Lehmerde im Geschmack wieder, wobei sich das neunmal gebrannte Salz weitaus stärker als das zweimal gebrannte hervortut. Hierdurch wird es sozusagen zu einer charakterfesten, nach faulen Eiern schmeckenden Geschmackspersönlichkeit, die Sie jedoch nicht davon abhalten sollte, sie zu verwenden, denn nach anfänglichem Zaudern kann sie sich durchaus zu einer wahren Gaumenfreude entwickeln.

Das Salz ist für Trinkkuren besonders gut geeignet und entlastet das Team noch besser als jedes andere Natursalz. Der Schwefelgehalt hilft Dan bei der Verdauung und schützt seine Schleimhaut, er bringt Sebastians Stoffwechsel auf Trab und unterstützt Lynns Immunzellen, da er Antioxidantien wie Vitaminen und sekundären Pflanzenstoffen bei ihren Abwehraufgaben hilft.

Das zweimal gebrannte Salz, aber auch alle anderen Natursalze wie das Himalaja-Salz, sind die idealen Salze zum täglichen teamgesunden Würzen. Sie stechen das nur salzig schmeckende Speisesalz leicht aus und ein Versalzen ist aufgrund ihrer ausgewogenen Zusammensetzung an Mineralstoffen und Spurenelementen so gut wie nicht möglich. Sie geben dem Frühstücksei sowie Salaten, Suppen oder Gemüsegerichten eine aromatische Note und schmecken ebenso köstlich in der Dip-Variante mit einem guten Oliven- oder Leinöl.

Für die Sole-Trinkkur geben Sie das Salz in ein Glas, wie zum Beispiel ein Einmachglas, und füllen es mit stillem Wasser auf. Die Sole ist fertig, wenn noch ein Rest vom Salz im Glas unaufgelöst verbleibt – dann ist die Sole gesättigt. Hiervon geben Sie einen halben Teelöffel in ein Glas mit stillem kaltem oder warmem Wasser und trinken es gleich morgens vor dem Frühstück in kleinen Schlucken aus. Falls Ihnen das Wasser zu intensiv schmeckt, reduzieren Sie die Menge der Sole einfach.

Ein Glas mit Deckel wirkt einer Verdunstung entgegen, am besten ein Deckel aus Glas oder Kunststoff, da Metall mit der Sole reagiert und oxidiert.

Melasse

Melasse wird aus der Zuckerrohrpflanze gewonnen. Sie liefert in einer optimalen synergetischen Zusammensetzung genau die Nährstoffe, die das Team harmonisieren und stärken: Kalzium, Kalium, Magnesium, Chrom, Eisen und Zink sowie Eiweiß, B-Vitamine und sekundäre Pflanzenstoffe. Das macht sie zu einem echten Kraftpaket, welches schon Christoph Kolumbus als *gesündeste und beste Nahrung der Welt* bezeichnete und das in der Naturheilkunde schon seit Jahrhunderten verwendet wird.

Melasse wird in drei Produktionsstufen ausgekocht, wobei sich nach jeder Stufe der Gehalt an Nährstoffen erhöht und der Zuckergehalt verringert. Auf diese Weise kristallisiert sich ihre dunkelbraune Farbe heraus. Das bedeutet, je dunkler sie ist, desto mehr Nährstoffe enthält sie und desto geringer ist ihr natürlicher Zuckeranteil. Somit besitzt sie das, was bei der Herstellung des normalen Zuckers übrig bleibt und enthält all die guten Dinge, die ihm fehlen. Melasse ist mit dem Zuckerrübensirup nicht zu vergleichen; lediglich sein hoher Eisengehalt ist hervorzuheben.

Anstatt sonstiger Basenpräparate werden ein bis zwei Teelöffel Melasse in einem Glas mit warmem Wasser aufgelöst, Kräutertees oder Wasser zugegeben und über den Tag verteilt getrunken.

Sie können Melasse auch als gesunde Zuckeralternative verwenden. Sie ist zähflüssig wie Honig, aber nicht so süß. Ihr Geschmack ist eher herbsüß und erinnert an Lakritz. Ihr eigenwilliger Geschmack macht sie besonders für Pfannkuchen, Joghurt, Desserts und als Brotaufstrich interessant. Ebenso gibt sie Wintergebäck wie Leb- und Gewürzkuchen sowie herzhaften Brotsorten eine einzigartige Note, die sie auch an dunkle Fleischsoßen oder Glasuren weitergibt.

Melasse ist vor allem in Naturkostläden erhältlich. Sie ist unraffiniert, mild im Geschmack, frei von belastenden Zusätzen und reich an Nährstoffen.

WAS TUN BEI SODBRENNEN?

Sodbrennen ist unangenehm und macht sich dann bemerkbar, wenn die Magensäure in die Speiseröhre fließt und deren Schleimhaut reizt.

Meist wird Sodbrennen mit einem Zuviel an Magensäure in Verbindung gebracht, allerdings ist es oft auch so, dass dem Magen die Magensäure fehlt, und zwar dann, wenn die Verdauungssäfte nicht richtig bereitgestellt werden können. Ohne die Verdauungssäfte verweilwen die Speisen länger als gewünscht im Magen und fangen an zu gären. Das versucht der Magen mit kräftigen Muskelbewegungen auszugleichen, indem er den Speisebrei mit der unzureichenden Menge an Magensäure vermischt, wodurch sich die Säure hinauf in die Speiseröhre schiebt.

Säureblocker oder Basenpulver aus Bikarbonaten lassen die Beschwerden zwar zunächst verschwinden, allerdings können sie die Ursachen nicht beheben. Im Gegenteil: Nun steht dem Magen noch weniger Magensäure zur Verfügung. Zudem können diese Präparate bei längerer Einnahme einen Mangel an Vitamin B12 hervorrufen, denn sie blockieren das Transportmittel, den sogenannten *Intrinsic Factor*, mit dem das Vitamin ohne vorzeitige Verdauung und Zerstörung den Dünndarm erreicht.

Daher sind auch bei Sodbrennen die natürlichen Mineralmischungen aus Citraten sowie Natursalze die richtigen Helfer, weil sie die Verdauungsenzyme nicht stören und die Magensäure nicht neutralisieren. Ebenso hilfreich sind auch die probiotischen und enzymreichen Getränke wie Sauerkrautsaft, Brottrunk oder Kombucha sowie milchsauer eingelegtes Gemüse, Sojasauce und Apfelessig. Und auch Heilpflanzentees wie Kamille, Fenchel, Anis oder Scharfgarbe tun gut. Nur Pfefferminztee sollten Sie meiden, denn er wirkt kontraproduktiv und fördert Sodbrennen.

Außerdem können Sie mit Bitterstoffen und leicht verdaulichen Fetten wie Kokosöl den Magen ganz leicht unterstützen. Auch über diese beiden werden Sie später noch mehr erfahren.

EINFACH FINDEN ...

Sie haben das Team jetzt kennengelernt und wissen, was die drei ausmacht und was sie brauchen, um Ihren Coach fit und motiviert zu unterstützen. Nun werden Sie noch das Rüstzeug finden, das Ihrem Coach wichtig ist: Das Rüstzeug, das seinen Spürsinn schärft und Ihnen Ihre Balance wiedergibt. Und das finden Sie

- im Essen,
- im Denken,
- im Fühlen,
- im Bewegen,
- im Schlafen
- und im Rhythmus.

VORAB EIN KURZER VERGLEICH:
DER LEBENSKEKS AUS SICHT DER SCHULMEDIZIN UND TCM

Inzwischen ist klar, dass der Mensch mit rund 70 Prozent den größten Teil dazu beitragen kann, sein Leben gesund und munter zu genießen. Ein kleiner Vergleich aus der westlichen Schulmedizin und der TCM kann Ihnen auf interessante Weise erklären, wie der *Lebenskeks* funktioniert, an dem der Mensch jeden Tag ein wenig knabbert:

WESTLICHE SCHULMEDIZIN UND DIE TELOMERE

Im Zellkern einer jeden Zelle befinden sich 23 Chromosomenpaare, in denen sich die DNA befindet. Die DNA enthält die genetischen Informationen von Vater und Mutter und hier ist auch festgelegt, wie alt der Mensch werden kann. Die Chromosomenenden sind durch Telomere abgedeckt. Telomere sind mit Schnürsenkel-Kappen vergleichbar und schützen die Erbinformationen, damit die Zelle ihre Aufgaben reibungslos erledigen kann. Jedoch verkürzen sich die Telomere mit jeder Zellteilung und sind sie so weit verkürzt, dass sie ihre Schutzfunktionen nicht mehr ausüben können, senden sie Signale aus, um die Zellteilung zu stoppen. Hierdurch sterben mit fortschreitendem Alter immer mehr Zellen und folglich wächst auch das Krankheitsrisiko.

Untersuchungen zeigen, dass die Telomerlänge mit den verbleibenden Lebensjahren in Zusammenhang steht. So verfügen über 60-Jährige mit längeren Telomeren über ein besseres Immunsystem und eine bessere Herzgesundheit gegenüber Gleichaltrigen mit kürzeren Telomeren.

Wie schnell sich die Telomere verkürzen, entscheidet der Lebensstil. Neben einer ungesunden Ernährung schädigt auch Stress die Zellen, das belegen Untersuchungen bei Kindern im Alter zwischen 5 und 10 Jahren. Bei ihnen verkürzten sich die Telomere sehr vier schneller, wenn sie Misshandlungen, häuslicher Gewalt oder Mobbing ausgesetzt waren, denn Stress beansprucht das Immunsystem übermäßig stark und trägt wesentlich zum Alterungsprozess bei.

Die Uni-Saar belegt, dass Ausdauersport, intensiver Intervallsport und Krafttraining den Abbau der Telomere verlangsamt. Und auch eine gesunde Ernährung mit guten Omega-3-Fettsäuren verzögert den Alterungsprozess der Zellen und kann die Telomere sogar verlängern, wie jüngst eine US-Studie zeigte.

TCM UND DAS QI

Qi ist die Lebenskraft, die den Menschen mit Energie versorgt. Wie gut seine Qualität ist, hängt vom Qi der Eltern, vom Qi der Nahrungsmittel und vom Qi der Luft ab.

Das Qi der Eltern, das sogenannte *Erb-Qi* ist die Lebensgrundlage des Menschen. Daher dient die vorausschauende Lebensweise der Chinesen nicht nur der eigenen Gesundheit und Vorsorge für das Alter, sondern auch der Verantwortung gegenüber den nächsten Generationen.

Welches Alter der Mensch erreicht, hängt davon ab, wie gut er sein Qi nährt und pflegt, denn nur wenn seine Organe harmonisch zusammenarbeiten können, kann das aufgenommene Qi umgewandelt werden und über die Leitbahnen, den Meridianen, den Körper versorgen. Diese Harmonie beschreibt das Gleichgewicht von Yin und Yang.

Einflüsse, die das Qi stören und vorzeitig verbrauchen, sind falsche Ernährung, Stress sowie fehlende Bewegung und Erholung. Allerdings kann der Mensch es durch entsprechende Maßnahmen bewahren, in einem gewissen Maße auch Neues aufbauen und somit seine Gesundheit stärken. Die Ernährung trägt mit 70 Prozent den größten Anteil dazu bei.

EINFACH FINDEN IM ESSEN

Auch wenn das Essen die Gesundheit am meisten beeinflusst, fällt es im Alltag nicht immer leicht, bewusst darauf zu achten. Das fängt schon morgens beim Frühstück an und auch tagsüber fehlt meist die Zeit, sich mit der richtigen Ernährung zu beschäftigen. Denn das Thema Essen ist mit seinen vielfältigen Aspekten kompliziert und nur schwer zu durchschauen. Dazu trägt auch die Produktvielfalt bei, die den Blick auf die Natürlichkeit der Lebensmittel erschwert und das Essen zu einer echten Herausforderung werden lässt.

Auch für Ihren Coach ist das Essen besonders wichtig. Denn wie es für ihn auf der einen Seite zur größten Belastung werden kann, kann es auf der anderen Seite den größten Beitrag leisten, ihn zu unterstützen. Seinen Vorlieben geschuldet, erzählt Ihnen dieses Kapitel eine Menge über die Lebensmittel, die einen entscheidenden Einfluss auf Ihre Gefühle und Ihr Ernährungsverhalten ausüben. Es setzt sich mit den Wirkungen der Lebensmittel auseinander, stellt Vorzüge und Risiken klar heraus und geht auf Ihre körperlichen und geistigen Bedürfnisse ein. Es beantwortet viele Fragen, füllt die eine oder andere Wissenslücke auf, gibt Ihnen wertvolle Tipps mit auf den Weg – und lässt Sie mit gutem Gefühl die richtige Wahl treffen.

SUPERFOODS – LEBENSERFAHRENE NATURHELDEN

Mit den Superfoods hat Ihr Coach beste Zutaten zur Hand, um Sie immer dann mit der zusätzlichen Portion Lebenspower zu versorgen, wenn Ihr Terminkalender mal wieder viel zu voll ist, Sie von Kummer und Sorgen gequält werden oder Ihnen einfach die Muße fehlt, sich mit der richtigen Ernährung zu beschäftigen.

Superfoods sind natürliche Lebensmittel, die sich aufgrund ihrer Lebensbedingungen einzigartige Eigenschaften angeeignet und dadurch eine besondere Nährstoffvielfalt hervorgebracht haben. Es sind Wurzeln, Blätter und Früchte ganz bestimmter Pflanzen – einige von ihnen kennen Sie bereits aus der teamgesunden Ernährung.

Superfoods können Nährstoffdefizite spielend leicht ausgleichen, Ihre Zellen optimal versorgen und bieten Ihnen daher eine wunderbare Möglichkeit, Ihr Wohlbefinden deutlich zu steigern.

FREIE RADIKALE – ANGRIFFSLUSTIGE RÄUBER

Damit Ihre Zellen arbeiten können, brauchen sie Energie. Diese Energie gewinnen sie aus den Nährstoffen der Lebensmittel und aus dem Sauerstoff der Luft. Allerdings entstehen hierbei aggressive Sauerstoffverbindungen, sogenannte *freie Radikale*, die in den Zellen bestehende Strukturen schädigen können. Doch warum ist das so?

Normalerweise sind Elektronen stabil und treten paarweise auf. Freie Radikale dagegen sind instabil, weil ihnen ein Elektron fehlt. Daher sind sie überaus reaktionsfreudig und entreißen den Zellen willkürlich Eiweißbausteine, Fettsäuren, Enzyme oder DNA und verwandeln diese ebenso in freie Radikale, die wiederum versuchen, ein Elektron zu stehlen. Dieser wilde Elektronenraub setzt eine Kettenreaktion in Gang und wird *Oxidation* genannt. Die Zahl der freien Radikale nimmt naturgemäß mit zunehmendem Lebensalter immer weiter zu und führt zu einer Leistungseinschränkung der Zellen.

Eine ungesunde Ernährung sowie Stress überfordern die eigenen Schutzmechanismen der Zellen. Wo sie ansonsten sehr wohl in der Lage sind, sich gegen freie Radikale zu wehren, fehlen ihnen hierbei die richtigen Nährstoffe, um sie zu fangen.

Stress verbraucht viele Nährstoffe. Er bildet nicht nur Stresshormone, sondern beschleunigt auch den Stoffwechsel und beansprucht viele Vitamine und basische Mineralstoffe. Dieses Nährstoffdefizit wird noch dadurch erhöht, weil die fehlenden Mineralstoffe die Säurebelastung verstärken und die Nährstoffversorgung der Zellen behindern. Hinzu kommt, dass besonders in Stresszeiten der Griff zu denjenigen Lebensmitteln groß ist, die ungünstige Zusatzstoffe, Zucker- und Fettvarianten besitzen, aber keine helfenden Nährstoffe, die für eine effektive Stressbewältigung benötigt werden. Durch dieses Nährstoffdefizit können sich die Zellen nicht mehr richtig schützen und vergleichbar mit einem Fahrrad, welches bei Regen schneller rostet als bei Sonnenschein, altern sie vor ihrer Zeit. Sie fallen in ein energetisches Loch und sterben. Dieser Vorgang geschieht schleichend.

ANTIOXIDANTIEN – INTELLIGENTE RÄUBERFÄNGER

Wie ein trockener Unterstand das Fahrrad vor Rost bewahrt, können auch Sie Ihre Zellen schützen, und zwar mit *Antioxidantien*. Antioxidantien sind Radikalfänger. Sie sind besonders intelligent, weil sie schneller als alle anderen Stoffe mit den Radikalen in Kontakt treten, ihnen freiwillig ein Elektron abgeben und somit deren Gier befriedigen. Auf diese Weise unterbrechen sie die Kettenreaktion und Ihre Zellen bleiben geschützt.

Antioxidantien selbst werden nie zu einem freien Radikal. Sie sorgen für Zellerneuerungen und kämpfen gegen das vorzeitige Absterben der Zellen. Sie schützen Sie vor Krankheiten, stabilisieren Ihre Nerven, hemmen Entzündungen, unterstützen sämtliche Stoffwechselprozesse und sind maßgeblich an der Instandhaltung und Reparatur der DNA beteiligt. Und sie halten Sie und Ihre Haut jung, denn der Alterungsprozess ist besonders gut an der Haut erkennbar, da jedes Fältchen gleichzeitig die vielfältigen Alterserscheinungen im Körper widerspiegelt.

Antioxidantien sind ganz spezielle Nährstoffe. Zu den wirkungsvollsten gehören die Vitamine C und E, die Spurenelemente Zink und Selen sowie sekundäre Pflanzenstoffe wie Carotinoide und Polyphenole. Es sind natürliche Farb-, Geschmacks- und Duftstoffe, mit denen sich die Pflanzen vor Insekten, UV-Strahlung, Bakterien, Pilzen und anderen krankmachenden Faktoren schützen. Ihre Wirkstoffe und Eigenschaften ergeben sich aus den Lebensbedingungen der Pflanzen. Nüsse sind reich an ungesättigten Fettsäuren und Vitamin E. Da diese Fettsäuren schnell oxidieren, bietet ihnen das Vitamin E als Antioxidans Schutz vor Oxidation. Tomaten schützen sich in den sonnenverwöhnten Regionen mit dem Antioxidans *Lycopin* vor Sonnenstrahlung, das zu den Carotinoiden gehört.

Antioxidantien sorgen dafür, dass Ihre Zellen ihre Aufgaben gesund und munter ausüben können. Dann gelingt es ihnen leicht, wichtige Reparaturarbeiten im Zellinneren zu erledigen und Sie vor schädlichen Eindringlingen zu schützen.

SUPERFOODS NEU ENTDECKT

Superfoods sind reich an Antioxidantien und begleiten Sie mit ausgereiften Abwehrstrategien. Nur sie besitzen diese einzigartige Nährstoffkomplexität und können ihre gesundheitlichen Wirkungen an das Team weitergeben, weil dieses sie als solche erkennt und sie somit ganzheitlich wirken. Daher sind sie besonders gut in der Lage, Sie vor kleinen Erkältungen und großen Krankheiten zu schützen und Ihre Zellen länger jung zu halten.

Superfoods sind überall auf der Welt zu Hause. Besonders in Regionen, wo sich die Menschen als Teil der Natur sehen, sind ihre Heilkräfte bekannt und haben sich über Jahrhunderte und teils Jahrtausende bewährt. Sie gehören zu ihren Kulturen und Traditionen und sind Bestandteil ihrer Lebenserfahrung. Bei den Inkas ist es die Maca-Wurzel und bei den afrikanischen Völkern der Baobab-Baum. Jedoch müssen Superfoods nicht aus weit entfernten Ländern stammen. Bittere Pflanzen, Gerstengras, Sprossen, Kohlgemüse, Tomaten, Kräuter, Nüsse und mehr wachsen auch bei uns.

Die Superfoods gibt es schon sehr lange, nur ihr Name ist neu, denn das Wissen um die kraftspendenden und heilenden Pflanzen ist alt. Es war nur in unseren Breiten zum größten Teil unbekannt oder ist im Laufe der Zeit in Vergessenheit geraten.

Nun entdeckt auch allmählich die moderne Wissenschaft ihre außergewöhnlichen Wirkungen und prognostiziert, dass in Zukunft bestimmte Lebensmittel individuell verordnet werden. Das deckt sich übrigens mit der Sichtweise der TCM, Lebensmittel als Medizin einzusetzen, um schädliche Auswirkungen auszugleichen, die durch eine ungünstige Ernährung und Lebensweise entstanden sind. Und auch geschichtlich betrachtet ist dies nichts anderes, als die seit Jahrhunderten bewährten Behandlungsmethoden der Naturheilkunde.

So wird der Ernährungsheilkunde auch in unserem Kulturkreis zunehmend ihr verdientes Augenmerk gewidmet und altes Wissen in einfacher Weise wirkungsvoll fortgeführt. Dieses Wissen wird auch Ihnen helfen, ein aktives Leben mit Schwung und Gelassenheit zu führen. Dann gelingt es Ihnen gleich viel besser, gut gelaunt in den Tag zu starten, Ihre Arbeit konzentriert zu erledigen, in Stressphasen einen kühlen Kopf zu bewahren und dem Abend mit Ausgeglichenheit zu begegnen.

Lebensmittel, die sich *Superfoods* nennen dürfen, glänzen mit folgenden Eigenschaften:

- Sie besitzen eine außergewöhnliche hohe Menge an Antioxidantien, hierzu gehören Vitamine, Mineralstoffe, Spurenelemente, Fettsäuren, Proteine, Ballaststoffe, Enzyme und sekundäre Pflanzenstoffe. Durch ihre Komplexität kann Mangelzuständen nicht nur vorgebeugt, sondern sie können auch behoben werden.
- Sie liefern all die Stoffe, die dem Team helfen, besser zu entgiften, Infekte abzuwehren und Krankheiten vorzubeugen.
- Sie wirken jeder Zellalterung entgegen. Mit ihnen bleiben Sie länger jung – körperlich und geistig.
- Sie helfen Dan bei der Verdauung und schützen seine Schleimhaut.
- Sie liefern die Mineralstoffe, die Sebastian braucht, um Schlacken zu lösen, und unterstützten den Knochenaufbau.

- Sie unterstützen auf natürliche Weise das Abnehmen, denn durch ihre hohe Nährstoffdichte wird das Verlangen nach Süßem, Fettigem und Salzigem automatisch reduziert, da Ihr Körper all das bekommt, was er braucht.
- Sie fördern die Sehkraft und Wundheilung und verhelfen zu reiner Haut und kräftigem Haar.
- Sie versorgen Sie mit Energie und Vitalität, sodass Sie weniger müde sind.
- Sie verbessern Ihre Stresstoleranz und lassen Sie besser schlafen.
- Sie gleichen Ihren Hormonhaushalt aus und stabilisieren Ihre psychische Befindlichkeit.
- Sie verbessern die Leistung von Herz und Gehirn, wirken entzündlichen Prozessen entgegen, senken den Cholesterinspiegel und gleichen den Blutdruck aus.
- Sie bremsen überschießende Reaktionen des Immunsystems, die durch weiterverarbeitete Lebensmittel, insbesondere Transfette hervorgerufen werden.

Mittlerweile haben die Superfoods in vielen Bioläden, Reformhäusern und Drogerien Einzug gehalten. Auch im Internet sind sie präsent. Allerdings verfügen einige von ihnen nicht über Rohkostqualität. Es sind jedoch gerade die rohen Superfoods aus Bioanbau oder Wildsammlung und meist reifungsnaher Ernte, die durch eine schonende Trocknung ihren hohen Anteil an Nährstoffen behalten können. Denn nur eine schonende Trocknung unter 42 Grad bewahrt ihre Lebenskräfte, Enzyme, Aromastoffe und synergetischen Eigenschaften, da bei höheren Temperaturen ihre Denaturierung beginnt und 80–90 Prozent von ihnen verloren gehen.

Ihre vielfältigen Einsatzmöglichkeiten machen es Ihnen leicht, sie täglich in Ihren Speiseplan aufzunehmen. Egal, ob als Snack zwischendurch oder als köstliche Zugabe im Smoothie oder Müsli. Aber auch zur Verfeinerung von Soßen, Desserts und Süßspeisen sind sie ideal.

Heimische Superfoods
- Beeren, besonders Blaubeeren, Brombeeren, Erdbeeren, Hagebutten, Himbeeren, Holunderbeeren, Johannisbeeren und Sanddorn
- Äpfel, Aprikosen, Birnen, Kirschen, Pfirsiche, Pflaumen und rote Weintrauben
- Haselnüsse, Kürbiskerne, Walnüsse und Hanfsamen
- Kohlgemüse, besonders Blumenkohl, Brokkoli, Grünkohl und Rosenkohl sowie rohes Sauerkraut
- Hülsenfrüchte, Knoblauch, Paprika, Tomaten und Zwiebeln
- Wurzelgemüse, besonders Meerrettich, Möhren, Pastinaken, Radieschen, Rettich und Rote Beete
- Traubenkernmehl

Exotische Superfoods
- Avocados, Acerola-Kirsche, Granatapfel und Papaya
- Beeren, besonders Açaibeeren, Aroniabeeren, Cranberries und Gojibeeren
- Camu-Camu und Mangostan
- Maca
- Paranüsse, Pecannüsse, Mandeln und Chia-Samen
- Rohkakao

Grüne Superfoods, heimische und exotische
- Algen wie Afa-Algen, Chlorella oder Spirulina
- Blattgemüse, besonders Salate, Sellerieblätter, Spinat und Rucola
- Gartenkräuter, besonders Basilikum, Petersilie, Melisse und Salbei
- Gräser wie Gerstengras, Dinkelgras oder Weizengras
- Moringa
- Sprossen von Alfalfa, Bockshornklee, Brokkoli, Kresse, Linsen, Luzerne und Radieschen
- Wildpflanzen wie Löwenzahn oder Brennnessel

Gewürze
- besonders Curry, Ingwer, Kurkuma, Kreuzkümmel, Majoran, Muskatnuss, Nelken, Oregano, schwarzer Pfeffer, Thymian und Zimt

Trockenfrüchte
- besonders getrocknete Äpfel, Aprikosen, Birnen, Datteln, Feigen, Kirschen, Pfirsich, Pflaumen und Rosinen

Vor allem Kräuter und Gewürze sind reich an Antioxidantien. Diese können Ihnen schon in kleinen Mengen einen großen Nutzen schenken. Mit ihnen lässt sich jedes Gericht ganz einfach aufpeppen und zugleich bekömmlicher machen. Genauso gut eignen sich Sprossen, denn sie sind frisch und enzymreich. Auch Gemüse enthält viele Antioxidantien und kann Sie perfekt versorgen. Bei den Früchten besitzen vor allem Beeren und Trockenfrüchte ein großes Antioxidationspotenzial. Bevorzugen Sie lieber Bioware, denn zum einen werden Gewürze, Beeren und Trockenfrüchte aus konventionellem Anbau in der Regel bestrahlt und zum anderen besitzen sie einen geringeren Nährstoffgehalt als ihre wild wachsenden Verwandten und solche aus Bioanbau.

Reich an Antioxidantien sind auch die grünen Superfoods wie Gräser und Algen. Sie besitzen viel Chlorophyll, sind superbasisch und können dem Team daher besonders leicht unter die Arme greifen.

Natürlich können Sie all die guten Eigenschaften aus Obst, Gemüse, Sprossen, Kräutern und Algen auch gut in Form von frisch gepressten Säften zu sich nehmen. Auf diese Weise lassen sich wahre Super-Smoothies kreieren. Gute Kombinationen sind Brokkoli und Brokkolisprossen (doppelt wirksam gegen Krebs) oder Granatapfel und Datteln (unterstützen zusammen das Herz-Kreislauf-System).

Auch Nüsse beeindrucken mit ihren guten Eigenschaften und sind wahre Kraftquellen für den kleinen Hunger zwischendurch. Eine kleine Handvoll fördert klare Gedanken, senkt Entzündungen und schützt Ihre Zellen. Nüsse besitzen hochwertiges Eiweiß, gute Fettsäuren, B-Vitamine, Vitamin E sowie verschiedene Mineralstoffe und Spurenelemente. Jede Nuss hat ihre besonderen Vorzüge und wenn Sie immer wieder variieren, können Sie sie alle auskosten. Mandeln wirken basisch und sind prebiotisch, Paranüsse besitzen mit Selen einen starken Radikalfänger und Erdnüsse, auch wenn sie zu den Hülsenfrüchten gehören, besitzen in ihrem rötlichen Häutchen wertvolles antioxidatives OPC. OPC wird zu den stärksten Antioxidantien gezählt und ist zum Beispiel auch in Traubenkernmehl oder Rotwein enthalten.

ORAC – ANTIOXIDATIVE MASSEINHEIT

Manche Lebensmittelprodukte werben mit der Maßeinheit ORAC. ORAC ist die Abkürzung für *Oxygen Radical Absorbance Capacity* und bedeutet auf Deutsch: *Fähigkeit zum Abfangen von Sauerstoffradikalen*. ORAC wurde erstmals 2005 in den USA vorgestellt. Mit dieser Maßeinheit können Sie das antioxidative Potenzial eines Lebensmittels gut erkennen. Je höher der ORAC-Wert ist, desto mehr Antioxidantien hat es und desto mehr freie Radikale kann es neutralisieren. ORAC berücksichtigt als besonders wichtigen Aspekt die ganzheitliche Wirkungsweise von Nährstoffen.

Der ORAC-Tagesbedarf wird mit 5000–7000 angegeben. In Übereinstimmung mit den Superfoods haben Gewürze die höchsten ORAC-Werte. Hierfür einige Beispiele (die Werte beziehen sich auf 100 Gramm): gemahlene Nelken 314.000, gemahlener Kurkuma 160.000 und getrocknete Petersilie 74.000. Auch andere Werte entsprechen dem antioxidativen Potenzial der Superfoods: Rohkakao-Pulver 95.500, Walnüsse 13.500, Blaubeeren 6.500 und Brokkoli 3.100. ORAC-Listen sind im Internet zu finden und können möglicherweise auch für Sie interessant sein.

SUPERFOODS FÜR MEHR LEBENSPOWER: MEINE TIPPS

Die hier vorgestellten Superfoods beeindrucken nicht nur mit ihren allgemeinen Vorzügen, sondern sie geben Ihnen die Power, die gerade in stressigen Zeiten oft fehlt. Einige schmecken superlecker und andere sind gewöhnungsbedürftig. Die meisten von ihnen können ihre Stärken am besten im rohen Zustand an Sie weitergeben, denn Hitze zerstört ihre wertvollen Antioxidantien. Das gilt insbesondere für die bitteren Pflanzen und Kräuter mit ihren hitzeempfindlichen Vitaminen und Enzymen sowie für Maca. Bei Baobab sieht es etwas anders aus, denn er ist reich an Polyphenolen und diese werden, ähnlich wie bei den Tomaten das Lycopin, erst im erhitzten Zustand aktiv.

Ideal ist es, wenn Sie die Superfoods mal pur und mal in Verbindung mit einer Mahlzeit zu sich nehmen. Pur sind sie schnelle Kraftspender, weil sie durch ihr ausgewogenes Nährstoffverhältnis eine hohe Bioverfügbarkeit besitzen und keine zusätzlichen Vitamine oder Mineralstoffe benötigen, um vom Team aufgenommen werden zu können. Und in Verbindung mit einer Mahlzeit helfen sie anderen Lebensmitteln, ihre Nährstoffe bestmöglich zur Verfügung zu stellen.

BITTERE PFLANZEN – LACHENDE APPETITZÜGLER

Die meisten bitter schmeckenden Pflanzen gehören zu den Superfoods. Sie verfügen über die Eigenschaften, die Ihren Coach einen großen Schritt voranbringen – Eigenschaften, die Ihnen gradewegs und sicher helfen, die für Sie passende Ernährung zu finden.

In der TCM sind Bitterstoffe für ihre erfrischenden, anregenden und reinigenden Wirkungen seit Jahrtausenden bekannt. Der bittere Geschmack wirkt ausgleichend auf Herz und Kreislauf, hilft gegen Antriebslosigkeit, sorgt für innere Stabilität und fördert einen klaren Kopf. Daher ist der bittere Geschmack in der TCM auch dem Herzen zugeordnet, denn es steht für Freude und Lachen im Leben sowie für Handeln und Wachstum. Vermutlich auch deshalb, weil es, wie auch Dan, durch den Vagusnerv mit dem Gehirn verbunden ist.

In der Kräuterheilkunde der Hildegard von Bingen spielten die bitteren Pflanzen bei Lebererkrankungen eine wichtige Rolle. Und Sebastian Kneipp empfahl zur Entschlackung und Entgiftung regelmäßig einen *Bittertag* einzulegen. Und auch die Schulmedizin erkennt allmählich die vielen positiven Eigenschaften der bitteren Pflanzen.

Bittere Pflanzen sind alle bitter schmeckenden Salate, Wildkräuter und Gewürze. Sie werden im Organismus selbst aktiv, indem sie den Zellaufbau beschleunigen, den Alterungsprozess verzögern und die Immunabwehr stärken. Es ist ihr bitterer Geschmack, der diese Wirkungen erzielt und der dem Team bei seinen Arbeiten hilft. Er unterstützt Dans Verdauungsarbeit, indem er die Bereitstellung der Verdauungssäfte für die Nährstoffaufnahme fördert, Gärungs- und Fäulnisprozessen entgegenwirkt und seine Schleimhaut vor Entzündungen schützt. Außerdem regt er die Basenbildung an, neutralisiert überschüssige Säuren, klärt die Zellzwischenräume und unterstützt somit auch Sebastian und Lynn.

Darüber hinaus verhelfen Bitterstoffe zum gewünschten Wohlfühlgewicht. Sie fördern die natürliche Geschmackswahrnehmung und zügeln den Appetit, indem sie auf einfache Weise das Verlangen nach Nahrung im Allgemeinen und vor allem nach Süßem bremsen. Denn: Jeder Geschmack wirkt anders und Süßes macht Lust auf mehr Süßes und wer ständig Hunger hat, isst vermutlich zu wenig Bitterstoffe. Die Naturheilkunde geht davon aus, dass vor allem diejenigen Menschen eine Abneigung gegen Bitterstoffe verspüren, die diese dringend benötigen. Hinzu kommt, dass der Widerwille für Bitteres evolutionär bedingt ist, weil bitter vor giftigen Natursubstanzen warnt. Daher reagiert die Zunge recht empfindlich auf den bitteren Geschmack. Während sie *süß* mit nur einem Rezeptor wahrnimmt, werden bei *bitter* gleich 25 Rezeptoren aktiv, um mithilfe der erhöhten Menge an Verdauungssäften die Nahrung möglichst zügig durch den Körper zu schleusen.

Dass Bitterstoffe als Gegenspieler zum süßen Verlangen fungieren, zeigt ein Beispiel aus der konventionellen Tierfütterung: Um Masttieren möglichst schnell zu ihrem Schlachtgewicht zu verhelfen, wurden einer Rapssorte die Bitterstoffe weggezüchtet. Das wurde jedoch den Rehen zum Verhängnis, denn wo herkömmlicher, an Bitterstoffen reicher Raps den Appetit der Tiere auf ein gesundes Maß zügelte (*Äsungsbremse*), fraßen sich die Tiere nun zu Tode.

Auch die Lebensmittelindustrie weiß über die appetitzügelnden Eigenschaften der bitteren Pflanzen bestens Bescheid und hat ihren herben Geschmack aus den Verkaufsregalen verbannt. Dafür lockt sie mit verführerischen Aromen und Zusatzstoffen, die dazu animieren mehr zu essen, als guttut. Somit fehlt den Lebensmitteln heute dieser wichtige Regulator, um den Appetit auf ein natürliches Maß zu begrenzen. Und somit fehlt auch die intuitive Wahrnehmung, das richtige Sättigungsgefühl zu erspüren.

Ihr Geschmacksempfinden lässt sich trainieren. Das geht erstaunlich schnell, da sich Ihre Geschmacksknospen etwa alle sechs bis acht Tage erneuern. Daher werden Sie schon nach wenigen Tagen ohne Süßungsmittel das gleiche Geschmackserlebnis für eine nur wenig gesüßte Speise empfinden wie zuvor für eine stärker gesüßte. Somit dauert es nur eine kleine Weile, bis Sie nicht nur die Eigenschaften der Bitterstoffe als wahre Bereicherung empfinden, sondern auch ihren Geschmack lieben. Sie werden überrascht sein, wie gut bittere Gemüsesorten, Salate, Wildkräuter und Tees schmecken.

Da Bitterstoffe aus Obst und Gemüse zugunsten des *guten Geschmacks* zum großen Teil herausgezüchtet wurden, besitzen eher die alten robusten Sorten noch ihren natürlichen Bitterstoffanteil. Vor allem in Bioläden finden Sie diese Sorten, da sie hier im Anbau als natürliches *Pflanzenschutzmittel* geschätzt werden. Bittere Pflanzen wachsen das ganz Jahr über und sind somit immer verfügbar. Sie machen viele Gerichte wie Suppen und Salate würziger und sind auch in grünen Smoothies oder als Tee ein guter Einstieg, um sich mit ihnen anzufreunden.

<u>Bitterstoffreiche Lebensmittel</u>
- Artischockenblätter, Chicorée, Blumenkohl, Echte Engelwurz, Endivie, Enzianwurzel, Grünkohl, Mangold, Radicchio, Rosenkohl, Rucola und Spinat

- frische Wildkräuter wie Brennnessel, Gänseblümchen, Giersch, Kamille, Löwenzahn, Schafgarbe, Sauerampfer, Wegerich, Wegwarte, Wermut und alle grünen essbaren Blätter wie Möhrengrün oder das Grün von Kohlrabi
- Küchenkräuter und Gewürze wie Anis, Basilikum, Estragon, Fenchel, Gewürznelken, Ingwer, Kardamom, Koriander, Kümmel, Kurkuma, Majoran, Oregano, Petersilie, Rosenpaprika, Rosmarin, Salbei, Thymian, Wacholderbeeren und Zimt
- Grapefruits, Zitronen und Orangen
- Pseudogetreide wie Amaranth, Quinoa und Buchweizen

Bitterkräuter als natürliches Nahrungsergänzungsmittel
- Löwenzahnwurzelextrakt
- Kräuterbitter: diese Elixiere vereinigen verschiedene Bitterpflanzen; greifen Sie auch hier lieber zu der biologisch angebauten Variante
- Superfoods wie Moringa und Rohkakao

Bitterkräuter als Tee
- Beifuß: Entschlackt, fördert die Verdauung und Giftausscheidung und ist blutreinigend. Es unterstützt die Wahrnehmung und bringt innere Klarheit und Stärke.
- Eibisch: Dient als Säurepuffer und ist entzündungshemmend. Außerdem wirkt es wohltuend bei gereizten Schleimhäuten von Magen und Darm sowie der Atemwege.
- Engelwurz: Wurde in der Geschichte als *europäischer Ginseng* gehandelt. Es regt die Verdauungssäfte an, reguliert den Hormonhaushalt und ist Balsam für Körper, Geist und Seele, denn es verbindet die Erde mit dem Himmel. Das bedeutet, der Mensch fühlt sich gut aufgehoben im Leben.
- Fenchel: Beruhigt eine gereizte Magen- und Darmschleimhaut, fördert die Verdauung und löst Verbitterung. Es erneuert und verjüngt das Gefühl für den eigenen Körper.
- Liebstöckel: Ist harntreibend und schleimlösend. Es regt die Nierentätig-

keit und Entgiftungsleistung an und aktiviert die Sinne.
- Löwenzahn: Ist stoffwechselanregend und unterstützt die Entgiftung. Es hemmt Entzündungen, hilft bei Nahrungsmittelunverträglichkeiten und Erschöpfung und löst emotionale Blockaden.
- Mariendistel: Schützt und regeneriert die Leber, hemmt die Aufnahme von Giften und regt deren Ausscheidung an.
- Schafgarbe: Regt die Verdauungssäfte an, ist harntreibend, entgiftend, verhindert Blähungen und ist entzündungshemmend.
- Olivenblatt: Schützt vor Viren, Bakterien, Pilzen, Parasiten und stärkt das Immunsystem. Es stabilisiert den Blutzucker und den Fettstoffwechsel, harmonisiert Blutdruck und Herzrhythmus und wirkt unterstützend in Belastungssituationen.

Die Wirkung der Bitterstoffe entfaltet sich im Mund und wird über die Geschmacksempfindung *bitter* reflektorisch über die Speicheldrüsen auf den gesamten Organismus übertragen. Deshalb wirken bittere Pflanzen gut durchgekaut am besten.

Bitterelixiere und Tinkturen nehmen sie am besten etwa fünf Minuten vor dem Essen ein. Dazu geben Sie die Tropfen in ein Wasserglas und trinken es schluckweise und kauend aus. Auf diese Weise wirken auch gut gezogene Bittertees am besten, weil der bittere Geschmack durch nachfolgendes Essen nicht überlagert wird, sondern eine Zeit für sich alleine wirken kann. Tabletten haben diese heilsame Wirkung übrigens nicht.

MACA – DIE RUHENDE KRAFT

Die *ruhende Kraft* deshalb, weil Maca mit allem ausgestattet ist, um äußeren Belastungen standzuhalten.

Maca ist eine gelbe knollige Wurzel eines peruanischen Kressegewächses und erinnert an heimische Steckrüben. Sie gedeiht in den kargen Hochlagen der Anden Südamerikas in 3000–4500 Meter Höhe und trotzt dort stürmischen Winden, eisiger Kälte und aggressiver Sonneneinstrahlung.

Diese extremen Lebensbedingungen haben sie dazu veranlasst, eine außergewöhnliche Nährstoffkombination in ihrer Wurzel anzureichern und zu bewahren, die sie an diejenigen weitergibt, die sie zu sich nehmen.

Die Inka erfuhren von Macas kraftspendenden Wirkungen erst, als sie feststellten, dass das Vieh durch ihre Verfütterung wesentlich mehr Nachwuchs auf die Welt brachte als zuvor. Sie nutzen die Wurzel dann auch für ihre Zwecke als Nahrungs- und Heilmittel.

Maca enthält hochwertiges Eiweiß, wertvolle Enzyme und sekundäre Pflanzenstoffe, alle essenziellen Fettsäuren, viele Vitamine wie Beta-Karotin, C und E sowie die B-Vitamine B1, B2, B3, B6, Folsäure und insbesondere B12, denn gerade Vitamin B12 ist bei einer vorwiegend pflanzlichen Ernährungsweise nur gering vertreten. Das Gleiche gilt für Eisen und auch hiervon hat Maca reichlich. Eisen verbessert die Sauerstoffaufnahme der Zellen, hilft somit bei Müdigkeit und Erschöpfung und kommt auch der sportlichen Ausdauer zugute.

Zahlreiche Studien empfehlen Maca zur Steigerung der Immunabwehr sowie zur Senkung des Blutdrucks und der Blutfette. Ebenso gut sind ihre ausgleichenden Wirkungen auf den Hormonspiegel belegt. Daher ist sie auch eine gute Hilfe bei Wechseljahresbeschwerden und fördert zudem die Fruchtbarkeit und Libido. Das liegt an ihren überaus gut gefüllten Eiweißspeichern mit allen essenziellen Aminosäuren. Diese sind es auch, die Ihre körperliche und geistige Energie steigern und dazu beitragen, Ihr Gleichgewicht in dichten Stresszeiten zu bewahren.

Maca ist als Pulver erhältlich. Hierfür werden die Wurzeln nach dem Ernten schonend getrocknet und vermahlen. Das Pulver schmeckt leicht süßlich-nussig mit einem Hauch von Schokolade, Vanille und Butterkaramell. Es schmeckt lecker im Müsli oder Joghurt und lässt sich ebenso gut in Getreide- oder Nussmilch, Smoothies und in pürierten Früchten verwenden. Traditionell wird Maca in heißes Wasser oder Milch eingerührt, aber auch pur auf dem Löffel ist Maca gut und sorgt dann für die Extraportion Energie zwischendurch.

Maca hat keinerlei bekannte Nebenwirkungen und die Dosierung ist einfach. Studien zeigen, dass eine Menge zwischen 2 und 5 Gramm pro Tag passend ist. Das entspricht in etwa einen halben bis ganzen Teelöffel. Sie können Maca kurmäßig oder das ganze Jahr über einnehmen. Um die guten Eigenschaften voll und ganz auszuschöpfen, ist eine Einnahme über mindestens drei Monate sinnvoll.

Mein Vorschlag: Bevorzugen Sie die pure Variante und lassen Sie einen Teelöffel Pulver am besten gleich morgens im Mund zergehen, dann kann es über die Schleimhäute optimal wirken.

Übrigens können Sie Maca auch gut im eigenen Garten anbauen. Durch ihre hart erprobten Widerstandskräfte hält sie hiesigen Wetterverhältnissen problemlos stand. Die Knolle lässt sich mitsamt ihren Blättern, ähnlich wie andere Rüben, zubereiten. Sie schmeckt leicht nach Kresse und darüber hinaus leicht süßlich. Sie können Sie, wie Kartoffeln auch, im Ofen backen oder anderen Gemüsegerichten zugeben. Auch Reis- und Pasta-Gerichten bietet sie durch ihren aromatischen Geschmack eine interessante Note. Somit haben Sie ein weiteres gesundes Gemüse auf dem Teller. Wo Sie das Saatgut bestellen können, erfahren Sie mit einem Klick im Internet.

SPIRULINA UND CHLORELLA – ENERGIEGELADENE ENTGIFTUNGSSPEZIALISTEN

Die Mikroalgen *Spirulina* und *Chlorella* sind wahre Entgiftungsspezialisten und haben ihre gesundheitsfördernden und heilenden Eigenschaften in verschiedenen Kulturen bewiesen. Beide sind uralte, einzellige Lebewesen und so winzig klein, dass sie mit bloßem Augen nicht zu erkennen sind. Sie entstanden vor ungefähr 3,5 Milliarden Jahren auf der unbewohnten Erde und sind Ursprung aller Lebewesen.

Spirulina verdankt ihren Namen ihrer Struktur, denn sie besteht aus spiralförmig gewundenen Zellfäden von ungefähr 0,3 mm Länge. Sie wächst in stark basischen Salzseen und gehört zu den *Blaualgen*, den sogenannten *Cyanobakterien*. Cyanobakterien sind eine Mischung aus Pflanzen und

Bakterien und in der Lage, das Sonnenlicht als Energiequelle besonders effektiv nutzen.

Chlorella ist eine Süßwasseralge und gehört zu den *Grünalgen*. Übersetzt man ihren Namen aus dem Lateinischen, bedeutet er *kleines junges Grün*, denn ihre tiefgrüne Farbe verdankt sie ihrem hohen Gehalt an Chlorophyll. Keine andere Pflanze enthält mehr von diesem sauerstoffreichen und sonnenverwöhnten Blattgrün.

Aber auch Spirulina enthält viel Chlorophyll und diese Substanz ist es auch, die für die unvergleichlichen Wirkungen der Algen verantwortlich ist: Chlorophyll verleiht ihnen die Fähigkeit, die enthaltenen Nährstoffe aus Luft, Wasser und Boden durch Fotosynthese zu einem hochkomplexen natürlichen Energiestoffkonzentrat zu binden.

Chlorophyll ist das *grüne Blut* der Pflanzen und der beste Nährstoff für das menschliche Blut, da es diesem sehr ähnlich ist. Es erhöht dessen Sauerstoffgehalt, verjüngt es, verbessert die interne und externe Wundheilung und aktiviert die Immunzellen; selbst bei schweren Krankheiten wie Krebs. Durch Chlorophyll ist jede einzelne Zelle gut geschützt und kann besser regenerieren. Somit verlangsamt sich ihr Alterungsprozess und das Immunsystem wird gestärkt. Ebenso unterstützt es die Entgiftungsarbeit von Leber und Niere, bekämpft Pilze, die sich bei Dan angesiedelt haben, und fördert das Wachstum seiner guten Bakterien. Zusammen mit den basischen Mineralstoffen der Algen bringt es beste Voraussetzungen mit, Kalzium im Knochen einzulagern. Es verhilft zu einem unbelasteten Fasziengewebe und unterstützt somit auch die Arbeiten von Sebastian und Lynn. Spirulinas Durchschnitts-pH-Wert liegt bei 40 und der von Chlorella bei 23. Im Vergleich hierzu hat Gemüse einen pH-Wert zwischen 10 und 15. Somit liegen beide Algen weit darüber. Außerdem hilft Chlorophyll den Cholesterinspiegel zu senken. Darüber hinaus verfügt jede Alge für sich noch über einen weiteren Radikalfänger:

- Spirulina besitzt das blaue Pigment *Phycocyanin*. Dieses kommt nur in Cyanobakterien vor und ist ein besonders effektives Antioxidans. Da es neben dem Chlorophyll sehr viel Sonnenenergie speichern kann, vervielfacht es dessen gute Wirkungen. Es verstärkt die reinigenden Funktionen von Leber und Niere und schützt das Blut. Wie gut, das konnte die Alge bei verstrahlten Kindern in Tschernobyl beweisen, da sie deren Blutbildung und Immunabwehr verbesserte.

- Chlorella verfügt über ein nicht weniger starkes Antioxidans, den Wachstumsfaktor CGF (*Chlorella Growth Factor*). Mit diesem Antioxidans gehört sie zu den am schnellsten wachsenden Lebewesen, denn es ermöglicht ihr, sich besonders rasch zu teilen. Und hiervon profitiert auch der menschliche Körper, denn mit CGF besitzt er ein enormes Potenzial, die Regeneration von Zellen und Geweben zu beschleunigen und alle Voraussetzungen für eine gesunde Zellerneuerung zu schaffen.

Beide Algen besitzen fast die gleichen Nährstoffe. Beide sind eiweißreich und haben viele wichtige Vitamine, Mineralstoffe, Spurenelemente, Fettsäuren und Enzyme. Und was die eine Alge nicht hat, das hat die andere. Spirulina verfügt über viel Beta-Carotin, alle B-Vitamine, Magnesium, Eisen, Selen und Zink, hat jedoch kein Vitamin C. Im Vergleich dazu besitzt Chlorella wenig Beta-Carotin und glänzt dafür mit Vitamin C und höheren Mengen an Vitamin B12, Kalzium, Kalium und Eisen.

Der eigentliche Unterschied der Algen liegt in ihrer Struktur und somit in ihrer Nährstoffausnutzung und Entgiftungsfähigkeit und ist auch der Grund, die zwei als eine Einheit zu sehen, um ihr Potenzial optimal auszuschöpfen:

- Spirulina kann ihre Nährstoffe besonders leicht zur Verfügung stellen, denn sie besitzt keine Zellwand aus unverdaulicher Zellulose, sondern nur eine dünne und weiche Zellmembran. Das unterscheidet sie von vielen anderen Algen und Pflanzen. Daher können 95 Prozent ihrer Inhaltsstoffe effektiv vom Team genutzt werden. Sie ein optimales Kraftpaket für einen leistungsschwachen Dan und ist dank ihrer Struktur in der Lage, tief in das Fasziengewebe einzudringen und Schwermetalle und andere Giftstoffe zu lösen.

- Chlorellas Zellwände sind anders. Sie sind nicht dünn und weich, sondern bestehen aus drei robusten Schichten unverdaulicher Zellulose. Erst ein schonendes Aufbrechen während der Verarbeitung ermöglicht eine Bioverfügbarkeit von bis zu 82 Prozent. Allerdings haben ihre Zellwände auch einen Nutzen, da in ihnen der Gifte bindende Stoff *Sporopollenin* verankert ist. Mit diesem Stoff kann die Alge die gelösten Gifte und Schwermetalle an sich binden und in ihre Zellwände einschließen, sodass sie sicher ausgeschieden werden können.

Viele auf dem Markt befindliche Algenprodukte sind schadstoffbelastet. Wenn Sie beim Kauf auf Bio-Qualität achten, haben Sie ein sicheres und schonend verarbeitetes Produkt in der Hand, welches zudem frei von Füllstoffen und anderen Zusätzen ist. Die Bio-Qualität wird dadurch gewährleistet, dass die Algen in eigens dafür angelegten Seen kultiviert werden. Beide Algen gibt es in Pulverform, als Kapseln oder Presslinge zu kaufen.

Der Geschmack der Algen erinnert ein wenig an Fisch und kräftigen grünen Tee. Starten Sie langsam und nehmen Sie die ersten ein bis zwei Wochen von jeder Alge dreimal täglich einen Pressling mit einem Glas Wasser, am besten eine halbe Stunde vor dem Essen ein. In dieser Zeit der Eingewöhnung hat nicht nur Ihr Geschmacksempfinden, sondern auch Ihr Körper ausreichend Zeit, um sich auf sie einzustellen, denn zu Beginn können ihre entgiftenden Wirkungen Blähungen, Durchfall und Pickel hervorrufen. Später dann sind dreimal drei Presslinge pro Alge und Tag eine gute Dosierung.

Mein Vorschlag: Wenn Sie Chlorella und Spirulina als eine Einheit sehen, können Sie ihre wunderbaren Eigenschaften perfekt nutzen, denn diese Einheit bietet Ihren Zellen optimalen Schutz und senkt zugleich die Giftbelastung im Körper. Stilles Wasser unterstützt sowohl die Nährstoffaufnahme als auch eine schnelle Ausleitung der gebundenen Giftstoffe. Außerdem können die Algen ein säurehaltiges Essen mühelos ausgleichen und in Pulverform viele Smoothies bereichern.

BAOBAB – SANFT ZUM DARM

Baobab, der afrikanische Affenbrotbaum, ist der typische Baum in den tropischen Gebieten Afrikas. Er ziert das Wappen im Senegal und wird auch *Apothekerbaum* oder *Zauberbaum* genannt, denn die afrikanische Volksmedizin schätzt ihn als Allheilmittel schon seit Jahrtausenden. Mit einer Höhe von bis zu 30 Metern, einer Dicke von bis zu 10 Metern und einem Kronenumfang von bis zu 20 Metern gehört er weltweit zu den größten Bäumen. Auch seine Lebenserwartung von 3000 Jahren ist beeindruckend. Dafür dauert es aber auch rund 20 Jahre, bis der Baum seine ersten Früchte trägt. Diese haben die Größe von Kokosnüssen und wachsen in der Regenzeit. Sie gedeihen an herabhängenden Stielen und vermitteln so den Eindruck, als seien sie extra in den Baum gehängt worden. In der Trockenzeit entzieht der Baum den Früchten das Wasser. Auf diese Weise trocken sie direkt am Baum und werden unmittelbar nach der Ernte zu Pulver vermahlen.

Laut aktuellen Studien wirkt Baobab noch stärker antioxidativ als die gut erforschten Gojibeeren oder das OPC. Baobab besitzt viel Vitamin C, B1, B6, Kalium, Kalzium, Eisen und Polyphenole. Er kann den Blutzuckeranstieg nach einer Mahlzeit reduzieren, hohe Blutzuckeranstiege ausgleichen und somit Heißhungerattacken vorbeugen.

In Afrika wird Baobab traditionell bei allen Darm- und Verdauungsproblemen sowie bei Erkältungskrankheiten, Husten und Fieber angewandt. Seine Erfolge sind von wissenschaftlichen Studien bestätigt. Er besitzt wertvolle Verdauungsenzyme und unterstützt mit seinen löslichen Ballaststoffen Dans Bakterien bei der Schleimhautpflege und Immunabwehr. Auch seine sogenannten *Saponine* kräftigen Dans Schleimhaut, indem sie Schlacken lösen und Entzündungen hemmen. Zudem regen sie Lynns Abwehrzellen dazu an *Gedächtniszellen* zu bilden und unterstützen auf diese Weise das Immunsystem. Darüber hinaus können sie das Wachstum von bestimmten Tumorzellen blockieren und somit auch Darmkrebs vorbeugen.

Die durchschnittliche Dosierung liegt bei zwei gestrichenen Esslöffeln Pulver am Tag. Selbst in größeren Mengen sind keine Nebenwirkungen oder Unverträglichkeiten bekannt. Pur ist Baobab eine kleine Hungerbremse. Hier reicht schon ein Esslöffel aus, um die Wartezeit bis zur nächsten Hauptmahlzeit zu überbrücken.

Das Baobab Pulver ist leicht rosafarben. Es schmeckt gleichermaßen vanillig und mild-fruchtig nach Birne und Pfirsich sowie säuerlich-spritzig nach Grapefruit. Es ist eine leckere Zutat für viele Süßspeisen und aufgrund seines Gehaltes an Polyphenolen auch in allen heißen Gerichten eine Bereicherung. Anstelle von Backpulver peppt es mit seinen gesundheitlichen Werten sämtliche Backwaren auf und kann sein sanftes Aroma auch in Fruchtsalaten, Joghurt, Müsli, Säften und Smoothies perfekt entfalten. Zudem ist das Pulver durch seinen hohen Pektingehalt ein natürliches Verdickungs- und Bindemittel und auch für Soßen ideal.

Darüber hinaus besitzt der Samen von Baobab ein wundersames Körperöl, das die Haut regeneriert und jung hält. Es spendet viel Feuchtigkeit, fördert die Elastizität der Haut und hat sich bei vielen Hautkrankheiten wie Akne, Ekzemen und Ausschlägen bewährt. Außerdem hellt es Narben und Dehnungsstreifen auf und unterstützt den Heilungsprozess bei Sonnenbrand. In seiner Heimat wird das Öl als schmerzlinderndes Heilmittel bei Verbrennungen, Hautkrebs, Schuppenflechten und vielen anderen Hautbeschwerden angewandt und ist dort zudem auch ein wertvolles Nahrungsmittel. In Europa ist es bisher nur als Hautpflegeöl zugelassen.

Mein Vorschlag: Baobab ist da zur Stelle, wo die Immunabwehr ausgebildet wird: bei Dan und Lynn, denn er pflegt Dans Schleimhaut, füttert die guten Bakterien und stimuliert Lynns Abwehrzellen. Seine vielseitigen Verwendungsmöglichkeiten und sein leckerer Geschmack brauchen keine Überredungskünste, um ihn in die tägliche Ernährung mit aufzunehmen; am besten morgens und abends – für eine durchgehend gute Versorgung.

FAZIT

Jedes Superfood hat seine eignen Vorzüge. Lassen Sie Ihre momentane Befindlichkeit entscheiden, welches gerade zu Ihnen passt und Ihre Bedürfnisse am besten erfüllen kann. Und auch, ob Sie es täglich, kurmäßig oder nur in ganz bestimmten Zeiten nutzen möchten.

- Bitterstoffe sind Ihrem Körper täglich willkommen. Mit ihren appetitzügelnden Eigenschaften haben Sie genau die richtigen Zutaten zur Hand, Ihr körpereigenes Sättigungsempfinden zu schulen und Essgelüsten vorzubeugen.
- Maca füllt gleich morgens Ihre Eiweißvorräte auf und hilft Ihnen, selbst in stressigen Zeiten Ruhe und Ausgeglichenheit zu bewahren. Und auch für Ihre sportlichen Aktivitäten schafft die Knolle beste Voraussetzungen, Sie mit dem passenden Motivationskick zu unterstützen.
- Spirulina und Chlorella sind wahre Meister der Entgiftung und durch ihre basischen Spitzenwerte genau die Richtigen, um jeder Säurelast entgegenzutreten. Zudem ist Chlorella durch ihre giftstoffbindenden Eigenschaften die perfekte Hilfe, um eine Darmreinigung zu unterstützen. In diesem Fall ist es gut, wenn Sie die Alge zu den Mahlzeiten einnehmen.
- Baobab ist in der Lage, kleine und große Darmprobleme leicht und lecker zu lösen. Er ist die ideale Nahrung für die guten Bakterien und stärkt die Immunabwehr auf der ganzen Linie.

ZUCKER UND FETT – ECHT LECKER UND ECHT GUT

Mit den Superfoods hat Ihr Coach das perfekte Rüstzeug parat, das Sie brauchen, um Defizite auszugleichen und in stressigen Zeiten bestens versorgt zu sein. Darüber hinaus trägt es durch sein hohes Nährstoffpotenzial dazu bei, dass Sie sich rundum wohlfühlen, weil es Gelüste stoppt, die Sie ansonsten durch das Gefühl *es fehlt noch etwas* fortwährend quälen würden – selbst dann, wenn der Bauch voll ist. Auch Zucker und Fett können Sie vor unliebsamem Heißhunger schützen und sind daher genauso wichtig für Ihren Coach, allerdings nur in den teamgesunden Varianten, denn nur diese verstehen sich darauf, Sie mit einem Wohlgefühl auszustatten, das lange anhält.

WOHLGEFÜHL – KOMPLEX UND URSPRÜNGLICH

Wohlgefühl bringt Körper und Seele in Einklang. Es entspannt und lässt die eigenen Bedürfnisse gleich viel einfacher erkennen. Denn ist der Mensch entspannt, fällt es ihm leichter, Lust auf die Lebensmittel zu verspüren, die zu ihm passen. Ist er hingegen gestresst und psychisch belastet, fehlt ihm diese innere Ruhe und somit auch das Gefühl, das ihm sagt, was er braucht. Vielmehr neigt er dazu, in kurzer Zeit größere Mengen Süßes und Fettes zu essen oder aber den Appetit ganz zu verlieren. Denn Stresstyp und Stressfaktoren beeinflussen die Gefühle und somit auch das Essverhalten. Ein hoher psychischer Druck dämpft meist den Appetit, schlägt auf den Magen und will erst mal verdaut werden, wogegen leichte Belastungen, Zurückweisungen und Einsamkeit oft durch Überessen kompensiert werden.

Natürlich spielen auch Geschmack, Geruch und Aussehen des Essens eine Rolle, was und warum gegessen wird. Ebenso welche Menschen mit am Tisch sitzen sowie die eigene Stimmung zählen dazu.

Einen großen Einfluss haben Kindheitserfahrungen, denn oft gehören die in der Kindheit häufig angebotenen Lebensmittel auch im Erwachsenenalter noch zu denen, die gerne gegessen werden. Insbesondere Süßigkeiten, die zur Belohnung oder als Trostmittel eingesetzt wurden, fallen hierbei ins Gewicht, denn sie sind es später auch, mit denen Emotionen reguliert werden.

Ein unverfälschtes Essverhalten haben Säuglinge und Kleinkinder. Wenn sie Hunger haben, essen sie, und wenn sie satt sind, hören sie auf. Sie spüren noch, was ihr Körper braucht und suchen sich die passenden Lebensmittel aus. Bei älteren Kindern und Erwachsenen sieht das schon anders aus, denn mit zunehmendem Alter werden die inneren Signale durch Gewöhnung und Erfahrungen überlagert und die zentralen Geschmacksvorlieben festgelegt.

Wie komplex dieses Wohlgefühl ist, ist auch der Werbung bewusst. Sie kennt den Menschen und weiß, wie der schnelllebige Lebensstil auf ihn wirkt. Und sie weiß auch, dass das Essen nicht nur den Körper, sondern auch die Seele befriedigt. Deshalb führt sie ihn auch zu den Lebensmitteln, die auf seine Gefühle abgestimmt sind: Was gut riecht, schmeckt und knackig frisch aussieht, verführt und wird mit gesundem Essen assoziiert. Hieran beteiligt ist auch eine ansprechende Verpackung, die angenehme Erinnerungen weckt. So verheißen Müsli-, Knusper- oder Milchriegel eine vollwertige Zwischenmahlzeit Jedoch haben diese Snacks oder andere Lebensmittel, wie die sogenannten *Light-Produkte* oft schlechte Zucker und Fette im Gepäck – und gerade diese sind es, die Ihren Coach stören. Denn sie beeinträchtigen nicht nur die Teamarbeit, sondern beeinflussen auch die Botschaften, die Dan zum Kopfhirn sendet, weil auch seine Bakterien am Geschmackserlebnis beteiligt sind. Auch sie bestimmen mit, ob Sie zufrieden sind, wie groß Ihr Hunger ist und welche Lebensmittel Sie in Ihren Einkaufswagen legen.

Welchen Einfluss eine ungesunde Ernährung auf Gefühle und Verhalten haben kann, ist vor allem bei Kindern leicht zu erkennen, weil sich ihr sensibles Gehirn noch in der Entwicklung befindet. Kinder, die vor allem

Fertiggerichte und Fast Food zu essen bekommen, leiden nicht nur besonders häufig unter Depressionen, sondern entwickeln auch ein doppelt so hohes Risiko an ADHS (Aufmerksamkeitsdefizitstörung) zu erkranken, das belegt eine Studie des *Columbia University College* in New York. Nachdem die Kinder eine ausgewogene Ernährung und Wasser als Getränk erhielten, war nur noch die Hälfte der Kinder auffällig. Als sie jedoch wieder in ihre alten Ernährungsgewohnheiten verfielen, stellten sich auch die Symptome wieder ein.

Ebenso verdeutlicht eine Veröffentlichung der Universität Oxford, wie sehr das Essen den Menschen beeinflussen kann: Ein Autodieb stand dreizehnmal vor Gericht und wurde gleich nach seiner Verurteilung wieder rückfällig. Seine Ernährung bestand aus stark gezuckertem Kaffee mit Milch, Weißbrot, Pommes und Süßigkeiten. Im Einvernehmen mit der Justiz erhielt der Mann eine Ernährungsberatung. In den darauf folgenden 15 Jahren wurde er nicht mehr rückfällig – er wurde Koch.

Zucker ist nicht gleich Zucker und Fett ist nicht gleich Fett. Sich in dem Wirrwarr zurechtzufinden ist nicht einfach und wird durch undurchsichtige Produktkennzeichnungen unnötig erschwert. Zudem werden selbst Süßigkeiten, aber auch überzuckerte Frühstücks-Cerealien oder mit schlechten Fetten ausgestattete Margarinen als gesunde Produkte beworben, die den Menschen das gute Gefühl vermitteln, genau die Richtigen zu sein. Jedoch sind es gerade die industriell verarbeiteten Zucker und Fette, die dick und krank machen. Sie sind nicht nur mit schlechten Dingen ausgestattet, sondern ihnen fehlen durch die Weiterverarbeitung ihre natürlichen Eigenschaften und somit fehlen ihnen auch all die guten Dinge, die auch langfristig für Wohlgefühl sorgen. Naturbelassenen Lebensmitteln wird nichts weggenommen oder hinzugefügt. Sie können ihrer ursprünglichen Beschaffenheit treu bleiben und werden vom Team als solche erkannt. Dann hat es keine Schwierigkeiten sie aufzunehmen und dahin zu bringen, wo sie gebraucht werden.

Diese naturbelassenen Zucker und Fette gibt es in Hülle und Fülle. Sie sind clevere Alternativen zu den schlechten Vertretern und so gesund, dass sie schon fast den Ansprüchen der Superfoods gerecht werden. Dazu sind sie noch ausgesprochen vielfältig und richtig lecker. Mit ihnen können Sie unbeschwert Ihren Vorlieben nach süßen und vollmundigen Gerichten treu bleiben und neue teamgesunde Geschmackserlebnisse kreieren. Was also spricht dagegen, sich von diesen Köstlichkeiten überzeugen zu lassen.

ZUCKER IST NICHT GLEICH ZUCKER

Wer an Zucker denkt, hat meist den ganz normalen Haushaltszucker vor Augen, der das Leben auf so vielfältige Weise versüßen kann. Ob im Cappuccino oder Kuchen oder in der Schokolade.

Es ist der süße Geschmack des Zuckers, der guttut und für Wohlgefühl sorgt. Dieser Geschmack war die erste wichtige Erfahrung, die der Mensch in der Geborgenheit des süßschmeckenden Fruchtwassers gemacht hat und seine Vorliebe für süß prägte. Diese Vorliebe hat sich mit der Muttermilch fortgesetzt, denn auch sie schmeckt wohltuend süß. Daher ist es auch der süße Geschmack, der Stabilität und Sicherheit vermittelt.

Auch der Körper braucht Zucker. Er ist für seine Zellen der wichtigste Treibstoff, den Dan aus kohlenhydratreichem Getreide, Obst und Gemüse bezieht und in Traubenzucker, die sogenannte *Glukose* umwandelt. Glukose kommt in der Natur nicht vor, ist aber der Zucker, der von den Zellen bevorzugt verarbeitet wird. Vor allem das Gehirn beansprucht mit rund 66 Prozent einen Großteil des täglichen Bedarfs für seine Denkprozesse. Zudem bestimmt Glukose auch den Blutzuckerspiegel.

Die natürlichen Kohlenhydratquellen sind für das Team genau die Richtigen, denn sie enthalten all die Vitamine, Mineralstoffe und Spurenelemente, die sie brauchen, um verstoffwechselt zu werden. Sie produzieren weder unnötige Säuren noch gefährden sie die guten Bakterien. Hierzu zählen auch die teamgesunden Zuckeralternativen.

Ganz normaler Haushaltszucker ist nährstoffarm. Er räubert nicht nur die körpereigenen Depots, sondern hat sich noch viele andere schlechte Eigenschaften einfallen lassen:

- **Zucker macht unzufrieden**
Zucker braucht einen Schlüssel, um in die Zellen zu gelangen. Dieser Schlüssel ist das Hormon *Insulin*, das von der Bauchspeicheldrüse gebildet wird. Zugleich ist die Bauchspeicheldrüse auch dafür verantwortlich, den Blutzuckerspiegel konstant zu halten.
  Wird normaler Zucker aufgenommen, wird er unversehens in Glukose umgewandelt, da er an keine Ballaststoffe und Nährstoffe gebunden ist; er dringt daher viel zu schnell ins Blut ein. Um dieser Glukoseflut gerecht zu werden, überhäuft die Bauchspeicheldrüse das Blut mit einer übermäßig hohen Insulinausschüttung, um die Glukose möglichst schnell in die Zellen zu befördern. Folglich fehlt die Glukose schon bald im Blut, sodass auch den Zellen nach kurzer Zeit ihr Treibstoff fehlt. Sie unterzuckern und mit ihnen fühlt sich auch der Mensch müde und erschöpft und hat Heißhunger auf mehr Süßes.

- **Zucker macht dick**
Folgt eine Glukoseflut der nächsten, reagieren die Zellen immer weniger auf das Insulin. Das versucht die Bauchspeicheldrüse mit einer vermehrten Insulinausschüttung auszugleichen, was zu einer erhöhten Fettspeicherung und zu Übergewicht führt. Denn durch das ständige Auf und Ab des Glukosegehaltes wird auch die Bildung des Fettgewebes stimuliert. Zudem erhöhen sich auch die Blutfette, sodass das Risiko für Herz- und Kreislauferkrankungen steigt.

- **Zucker fördert Diabetes**
Ist die Bauchspeicheldrüse durch ihre permanenten Ausgleichsbemühungen ständig überfordert, entsteht Diabetes Typ 2. Bei dieser Stoffwechselkrankheit sind die Zellen resistent gegen das Insulin

geworden, sodass das Hormon nicht mehr genug Wirkung entfalten kann, um der Glukose die Tür in die Zellen zu öffnen. Außerdem ist die Bauchspeicheldrüse nicht mehr in der Lage, das Insulin in ausreichender Menge zu produzieren. Somit fehlt den Zellen ihr Treibstoff. Diabetes Typ 2 gehört zu den Erkrankungen, die in der westlichen Zivilisation am schnellsten zunehmen. Auch immer mehr junge Menschen und Kinder leiden an dieser *Lifestyle-Diabetes*.

- **Zucker macht alt**
Zu viel Zucker führt zu vorzeitiger Alterung, denn er hat die Eigenschaft, bestimmte Eiweiße zu schädigen und führt daher zu vermehrter Faltenbildung, erhärteten Arterien, Gedächtnisstörungen und steifen Gelenken.

Zucker, der lebenswichtige Nährstoffe verbraucht, unzufrieden, dick, krank und alt macht, ist ein schlechter Freund. Es ist der Zucker, der zu knapp 80 Prozent aus verarbeiteten Lebensmitteln stammt, ohne dass Sie ihn bewusst wahrnehmen. Dieser Zucker ist vor allem in herkömmlichen Fertigprodukten wie Dressings, Tiefkühlpizzen, Fertigsuppen, Tomatenketchup sowie in Essiggurken, Wurst, Brot, Müslis, Cornflakes und Crispies versteckt. Und ebenso in Fruchtjoghurt, Marmeladen, Obstkonserven, Schokocremes, Desserts, Kuchen, Keksen, Milchschnitten und anderen Süßigkeiten sowie in Limonaden, Fitness- und Kakaogetränken.

Insbesondere die Fruktose, der Fruchtzucker, ist der Zucker, den die Industrie bevorzugt verarbeitet und auch der Zucker, der sich mit äußerst unrühmlichen Eigenschaften hervortut. Er wurde lange Zeit als *gesunde Süße* für Diabetiker empfohlen, weil er kein Insulin benötigt, um aufgenommen zu werden, und wird heute oft mit der Bezeichnung *nur mit Fruchtsüße* beworben. Für die Industrie ist Fruchtzucker deshalb so interessant, weil er kostengünstig aus Maissirup oder Zuckerrüben gewonnen werden kann, sehr viel süßer als der ganz normale Zucker schmeckt und zudem noch geschmacksverstärkend wirkt. Auch normaler Zucker besteht aus Fruchtzucker – aber nur zur Hälfte: die andere Hälfte besteht aus Glukose. Und das sind die unrühmlichen Eigenschaften des Fruchtzuckers:

- **Fruchtzucker macht besonders leicht dick und krank**
  Fruchtzucker wird sehr viel schneller in Fett umgewandelt, als dieses bei allen anderen Zuckerformen der Fall ist. Werden von 120 Kalorien Fruchtzucker etwa 30 Prozent in Fett umgewandelt, ist es bei der Glukose nur 1 Prozent.
  Der Grund liegt in ihrer unterschiedlichen Aufnahme. Glukose dringt recht schnell über Dans Dünndarm ins Blut ein und wird mithilfe des Insulins zu ihrer ersten Anlaufstelle, der Leber transportiert, wo ein kleiner Teil gespeichert und der weitaus größere Teil den Zellen als Treibstoff zur Verfügung gestellt wird. Fruchtzucker hingegen gelangt sehr viel langsamer ins Blut und erreicht passiv, das heißt ohne Insulin die Leber, da er nicht der von den Zellen bevorzugte Treibstoff ist. Und diese langsame Aufnahme bekommt auch Dan zu spüren, weil der Fruchtzucker hierdurch nie ganz vollständig ans Blut weitergegeben werden kann und von seinem Dünndarm in den Dickdarm wandert. Dort wird er von den schlechten Bakterien freudig aufgefuttert, schädigt das Darmmilieu, produziert Säuren und verursacht Blähungen und andere Beschwerden. Das ist auch der Grund, warum insbesondere die zugesetzten Fruchtzuckermengen aus den verarbeiteten Lebensmitteln ihn überfordern.
  Und diese Mengen sind es auch, die die Leber belasten, denn durch die äußerst geringe Ausnutzung des Fruchtzuckers als Treibstoff, muss die Leber den übrig gebliebenen Rest zu Fett abbauen, welcher dann Schritt für Schritt zu einer nichtalkoholischen Fettleber führt. Zudem gelangt ein Teil des Fettes zurück ins Blut, erhöht die Blutfettwerte und lagert sich auch zwischen allen anderen im Bauchraum befindlichen Organen ab. Und dieses Bauchfett belastet den Körper erheblich, denn es schränkt die Organe in ihrer Funktion ein, produziert die Hormone, die noch dicker machen, und erhöht das Risiko für Diabetes. Überdies fördert Fruchtzucker Bluthochdruck und Gicht.

- **Fruchtzucker macht hungrig**
Fruchtzucker sorgt nicht für Sättigung und Wohlbefinden, wie es die Glukose kann, da er keine Insulinausschüttung hervorruft. Jedoch gehört Insulin zum Sattsein dazu, weil es das Sättigungsgefühl auslöst. Außerdem blockiert Fruchtzucker das Sättigungshormon *Leptin*. Leptin wird in den Fettzellen gebildet und teilt dem Gehirn mit, wenn die Fettdepots ausreichend gefüllt sind.

- **Fruchtzucker macht träge**
Fruchtzucker beeinträchtigt die Kontaktstellen der Nervenzellen im Gehirn für rund 20 Minuten, sodass sich die Hirnleistung verlangsamt und verstärkt Gereiztheit, Müdigkeit und Kopfschmerzen hervorgerufen werden. Glukose hingegen fördert für rund 20 Minuten die Gehirnleistung.

Dass Fruchtzucker ungesund wird, schafft nur die Industrie. In Obst und Gemüse ist er gesund, denn in dieser Form er ist echt, weil er hier zusammen mit den Ballaststoffen, Vitaminen und Mineralstoffen in einem natürlichen Verbund vorliegt, sodass die Sättigung rechtzeitig eintritt und nicht mehr gegessen wird, als guttut.

Auch Trockenfrüchte sind gesund, jedoch nur in kleinen Mengen, denn durch den Trocknungsprozess besitzen diese kleinen Kraftpakete neben den vielen guten Dingen aus den frischen Früchten (mit Ausnahme von Vitamin C) auch deren Fruchtzucker in geballter Form.

Problematisch sind nur Obstsäfte und ganz besonders Dicksäfte. Sie enthalten nicht nur besonders hohe Fruchtzuckermengen, sondern ihnen fehlen auch die Ballaststoffe. Übermäßig viel Fruchtzucker ist vor allem in Apfel- und Birnendicksaft sowie in Agavensirup zu finden. Zudem besitzt auch Honig recht viel Fruchtzucker und sollte daher nur sparsam verwendet werden.

Zucker in weiterverarbeiteten Lebensmitteln hat viele Namen. Er wird auch *Fruchtsüße, Maisstärkesirup, Isoglukose* oder *Glukosesirup* genannt. Weitere Namen sind *Maltodextrin, Invertzucker, Dextrose, Isomalt, Sorbit,*

Mannit, Süßmolkenpulver oder *Saccharose*. Die Industrie ist clever und bedient sich dieser unterschiedlichen Zuckerarten, um den wirklichen Zuckergehalt zu verbergen, denn durch das geschickte Aufteilen des Gesamtzuckergehaltes erscheint die wahre Zuckermenge verschwindend klein.

Aber auch der Aufdruck *ohne Zusatz von Zucker – nur mit Apfeldicksaft gesüßt* ist irreführend, da dieser bekanntlich ziemlich viel Fruchtzucker besitzt. Ebenso dürfen Produkte als *ungesüßt* oder *ohne Zuckerzusatz* gekennzeichnet werden, wenn sie Süßstoffe oder Zuckeraustauschstoffe enthalten. Das kann insbesondere für einen schwachen Dan sehr belastend sein, denn der Zuckeraustauschstoff Sorbit z. B. verstärkt die unrühmlichen Eigenschaften des Fruchtzuckers erheblich.

Laut Studien sollte die tägliche Menge an zugesetztem Zucker neun Teelöffel für Männer und sechs für Frauen nicht übersteigen. Obst und Gemüse zählen nicht dazu, wohl aber Getränke und die versteckten Zuckerarten in verarbeiteten Lebensmitteln.

CLEVEREN ZUCKER NASCHEN: MEINE TIPPS

Eine teamgesunde Süße ist das richtige Rüstzeug, um Ihnen und Ihrem Coach das Leben zu versüßen. Sie führt zu echtem Wohlgefühl, weil sie auch langfristig zufrieden macht und klare Gedanken fördert. Und diese teamgesunde Süße ist auch die erste Zutat, die zum Glücksrezept für *Serotonin* gehört, über das Sie im nächsten Kapitel noch mehr erfahren.

Selbst wenn Sie zu den Menschen gehören, die gerne Zucker essen, wird es Ihnen mit den hier vorgestellten Zuckervarianten leicht fallen, sich auf Neues einzulassen. Sie sind nicht nur extrem lecker, sondern durch ihre besonderen Eigenschaften auch überaus clever und ebenso für Diabetiker ideal. Sie geben gesunde Energie, beugen Essgelüsten vor und besitzen teamgesunde Mineralstoffe. Und das eine oder andere kann sogar die Zähne pflegen und die guten Bakterien versorgen.

Welche Süße Sie letztendlich zu Ihren Favoriten zählen, hängt von Ihren Einsatzwünschen und persönlichen Vorlieben ab. Denn nicht jede schmeckt gleich, löst sich gut auf, besitzt gute Backeigenschaften oder passt ins Müsli.

XYLIT UND ERYTHRIT – GESUNDER WEISSER ZUCKER

Obwohl die Namen *Xylit* und *Erythrit* recht künstlich klingen, kommen diese Zucker doch aus der Natur. Sie sind fruchtzuckerfrei, sehen wie der normale Zucker aus und schmecken auch nahezu so. Beide werden in der Lebensmittelindustrie oft in Zahnpflege-Kaugummis und Bonbons eingesetzt. Xylit wird mit E967 und Erythrit mit E968 gekennzeichnet. Allerdings enthalten Bonbons & Co. neben diesen gesunden Süßen meist auch künstliche Zusatzstoffe, die das Team belasten. Daher lohnt sich auch hier ein Blick auf die Zutatenliste.

Xylit und Erythrit können Sie in der puren Variante überall da verwenden, wo Sie sonst den normalen Zucker einsetzen: im Tee oder Kaffee sowie zum Kochen und Backen. Nur der Hefeteig braucht eine verlängerte Gehzeit oder ein bis zwei Esslöffel normalen Zucker zusätzlich, damit er schön gelingt.

Beide Zucker haben eine äußerst positive Wirkung auf die Zahngesundheit: Sie produzieren keine zahnschädigenden Säuren, weil sie von den Kariesbakterien nicht verwertet werden können. Im Gegenteil: Sie pflegen bei regelmäßigem Verzehr die Zähne. Allerdings sind sie durch ihre aufwendige Herstellungsweise verhältnismäßig teuer.

Xylit Birkenzucker

Der Ausgangsstoff für Xylit ist *Xylitol*, ein natürlicher Zuckeralkohol, welcher sich in Gemüse, Früchten und auch in einigen Holzarten findet. Er wird in einem aufwendigen Verfahren aus Pflanzenfasern insbesondere von Mais, Buche oder Birke reduziert; daher auch sein zweiter Name *Birkenzucker*.

Xylit stellt die Leber in kleinen Mengen selbst her. Er ist somit eine körperbekannte Süße und gut verträglich.

In der Anfangszeit kann Xylit abführend wirken, was sich nach einiger Zeit jedoch verliert. Er hat die gleiche Süßkraft wie der normale Zucker, aber 40 Prozent weniger Kalorien. Da er den Insulinspiegel nur geringfügig beeinflusst, ist er auch für Diabetiker ein sicherer Zuckerersatz.

Die guten Eigenschaften von Xylit sind auf Tiere nicht zu übertragen, denn bei ihnen wird der Zucker zu schnell ins Blut abgegeben, was im schlimmsten Fall tödlich sein kann.

Erythrit
Für Erythrit ist *Erythritol* der Ausgangsstoff. Er wird durch Fermentation aus der Glukose von Weizen- oder Maisstärke gewonnen und ist auch unter dem Namen *Sukrin* bekannt.

Erythritol kommt in unterschiedlichen Lebensmitteln wie Käse, Melonen, Pfirsichen und Weintrauben vor und auch der Mensch besitzt kleine Mengen in seinen Körpergeweben. Somit ist Erythrit, wie Xylit auch, ein körperbekannter Stoff und wird gut verstoffwechselt.

Im Vergleich zu Xylit ist Erythrit nahezu kalorienfrei. Er wird rasch in unveränderter Form über die Niere ausgeschieden, hat keine Wirkung auf den Insulinspiegel und ist daher für Diabetiker das perfekte Süßungsmittel. Zudem hat Erythrit antioxidative Eigenschaften und fördert die Kalziumaufnahme. Ein Nachteil ist, dass er sich nur schlecht auflöst, sodass die feinen Zuckerkristalle bei jedem Bissen spürbar bleiben, deshalb ist er für Desserts eher ungeeignet.

Seine Süßkraft liegt im Vergleich zum normalen Zucker bei ungefähr 70 Prozent. Für Rezepte können Sie die Menge dementsprechend erhöhen oder Sie bleiben bei der nicht ganz so süßen Variante und trainieren auf diese Weise Ihr Geschmacksempfinden.

REISSIRUP – MILD NUSSIG

Seine Süße erhält Reissirup durch den natürlichen Fermentationsprozess von Reisstärke. Durch Zugabe von Enzymen werden ihre Zuckermoleküle aufgespalten und durch Filtern und Erwärmen zu Sirup eingedickt.

Reissirup hat eine feine, milde und nussige Note und trifft den Geschmack der Menschen, die sich eine dezente Süße wünschen. Er ist fruchtzuckerfrei und hat 20 Prozent weniger Kalorien als der normale Zucker. Er besitzt wichtige Mineralstoffe wie Kalzium, Magnesium und Eisen, wenn auch nicht in allzu hohen Mengen. Jedoch enthält er sogenannte *Oligosaccharide*, die die Zuckeraufnahme ins Blut verzögern und für ein nachhaltiges Sättigungsgefühl sorgen. Dies macht ihn ebenso zur idealen Zuckeralternative für Diabetiker.

Durch seinen milden Geschmack eignet er sich besonders gut für Desserts, Dips, Müslis, Mixgetränke, als Brotaufstrich und zum Backen. Wenn Sie die Süße von normalen Zucker wünschen, erhöhen Sie einfach die angegebene Menge um etwa 10 Prozent.

Es gibt einige Naturkosthersteller, die ihre Produkte wie Müsli, Gebäck und Schokoladen ausschließlich mit Reissirup süßen.

KOKOSBLÜTENZUCKER – ZART SCHMELZENDES KARAMELLAROMA

Kokosblütenzucker ist der Zucker aus dem frischen Blütennektar der Kokospalme. Er wird in traditioneller Handarbeit auf den Philippinen und in Indonesien gewonnen. Dabei tropft er langsam in spezielle Auffanggefäße, wird dann gefiltert und über dem offenen Feuer zu einem dicken Sirup eingekocht. Nach dem Abkühlen bilden sich mineralstoffreiche Zuckerkristalle, die fein vermahlen werden. Er ist somit ein sehr schonend hergestellter Zucker mit einem gerechtfertigt hohen Preis.

Kokosblütenzucker enthält nur wenig Fruchtzucker. Sein Gehalt liegt bei 2–9 Prozent. Er ist reich an Kalium, Magnesium, Eisen und Zink, besitzt viele B-Vitamine und enthält fast genauso viele Kalorien wie der normale Zucker.

Obwohl seine Süßkraft weniger stark ist, als die des normalen Zuckers, gleichen sein überaus köstlicher Geschmack und sein zart schmelzender Charakter das locker aus. Er zergeht mit seiner feinen Note nach Karamell,

Malz und Vanille ganz leicht auf der Zunge und ist ein äußerst attraktives Highlight. Auch Diabetiker können ihn unbeschwert genießen, denn dank seiner natürlichen Struktur wird seine Süße nur nach und nach freigesetzt. Kokosblütenzucker schmeckt lecker im Joghurt oder Müsli und ist zudem die perfekte Zutat für selbst gemachte Aufstriche wie Nuss- oder Schokocremes sowie für warme Getränke. Auch jede Art von Soßen, Dressings und Cocktails rundet er vortrefflich ab. Beim Backen bringt er Struktur ins Gebäck und hilft, die Form zu bewahren; ganz gleich, ob für Kuchen, Kekse, Waffeln, Pfannkuchen oder süße Aufläufe.

YACON – SANFT FRUCHTIG UND MALZIG SÜSS

Yacon ist wie Maca auch eine knollige Wurzel aus den peruanischen Anden. Sie wird dort traditionell schon seit Jahrtausenden sowohl als Heilmittel als auch leckeres Lebensmittel verwendet. Und weil sie besonders süß und saftig ist, ist der aus ihr hergestellte Sirup als köstlicher und gesunder Zuckerersatz geradezu prädestiniert. Dafür wird die Wurzel entsaftet, gefiltert und eingedickt.

Yaconsirup ist nicht so süß wie der normale Zucker, dafür enthält er rund 25 Prozent weniger Kalorien. Neben seinem hohen Gehalt an Mineralstoffen und Spurenelementen wie Kalzium, Kalium und Eisen besitzt er wertvolles Eiweiß und viele Antioxidantien.

Yacon hilft bei Darmbeschwerden und unterstützt die Aufnahme anderer Nährstoffe. Das Bemerkenswerteste ist seine Zuckerzusammensetzung: Er besteht zu 40–50 Prozent aus Oligofructose (FOS). Oligofructose gehört zu den Prebiotika, den löslichen Ballaststoffen. Sie füttert die guten Bakterien und hat zudem die Eigenschaft, die Hungerhormone zu stillen und den Blutzuckerspiegel zu stabilisieren. Somit ist Yaconsirup das optimale Süßungsmittel gegen Heißhungerattacken und auch für Diabetiker ideal; hat allerdings auch einen recht hohen Preis.

Yaconsirup schmeckt sanft süß und vereinigt den Karamellgeschmack des Kokosblütenzuckers mit einer leicht fruchtigen und malzigen Note.

Er passt gut ins Müsli und ist eine ebenso leckere Süße für Desserts, Joghurt und Pfannkuchen. Jedoch verträgt er keine Hitze über 120 Grad, denn ab dieser Temperatur verliert seine Oligofructose ihre Struktur und damit ihre guten Eigenschaften.

Übrigens können Sie die guten Eigenschaften der Yaconwurzel auch als Gemüse für sich nutzen. Sie lässt sich roh oder gekocht verwenden und mit dem Geschmack einer Birne oder Melone vergleichen. Leider ist sie in Geschäften nur vereinzelt zu finden, aber auch hier werden Sie mit einem Klick ins Internet schnell fündig. Außerdem können Sie die Wurzel, wie Maca auch, selbst anbauen; sie verträgt jedoch keinen Frost.

FAZIT

Mit teamgesunder Süße können Sie den Heißhunger leicht vertreiben und echten Genuss erleben, der lange anhält.

Xylit und Erythrit sind dem normalen Zucker ähnlich. Diese zahngesunden Süßungsmittel können Sie überall da einsetzen, wo Sie keinen zusätzlichen Eigengeschmack wünschen.

Reissirup, Kokosblütenzucker und Yacon sind charakterfeste Köstlichkeiten und beeindrucken mit ihrem ursprünglichen Aroma. Besonders auf Pfannkuchen, Brot, Müsli oder Joghurt bieten die drei Ihnen eine gute Möglichkeit, Ihren Geschmack zu schulen. Denn wenn Sie mit ihnen nur punktuell und sparsam süßen, sie nicht unterrühren oder verstreichen, erleben Sie ihre Süße intensiver und können auch den Eigengeschmack der anderen Zutaten bewusst wahrnehmen. Das bietet Ihnen unterschiedliche Geschmackserlebnisse, spart Kalorien und ist ein einfacher Weg, sich aus dem allzu süßen Geschmack ein wenig herauszuschleichen.

Wenn Sie sich für Bio-Qualität entscheiden, können Sie sicher sein, dass die Produkte zu 100 Prozent aus der gewünschten Süße bestehen, keine weiteren Zusätze enthalten und schonend verarbeitet wurden. Und mit ihren vielen Vorzügen und der sparsamen Verwendung relativiert sich auch ihr höherer Preis. Nicht immer haben die Bio-Verkaufsstellen diese Varianten in ihrem Sortiment. Sie erhalten sie jedoch doch alle im Internet.

Außerdem können Sie auch mit süßlichen Gewürzen Ihre Speisen verfeinern. Insbesondere die warmen Gewürze wie Zimt und Vanille, aber auch hauchdünne Fruchtschalen von Zitrusfrüchten sind köstliche Mitmischer.

Darüber hinaus unterstreicht Salz die Süße der Lebensmittel – schon eine Prise verstärkt den süßen Geschmack Ihres morgendlichen Müslis und spart Süße ein. Verwenden Sie auch hierfür am besten teamgesundes Natursalz.

AUCH FETT IST NICHT GLEICH FETT

Nicht nur der richtige Zucker macht Ihren Coach glücklich, sondern auch die richtigen Fette. Denn auch sie zählen zu seinem Rüstzeug, weil sie ebenso für geistige Stabilität und den richtigen Durchblick sorgen.

Wie Zucker der wichtigste Treibstoff für Ihre Gehirnzellen ist, so ist Fett ihr wichtigster Baustoff. Vor allem die mehrfach ungesättigten Omega-3-Fettsäuren kann Ihr Gehirn gut gebrauchen. Sie sind pure Nervennahrung, denn sie sind Bestandteil der Zellmembranen und für die Bildung der Nervenzellen wichtig. Das erklärt auch, warum Walnüsse vom Aussehen dem Gehirn sehr ähnlich sind und zu den besten Quellen für Omega-3-Fettsäuren zählen. Darüber hinaus sind die Omega-3-Fettsäuren auch die zweite Zutat im Glücksrezept für Serotonin.

Fette haben viele Aufgaben im Körper zu erfüllen. Sie dienen nicht nur den Nervenzellen als Baustoff, sondern auch allen anderen Körperzellen.

Ihr Körper ist aus unterschiedlichen Fetten aufgebaut: den gesättigten, einfach ungesättigten und mehrfach ungesättigten Fettsäuren. Diese Fette unterstützen die Immunabwehr, helfen bei der Aufnahme der fettlöslichen Vitamine, wirken Entzündungsprozessen entgegen und halten das Hormongleichgewicht aufrecht. Außerdem schützen sie Ihre Organe vor äußeren Einflüssen und halten Sie warm. Fette sind entweder fest oder flüssig und pflanzlicher oder tierischer Herkunft. Warum ein Fett eher in fester oder flüssiger Form in einer Pflanze oder einem Tier vorliegt, hat die Natur festgelegt, denn Struktur und Beschaffenheit werden durch die jeweiligen klimatischen Bedingungen bestimmt.

In wärmeren Regionen der Erde sind vorwiegend die festen Fette wie das Fett der Kokosnuss zu finden, denn es verbleibt fest im Fruchtfleisch und tropft nicht heraus. Flüssige Fette dagegen sind dort zu anzutreffen, wo ein kaltes Klima herrscht. Sie sorgen dafür, dass die Pflanzen selbst bei klirrender Kälte biegsam bleiben. Auch Kaltwasserfische wie Lachse sind auf sie angewiesen, damit sie auch im eisigen Wasser ihre Beweglichkeit nicht verlieren.

Feste Fette werden im Allgemeinen als Fett und flüssige als Öl bezeichnet.
- Feste Fette sind bei Raumtemperatur fest. Sie bestehen aus gesättigten Fettsäuren und befinden sich vor allem in tierischen Produkten wie Fleisch, Eiern und Butter. Nur wenige Pflanzen wie Kokosnüsse besitzen sie.
- Flüssige Fette sind bei Raumtemperatur flüssig. Sie bestehen aus ungesättigten Fettsäuren und überwiegen – ob nun einfach oder mehrfach ungesättigt – in Pflanzenölen wie Olivenöl sowie Leinöl und fetten Kaltwasserfischen.

GUTE FETTE UND SCHLECHTE FETTE

Gute und schlechte Fette sind Begriffe, die immer wieder auftauchen. Doch was genau ist damit gemeint?

Gute Fette sind naturbelassene Fette. Sie besitzen ihre ursprünglichen Strukturen und sind auf der ganzen Linie gesund. Schlechte Fette hingegen haben durch ihre Weiterverarbeitung ihre ursprünglichen Strukturen verloren und sind dadurch ungesund geworden. Zu ihnen gehören *Oxycholesterine* und *Transfette*.

CHOLESTERIN

Cholesterin in seiner natürlich reinen Form ist gesund und wird vom Körper gebraucht, deshalb schafft er es auch ganz gut, 80–90 Prozent seines Bedarfs selbst herzustellen. Den fehlenden Rest gleicht er über die Ernährung aus. Cholesterin ist in allen tierischen Fetten von Natur aus enthalten. Pflanzliche Fette hingegen sind cholesterinfrei.

Cholesterin ist eine fettähnliche Substanz im Blut, die für die Isolierung der Nervenzellen, die Verdauung und die Herstellung einiger Hormone unentbehrlich ist. Eine Überladung über die Ernährung ist bei einem gesunden Menschen kaum möglich, denn Dan kann nur eine begrenzte Menge aufnehmen. Zudem wird die körpereigene Produktion automatisch gedrosselt, wenn zu viel aufgenommen wurde. Deshalb beeinflusst der Verzehr cholesterinreicher Lebensmittel den Cholesterinspiegel nur gering. Sie können also ruhig Ihr morgendliches Frühstücksei genießen, ohne Ihre Gesundheit zu gefährden. Im Gegenteil: Das Ei hat die Eigenschaft, die Aufnahme des Cholesterins zu blockieren.

Allerdings gibt es auch ungesundes Cholesterin und dieses ist an der Entstehung von Arteriosklerose, der Verkalkung der Blutgefäße beteiligt. Es wird dann ungesund, wenn

- sich der Anteil des schlechten LDL-Cholesterins durch den Verzehr von weiterverarbeiteten Fetten im Blut erhöht, denn das schlechte LDL hat die Eigenschaft, das Cholesterin zu den Organen zu bringen und sich in den Blutgefäßen als Fett abzulagern, wogegen das gute HDL-Cholesterin das schlechte LDL aufnimmt und zur Leber transportiert, damit es ausgeschieden werden kann. Daher ist ein hoher HDL-Spiegel in einem gewissen Maß in der Lage, einen erhöhten Gesamtcholesterinspiegel auszugleichen.
- es mit Sauerstoff reagiert und zum Oxycholesterin wird.

OXYCHOLESTERIN – DAS AGGRESSIVE CHOLESTERIN

Oxycholesterin ist die ranzige Variante des Cholesterins, die durch freie Radikale verursacht wird. Es ist aggressiv und schädigt die Blutgefäße. Zwar wird es von Lynns Immunabwehr als Fremdstoff schnell erkannt, weil es eine andere Struktur als das ursprüngliche Cholesterin besitzt, jedoch fühlen sich Lynns Abwehrzellen überfordert und reagieren dementsprechend stark. Sie verwandeln sich in sogenannte *Schaumzellen*, docken an die Wände der Blutgefäße an, stülpen sich über das oxidierte Cholesterin und nehmen es auf. Dabei werden sie immer größer, sodass sie nach einiger Zeit platzen und das auslaufende Cholesterin die Gefäßwände verklebt und verhärtet. Hierdurch steigt das Risiko für

- Arteriosklerose, Bluthochdruck und Durchblutungsstörungen, da verhärtete Gefäße zugleich unelastisch sind,
- Herzerkrankungen und Schlaganfälle, weil die verhärteten Gefäßwände einreißen können und die Reparaturarbeiten Blutgerinnsel hervorrufen, die die Gefäße verstopfen.

Oxycholesterin entsteht vor allem bei der industriellen Lebensmittelverarbeitung. Dabei lassen bestimmte Herstellungsmethoden das Cholesterin oxidieren. Hierzu zählt die sogenannte *Sprühtrocknung*, bei der cholesterinhaltige Lebensmittel mit heißer Luft zu Pulver vernebelt und getrocknet werden. Die vielen, feinen umherwirbelnden Tröpfchen aus Milch, Sahne oder Eiern bieten dem Luftsauerstoff eine große Oberfläche und ähnlich dem Fahrrad, das bei Regen schneller rostet, oxidiert auch das Cholesterin besonders leicht. Derartige Pulver sind in Milchschokolade, Eis, Kuchen, Gebäck, Puddingpulver, Babynahrung und den sogenannten *Frischei-Produkten* wie Mayonnaisen, Nudeln und Spätzle zu finden. Eine andere Variante sind *Sprühfette*, die in zahlreichen Fertigsuppen und Fertiggerichten eingesetzt werden.

Oxidiertes Cholesterin können Sie leicht an den Bezeichnungen *Milchpulver, Sahnepulver, Eipulver* und eben *Sprühfette* erkennen.

Aber auch im häuslichen Bereich gibt es für die freien Radikale genug Gelegenheit, das Cholesterin zu schädigen, und zwar überall dort, wo cholesterinreiche Lebensmittel gebacken, gebraten und frittiert werden. Ebenso gehören die Lebensmittel dazu, die länger der Luft ausgesetzt sind. Das trifft besonders für klein geschnittene oder geriebene Fleisch- und Milchprodukte zu, denn Gulasch, Hackfleisch oder geriebener Käse bieten dem Sauerstoff eine große Angriffsfläche.

Außerdem entsteht Oxycholesterin auch im Körper, denn das schlechte LDL-Cholesterin ist genauso anfällig für Sauerstoff und kann daher ebenso leicht oxidieren. Daher bedeutet ein hoher LDL-Spiegel zugleich ein hohes Oxidationspotenzial und verdoppelt somit die Gefahr für Arteriosklerose.

TRANSFETTE – GETARNTE ÜBELTÄTER

Auch Transfette entstehen durch industrielle Verarbeitungsmethoden. Sie sind im Gegensatz zum Oxycholesterin jedoch getarnte Übeltäter, da sie in ihrer Struktur den gesunden Fettsäuren sehr ähnlich sind. Deshalb werden sie von Lynns Abwehrzellen nicht als schlechte Fettsäuren erkannt und lassen sich unbemerkt überall dort einbauen, wo ansonsten die gesunden Fettsäuren benötigt werden. Daher sind es vor allem die Transfette, die Ihnen und Ihrem Coach die Gedanken trüben und den Blick versperren.

Transfette sind gehärtete Fette, die in eine feste und meist noch streichfähige Form gebracht werden und dadurch vieles vereinfachen. Sie verbessern die maschinelle Herstellung von Backwaren oder die Streichfähigkeit von Margarinen. Außerdem verlängern sie durch ihre veränderte Struktur die Haltbarkeit der Lebensmittel und lassen sie unempfindlicher gegen Hitze und Tiefkühlkälte werden.

Besonders betroffen sind Fertiggerichte, frittierte und panierte Lebensmittel, Margarinen und andere Bratfettmischungen sowie Blätterteigprodukte und fetthaltige Backwaren wie Berliner, luftige Croissants, Kuchen und Kekse. Ebenso machen sie auch vor Müsliriegeln, Frühstücksflocken, Fertigpizzen und Chips nicht halt und werden außerdem gerne in Imbissbuden und Restaurants zum Braten und Frittieren verwendet. Darüber hinaus kann sich durch die vielfältigen Mixturen und Verarbeitungsprozesse auch das Oxycholesterin in den Transfetten verbergen.

Die gute Tarnung der Transfette hat weitreichende Auswirkungen, denn sie
- nehmen den Zellen ihre Beweglichkeit und beeinträchtigen somit auch die Gehirnleistung, da auch die Gehirnzellen starr und unbeweglich werden. Somit begünstigen sie auch Demenzerkrankungen.
- schwächen Dan und hemmen die Verstoffwechselung der Fette. Sie machen süchtig nach mehr Fett und Zucker und tragen daher in mehrfacher Weise zu Übergewicht bei.
- behindern die körpereigene Entgiftung und belasten das Team.
- erhöhen das schlechte LDL-Cholesterin und räumen somit den freien Radikalen noch mehr Spielraum ein, Oxycholesterin zu verursachen.
- führen zu Arteriosklerose, da sie die Blutgefäße verkleben und somit das Risiko von Herzkrankheiten, Schlaganfällen und Bluthochdruck erhöhen.
- fördern Entzündungen und hemmen die guten Eigenschaften der Omega-3-Fettsäuren.
- können möglicherweise krebserregend sein.

Mitte 2008 haben die Staaten New York und Philadelphia (USA) Transfette per Gesetz in Restaurants, Imbissstuben, Lokalen, Cafés und Konditoreien verboten. Bis 2018 soll dieses Verbot dann für die gesamte USA und generell für alle Lebensmittel gelten. In Deutschland gibt es hingegen nicht einmal einen Grenzwert; hier besteht nur eine Kennzeichnungspflicht und die gilt nur für bestimmte Produkte, die der Diätverordnung unterliegen. Hierzu gehören Säuglingsnahrung und Produkte für Menschen mit Darm- und Stoffwechselkrankheiten. Ob die Fette, die die Transfette ersetzen, jedoch gesünder sind, ist fraglich. Denn diese enthalten oft andere toxische Stoffe und richten andere Schäden an. Die beste Lösung wird wohl sein, industriell hergestellte Lebensmittel, wenn überhaupt, nur sparsam zu verwenden.

Transfette können Sie meiden. Sie verbergen sich hinter den Bezeichnungen *gehärtete Fette* oder *teilweise gehärtete Fette*, *hydrierte Fette* oder *teilhydrierte Fette*. Bioläden und Reformhäuser lehnen den Einsatz dieser schlechten Fette generell ab und kommen gänzlich ohne sie aus, sei es im Müsliriegel, in der Margarine oder im leckeren Croissant; die gewünschte Konsistenz wird mit Kokosfett oder Palmenkernfett erreicht. Auf diese Weise bleiben auch Bio-Margarinen selbst bei Zimmertemperatur fest und schön streichfähig.

Wie beim Oxycholesterin können Transfette auch zu Hause entstehen, und zwar dann, wenn Sie Öle verwenden, deren Fettsäuren empfindlich sind und besonders leicht auf äußere Einflüsse ansprechen. Vor allem die ungesättigten Fettsäuren verhalten sich sehr reaktionsfreudig und springen schnell auf Hitze, Licht und Sauerstoff an. Daher sind diese Öle auch vorwiegend für die kalte Küche geeignet und bedürfen einer sorgfältigen Lagerung, damit sie nicht oxidieren. Welche Öle das genau sind, erfahren Sie nun.

DAS KLEINE 1X1 DER GUTEN FETTE

Teamgesunde Fette gibt es reichlich und mit ihnen können Sie ungetrübt genießen. Und da Ihr Körper aus den gesättigten, einfach ungesättigten und mehrfach ungesättigten Fettsäuren aufgebaut ist, braucht er auch genau diese drei.

GESÄTTIGTE FETTSÄUREN

Lange Zeit wurde angenommen, dass gesättigte Fette wie Butter oder Eier das schlechte LDL-Cholesterin erhöhen. Dass dem nicht so ist, zeigen neue Studien. Sie widerlegen den schlechten Ruf der gesättigten Fette und bestätigen, dass sie sogar in der Lage sind, den Cholesterinspiegel zu senken.

Einen hohen Anteil gesättigter Fettsäuren besitzen alle tierischen Produkte wie Fleisch, Käse, Butter, Ghee, Sahne, Milch und Eigelb sowie einige pflanzliche Lebensmittel wie Kokosfett, Palmkernfett und Kakaobutter.

Gesättigte Fette sind sichere Fette und verlieren erst durch Erwärmung ihre feste Form und werden flüssig, denn ihre natürlich feste Struktur macht sie träge und unflexibel. Daher sind sie robust gegen schädliche Einflüsse, lange haltbar und die idealen Fette für die heiße Küche. Braten, Backen, Kochen und Frittieren machen ihnen nichts aus. Sie sind hitzestabil, bilden somit keine schädlichen Transfette und sind gesund, denn sie

- stärken das Immunsystem,
- schützen die instabilen Omega-3-Fettsäuren vor Oxidation,
- ermöglichen die Aufnahme von Kalzium und Magnesium,
- unterstützen Herz und Lunge.

UNGESÄTTIGTE FETTSÄUREN

Ungesättigte Fettsäuren sind flexibler und somit reaktionsfreudiger als die gesättigten Fettsäuren. Durch ihre Struktur reagieren sie eher mit der Luft oder wenn sie erhitzt werden. Dabei reagieren sie umso schneller, je ungesättigter sie sind und sind deshalb nur begrenzt haltbar.

Ungesättigte Fettsäuren werden in zwei Gruppen eingeteilt: einfach und mehrfach ungesättigte Fettsäuren.

<u>Einfach ungesättigte Fettsäuren</u>

Bekannt geworden sind die einfach ungesättigten Fettsäuren durch das Olivenöl in der traditionell mediterranen Küche. Einfach ungesättigte Fettsäuren wirken *gefäßneutral* und lassen sich durch äußere Reize nicht

so schnell beeinflussen wie die mehrfach ungesättigten Fettsäuren. Auch sie sind gesund, denn sie
- halten die Zellen beweglich,
- beeinflussen den Cholesterinspiegel positiv, schützen die Blutgefäße und verringern dadurch das Risiko von Herzerkrankungen und Schlaganfällen.

Nicht nur Olivenöl und Oliven besitzen überwiegend einfach ungesättigte Fettsäuren, sondern sie sind ebenso in Avocados, Mandeln, Haselnüssen, Cashewkernen, Macadamia-Nüssen, Erdnüssen und deren Ölen sowie in Moringaöl enthalten. Die Öle sind bei Zimmertemperatur flüssig und verfestigen sich ein wenig, wenn sie im Kühlschrank gelagert werden. Da Ihr Körper diese Fettsäuren selbst herstellen kann, müssen sie nicht täglich aufgenommen werden.

Einfach ungesättigte Fettsäuren haben einen niedrigeren Rauchpunkt als die gesättigten Fette und dürfen nicht so stark erhitzt werden. Den Rauchpunkt können Sie gut erkennen, wenn das Öl Rauch bildet. Dann fängt es an zu verbrennen und bildet schädliche Transfette. Je nach Öl wird im Allgemeinen empfohlen, eine Zubereitungstemperatur von 200 bis 220 Grad nicht zu übersteigen, jedoch eignet sich ein natives Olivenöl nur begrenzt zum Braten. Möchten Sie Ihre Speisen schonend und mit gutem Gefühl zubereiten, bleiben Sie lieber unter 180 Grad und nehmen für höhere Temperaturen besser die gesättigten Fette wie Kokosfett oder Ghee.

Abgesehen von den schädlichen Transfetten, die beim Erhitzen entstehen, gehen bei hohen Temperaturen auch wertvolle Inhaltsstoffe verloren.

Mehrfach ungesättigte Fettsäuren

Öle mit einen hohen Anteil an mehrfach ungesättigten Fettsäuren sind die empfindlichsten Öle. Sie sollten behutsam behandelt und zügig aufgebraucht werden, da ihre Fettsäuren schnell auf Hitze, Licht und Sauerstoff ansprechen und besonders leicht oxidieren. In der Natur schützen sich diese Fettsäuren durch ihren Reichtum an Vitamin E gegen freie Radikale, welches ihnen als Antioxidans dient. Nüsse und Samen sind daher sichere Quellen, weil die Fettsäuren hier vor Luft und Licht gut abgeschirmt vorliegen.

Mehrfach ungesättigte Fettsäuren sind essenziell. Essenziell bedeutet, dass Ihr Körper sie zum Leben braucht, sie jedoch nicht selbst bilden kann. Daher ist es wichtig, sie täglich aufzunehmen. Diese Fettsäuren unterteilen sich je nach Struktur in Omega-3- und Omega-6-Fettsäuren.

Omgea-3-Fettsäuren

Omega-3-Fettsäuren sind gesund und für viele Dinge gut. Sie dienen Ihren Zellen als Baustoff, fördern Ihre geistige Leitungsfähigkeit, beruhigen Ihre Nerven und machen glücklich. Auch Dan braucht sie, damit sich seine Bakterien vermehren und seine Schleimhaut pflegen können. Darüber hinaus werden sie noch für andere Bereiche gebraucht, denn sie

- stärken Lynns Abwehrsystem, da sie an der Bildung der körpereigenen Abwehrzellen beteiligt sind,
- schützen die Erbsubstanz und verlangsamen den Alterungsprozess,
- sind entzündungshemmend; dabei wirken sie wie ein Feuerlöscher und stoppen die vielfältigen Entzündungsherde wie sie bei Dan, in den Gelenken, Gefäßen oder der Haut vorkommen können,
- verbessern die Fließeigenschaften des Blutes und machen die roten Blutkörperchen elastisch; dadurch gelangen Nährstoffe und Sauerstoff auch in die kleinsten Gefäße und können jede einzelne Zelle versorgen,
- erweitern die Blutgefäße und senken einen erhöhten Blutdruck,
- senken die Blutfette, verringern die Thrombosegefahr, schützen das Herz und reduzieren das Demenz-Risiko,
- vermindern Aggressionen und bei Kindern Hyperaktivität,
- unterstützen die Augengesundheit.

Die besten Quellen für Omega-3-Fettsäuren sind Fische, denn hier liegen die Fettsäuren in guter Bioverfügbarkeit vor. Insbesondere die fettreichen Kaltwasserfische wie Lachs, Makrele, Hering, Thunfisch und Sardinen zählen hierzu. Jedoch sind nur wild lebende Fische gute Quellen, weil diese in ihrer natürlichen Umgebung leben und sich von Algen ernähren. Denn es sind die Omega-3-Fettsäuren aus den Algen, die der Fisch in seinem Körper speichert. Fische, die in Zuchtfarmen aufwachsen, können dieses nicht, weil sie vorwiegend mit Getreide und Fischmehl gefüttert werden.

Das Gleiche gilt für Freilandtiere wie Kuh, Rind, Schwein, Ziege oder Schaf. Steht den Tieren natürliches Futter zur Verfügung, können sie die Omega-3-Fettsäuren aus Gräsern und Kräutern an ihre Produkte weitergegeben. Auch Wildfleisch und das Eigelb vom Freilandgeflügel gehören dazu.

Ebenso sind Omega-3-Fettsäuren in verschiedenen Pflanzenölen enthalten. Da ihre Bioverfügbarkeit jedoch eingeschränkt ist, kann Ihr Körper sie nicht im vollen Umfang nutzen. Deshalb ist es sinnvoll, den fehlenden Bedarf durch Nahrungsergänzungsmittel auszugleichen. Insbesondere Krillöl besitzt eine hohe Bioverfügbarkeit. Krill ist eine kleine Krebsart, die vor allem im Antarktischen Ozean lebt und sich vorrangig von Algen ernährt. Krillöl wird leicht verdaut und führt nicht zu unangenehmem Aufstoßen, wie dies bei Fischölkapseln oft der Fall ist. Außerdem gibt es mittlerweile Öle, die aus Mikroalgen gewonnen werden. Bei beiden Alternativen greifen Sie auch hier lieber zu der Bio-Variante. Dann wissen Sie, dass die Produkte auf Schadstoffe geprüft sind.

Und das sind die besten pflanzlichen Lieferanten:
- Leinöl aus Leinsamen ca. 65 %
- Chiaöl aus Chiasamen ca. 64 %
- Perillaöl aus der Perillapflanze ca. 60 %
- Sacha-Inchi-Öl aus der Sacha-Inchi-Pflanze ca. 48 %
- Leindotteröl aus dem Samen der Leindotterpflanze ca. 38 %
- Hanföl aus Hanfsamen ca. 17 %
- Walnussöl ca. 13 %
- Algen, Walnüsse, Chia- und Hanfsamen sowie grünes Blattgemüse

Omega-3-Öle sprechen sehr leicht auf äußere Einflüsse an und vertragen selbst niedrige Brattemperaturen nicht. Daher sind sie zum Kochen, Braten und Backen ungeeignet, lassen sich jedoch bei Tisch warmen Speisen wie Kartoffel- oder Gemüsegerichte zugeben. Es sind die perfekten Öle für die kalte Küche. Sie verfeinern jeden Salat und geben Quarkgerichten eine aromatische Note. Auch im Müsli oder Joghurt sind sie lecker.

Ihre geschmackliche Bandbreite ist groß und reicht von mild über nussig bis leicht bitter und ist von Hersteller, Pflanze und Produktionsverfahren abhängig. Probieren Sie einfach aus, welches Öl Ihnen am besten schmeckt. Die Auswahl ist groß und die vielen Einsatzmöglichkeiten werden es Ihnen leicht machen, Ihr Lieblingsöl zu finden.

Omega-3-Öle sollten möglichst schnell innerhalb von acht bis zehn Wochen aufgebraucht werden, denn ist die Flasche einmal offen, wird das Öl schnell ranzig. Das gelingt ganz einfach, wenn Sie immer nur eine kleine Flasche kaufen. Sie können das Öl gut schützen, indem Sie es nach Gebrauch stets zügig verschließen und dunkel im Kühlschrank aufbewahren. Einige Produkte werden in einem Umkarton oder einer dunklen Glasflasche verkauft. Beide Varianten schützen das Öl vor Licht, wenn es noch im Ladenregal steht.

Omega-6-Fettsäuren

Omega-6-Fettsäuren sind in der heutigen Ernährung besonders stark vertreten. Vor allem Distelöl, Sonnenblumenöl, Kürbiskernöl, Maiskeimöl, Sojaöl und Weizenkeimöl besitzen hohe Mengen. Zahlreich sind diese Fettsäuren auch im Getreide und einigen Nüssen und Kernen, insbesondere in Paranüssen, Kürbis- und Sonnenblumenkernen zu finden. Auch Fleischprodukte von Masttieren aus konventioneller Haltung sowie Fische aus Fischzucht enthalten aufgrund ihrer Fütterung viele Omega-6-Fettsäuren.

Omega-6-Öle sind hitzeempfindlich. Vermeiden Sie daher Temperaturen über 130 Grad, weil sich sonst auch hier schädliche Transfette bilden können.

Der gesundheitliche Nutzen dieser Fettsäuren hängt vom Ernährungsverhalten ab. Werden, wie durch die heutige Ernährungsweise begünstigt, unverhältnismäßig hohe Mengen verzehrt, unterdrücken sie die guten Wirkungen der Omega-3-Fettsäuren und schädigen den Körper, indem sie
- das Immunsystem schwächen und Allergien begünstigen,
- Entzündungen wie Rheuma und entzündliche Hautkrankheiten fördern,
- das Blut verdicken, die Blutgefäße verengen und Herz-Kreislauf-Erkrankungen unterstützen,
- das Diabetesrisiko erhöhen.

Omega-6- und Omega-3-Fettsäuren: Bei 4:1 wird's harmonisch
Damit die Omega-3-Fettsäuren ihre guten Eigenschaften auch voll ausspielen können, dürfen sie sich von den Omega-6-Fettsäuren nicht unterdrücken lassen. Das klappt nur im richtigen Verhältnis – dem Verhältnis, wie sie auch im Körper vorliegen und das liegt bei 4:1. Denn wichtiger als die absolute Verzehrmenge ist ihr Verhältnis zueinander. Wenn Sie also viermal so viele Omega-6-Fettsäuren wie Omega-3-Fettsäuren zu sich nehmen, ist das ideal. Dann verstehen sich die beiden wunderbar und unterstützen sich gegenseitig. Gewinnen die Omega-6-Fettsäuren jedoch die Oberhand, verstärkt sich das entzündliche Geschehen im Körper, da die Omega-3-Fettsäuren die überschießenden Reaktionen der Immunzellen nicht mehr ausreichend verhindern können.

Aufgrund der heutigen Ernährungsweise liegt das Verhältnis von Omega-6-Fettsäuren zu Omega-3-Fettsäuren bei 16:1 und höher. Das ist ein klarer Überschuss zugunsten der Omega-6-Fettsäuren und ein Nachteil für die Gesundheit. Doch warum sind die Omega-6-Fettsäuren in der heutigen Ernährung so stark vertreten?

- Die Werbung macht viele der omega-6-reichen Öle schmackhaft. Gerade das mit seinen mehrfach ungesättigten Fettsäuren immer wieder beworbene Sonnenblumenöl sowie verschiedene Margarinen sind schlecht. So liegt das Verhältnis beim Sonnenblumenöl bei 120:1 und eine herkömmliche Margarine kann bis zu 80-mal mehr Omega-6- als Omega-3-Fettsäuren besitzen. Äußerst schlecht ist Distelöl mit 150:1 und auch das oft verwendete Maiskeimöl steht mit von 50:1 eher ungünstig da.

- Ebenso enthalten die meisten Schoko- und Nusscremes, Fertigprodukte wie Dressings, Soßen, Mayonnaisen, Pestos, Gemüsedips, Nudelsalate und Pizzen sowie Backwaren und Frittiertes in der Regel übermäßig viele Omega-6-Fettsäuren; besonders in Form von Sonnenblumenöl. Zudem werden diese doch recht empfindlichen Fettsäuren bei der Herstellung stark erhitzt und verarbeitet, was ebenfalls gegen ihre Verwendung spricht, weil auch hierbei Transfette entstehen.
- Überdies besteht Getreide hauptsächlich aus diesen Fettsäuren. Hier liegt das Verhältnis zwischen 20:1 und 10:1. Zum Getreide zählen nicht nur Brot und Müsli, sondern auch Nudeln und sämtliche süßen und salzigen Backwaren.

Rapsöl besitzt zwar ein gutes Verhältnis von Omega-6- zu Omega-3-Fettsäuren, allerdings wird die Rapspflanze seit Jahren genetisch verändert und das beeinflusst womöglich auch die Qualität der Fettsäuren. Warum sollten Sie also ein Öl verwenden, welches mit gewissen Risiken behaftet ist, wo es doch viele andere schmackhafte Alternativen gibt.

FAZIT

Mit einer teamgesunden Mischung kommt keine Fettsäure zu kurz. Das bedeutet: Wenn Sie alle drei Fettsäuren zu gleichen Teilen zu sich nehmen, ist das optimal. Dieser Mix garantiert klare Gedanken und gute Gefühle und macht, natürlich in Maßen genossen, nicht dick.

Ihr täglicher Bedarf ist von Ihrer Körpergröße und Ihrem Bewegungsverhalten abhängig und kann zwischen 50–70 Gramm Fett liegen. Das entspricht ungefähr 25–30 Prozent des gesamten Energiebedarfs und 3–5 Esslöffel Fett.

Grundsätzliches
- Natürliche und ihrer Struktur treu gebliebene Fette sind teamgesunde Fette.
- Nur artgerecht gehaltene Tiere können die guten Fettsäuren aus ihrem Futter an ihre Produkte weitergeben.
- Nüsse, Samen, Oliven und Avocados sind sichere Quellen, denn hier liegen die Fettsäuren unverarbeitet und gut geschützt vor. Auch reine Nussmuse, ohne Zucker und fremden Fetten, sind gesund und geben Ihnen puren Energiegenuss.
- Margarinen aus dem Bioladen oder Reformhaus enthalten anstelle der schädlichen Transfettsäuren gesunde gesättigte Fette wie Kokos- oder Palmkernfett. Zwar werden herkömmliche Margarinen mit essenziellen Fettsäuren beworben, nur welche das im Einzelnen sind und in welchem Verhältnis sie vorliegen, wird nicht näher bezeichnet. Zudem wird auch nicht beschrieben, wie diese verarbeitet wurden.

Gesättigte Fettsäuren
- Kokosöl und Ghee sind gute gesättigte Fette. Sie sind äußerst hitzestabil und bilden selbst bei höheren Zubereitungstemperaturen keine ungesunden Transfette. Sie gehören somit zu den wenigen Fetten, die sich für eine sorglose Verwendung in der heißen Küche eignen und sind eine sichere Alternative zu den gehärteten oder teilgehärteten Brat- und Backfetten.
- Essen Sie gerne Butter, bevorzugen Sie unbehandelte Rohmilchbutter. Sie ist ihrer Struktur treu geblieben und gesund.

Einfach ungesättigte Fettsäuren
- Olivenöl, Moringaöl und Mandelöl mit rund 70 Prozent sowie Haselnussöl mit rund 80 Prozent sind besonders gute Quellen.

**Mehrfach ungesättigten Fettsäuren –
Omega-3- und Omega-6-Fettsäuren**

- Hierbei entscheidet das Verhältnis. Am besten Sie lassen einfach den Omega-3-Ölen den Vortritt und verwenden die Omega-6-Öle, wenn überhaupt, nur sparsam, denn durch die allgemeine Ernährungsweise mit viel Getreide, Fleisch und Milchprodukten nehmen Sie schon ausreichend Omega-6-Fettsäuren zu sich.
- Die verschiedenen Omega-3-Öle, Walnüsse, Hanf- und Chiasamen sowie wildgefangene Kaltwasserfische machen es Ihnen leicht, Ihren Bedarf lecker und abwechslungsreich zu decken. Wenn Sie ein- bis zweimal in der Woche Fisch und täglich ein bis zwei Esslöffel Öl zu sich nehmen, entspricht das in etwa der Menge, die Sie brauchen. Und sollten Sie keinen Fisch mögen, können Sie mit den entsprechenden Nahrungsergänzungsmitteln leicht für Ausgleich sorgen.
- Zudem gibt es Öle und Ölmischungen, die das ideale Verhältnis der Fettsäuren berücksichtigen. Hanföl zum Beispiel besitzt von Natur aus ein gutes Verhältnis von 3:1.

KOKOSÖL – ALLROUNDTALENT UND STARK IM TREND: MEIN TIPP

Nach dem Motto *das Beste kommt zum Schluss* ist Kokosöl eine ausführliche Vorstellung wert. Es ist äußerst lecker, vielseitig verwendbar und beeindruckt mit seinen teamgesunden Eigenschaften. Sollten Sie dieses Allround-Talent noch nicht kennen, lohnt es sich, ihm einen festen Platz in Ihrer Küche einzuräumen. Da es sich erst bei rund 25 Grad verflüssigt, ist es im Ladenregal meist in seiner typisch festen und weißlich-marmorierten Form zu finden.

Ein indisches Sprichwort sagt: *Jeder, der eine Kokospalme besitzt, hat alles, was er zum Leben gebraucht.* Das liegt wohl auch am Fett der Kokosnuss, denn es schützt die Menschen in ihrer Heimat vor den typischen Zivilisationskrankheiten wie Diabetes, Herz- und Kreislauferkrankungen.

Es sind die mittelkettigen gesättigten Fettsäuren, die sogenannten MCTs (*medium chain triglycerides*), die die guten Eigenschaften des Fetts hervorbringen. Sie sind mit einem Anteil von 60–70 Prozent hoch vertreten, haben etwas weniger Kalorien als andere Fettsäuren und können von Dan leichter aufgenommen werden, weil sie auf bestimmte Verdauungsenzyme nicht angewiesen sind. Somit gelangen sie auf direktem Weg über die Blutbahn in die Leber, wo sie sofort in Ketone umgewandelt werden. Ketone sind Ersatz-Kohlenhydrate, die insbesondere bei Glukose-Engpässen ein begehrter Treibstoff der Zellen sind. Daher sind sie auch für Diabetiker Typ 2 ein sicherer Ersatz, denn wo die Zellen bei Glukose Insulin benötigen, sind sie mit den Ketonen unabhängig.

Vor allem die Gehirnzellen können diese schnell verfügbare Ersatznahrung gut gebrauchen. Sie gewährleistet eine stabile Konzentrations- und Leistungsfähigkeit und somit die geistige Klarheit, auf die Ihr Coach so großen Wert legt. Zudem lassen einige Studien vermuten, dass Ketone den Krankheitsverlauf bei Alzheimer, Parkinson und anderen Gehirnerkrankungen günstig beeinflussen können.

Durch die Besonderheit, zuallererst in Treibstoff umgewandelt zu werden, haben die MCTs noch einen weiteren Vorteil: Sie werden weniger schnell als Fett eingelagert und unterstützen das Abnehmen, indem sie den Stoffwechsel anregen, den Appetit regulieren und den Abbau von Muskelmasse verhindern.

Aber nicht nur ihre schnelle Verfügbarkeit macht die MCTs so bedeutsam. Sie erhöhen das gute HDL-Cholesterin, bauen schlechtes LDL-Cholesterin ab und schützen hierdurch Herz und Blutgefäße. Zudem bekämpfen sie wirksam Krankheitserreger wie Bakterien, Viren und Pilze, die sich bei Dan eingenistet haben, pflegen seine Schleimhaut und unterstützen ihn bei der Nährstoffaufnahme. Insbesondere wenn er krank und schwach ist, sind sie aufgrund ihrer leichten Verdaulichkeit oft die einzigen Fette, die ihm keine Probleme bereiten.

Zu den MCTs gehört die Laurinsäure, die Bestandteil der Muttermilch ist und für den Nestschutz des Säuglings sorgt. Da ihr Anteil von der Ernährung abhängig ist, kann eine werdende Mutter bereits vor und während der Stillzeit mit dem Verzehr von Kokosöl die Laurinsäure aufnehmen und ihre immunologischen Eigenschaften an ihr Baby weitergeben.

So wunderbar die Eigenschaften des Kokosöls sind, so wunderbar ist auch sein Geschmack. Es besitzt eine sanft-exotische Note, die sich nur leicht in den Vordergrund drängt, und bereichert alle süßen Desserts und fruchtigen Smoothies. Auch im Müsli, warmem Getreidebrei oder pur auf dem Brot schmeckt es gut.

In der heißen Küche passt es ideal zu angebratenem Gemüse, Suppen oder Currys. Und für Pfannkuchen, süße Aufläufe, Kuchen und Gebäck ist es ein perfekter Butterersatz, mit dem Sie dem oxidierten Cholesterin leicht und lecker aus dem Wege gehen können.

Um all seine guten Wirkungen unbeschwert auszuschöpfen, ist Kokosöl aus biologischem Anbau eine sichere Wahl. Es wird schonend gewonnen, da es einfach aus dem Fruchtfleisch der Kokosnuss herausgepresst und nicht weiterbehandelt wird. Viele der industriell hergestellten Öle haben oft auch andere Stoffe im Gepäck und bei einem unbehandelten Produkt können Sie mit gutem Gefühl vom hohen Gehalt der MCTs profitieren, denn so konzentriert finden Sie diese in keinem anderen Öl.

Auch bei allen anderen Kokosprodukten haben Sie mit der Bio-Variante ein sicheres Produkt in der Hand. Die Auswahl ist vielfältig – ob als Mehl, Milch, Wasser, Chips oder Mus: Sie alle sind erstklassige Zutaten für eine teamgesunde Ernährung und enthalten ebenso die guten Fettsäuren; wenn auch nicht in den hohen Mengen. Das Kokosmus kann es mit jedem süßen Aufstrich aufnehmen und ist eine köstliche Grundlage für selbst gemachte süße, fruchtige und pikante Soßen und Aufstriche. Auch eine selbst gemachte Schokocreme aus Kokosmus, Kokosöl, Kokosblütenzucker und Kakaopulver ist Genuss pur.

Genauso lecker sind sämtliche Kokosprodukte auch in Suppen, Backwaren, Obstsalaten, warmem oder kaltem Müsli sowie im Joghurt. Mit Kokosmehl und Naturjoghurt können Sie ihren eigenen Kokosjoghurt zaubern und sind unabhängig von den fertig gesüßten Varianten. Zum Verfeinern nehmen sie einfach etwas Vanille und auch die teamgesunden Süßungsmittel sind wie geschaffen dafür. Darüber hinaus eignet sich das Mehl genauso gut zum Andicken von Suppen und Soßen. Probieren Sie einfach aus, worauf Sie Lust haben, und kreieren Sie Ihre eigenen Lieblingsgerichte.

Zudem können Sie auch äußerlich von den guten Eigenschaften des Kokosöls profitieren. Es ist ein hervorragendes Mittel bei Infektionen der Haut und Schleimhäute. Es bekämpft Pickel, Herpesviren und Scheidenpilze und ist somit ideal für die Intimpflege. Auch zur Hautpflege eignet sich das Öl bestens, denn es bindet Feuchtigkeit und fördert die Bildung von Kollagen; ganz gleich ob als Lippencreme, Pflege nach der Rasur oder als Gesichts- oder Körperöl. Besonders nach dem Duschen ist es eine Wohltat. Im Sommer ist es passend flüssig und bedarf keiner Erwärmung. Möchten Sie es auch an kalten Tagen nicht missen, erwärmen Sie es einfach bei niedriger Temperatur im Backofen oder in einem kleinen Glas auf der Heizung. Ebenso gut eignet es sich für die Haarpflege. Hierbei reicht schon ein Tropfen aus, um trockenem Haar seidigen Glanz zu geben.

Außerdem bietet Kokosöl einen natürlichen Schutz gegen Zecken und hält auch andere Plagegeister wie Kribbelmücken auf Abstand.

ESSBARES GLÜCK –
GLÜCKSHORMON SEROTONIN

Essbares Glück – klar, dass sich hierfür Ihr Coach begeistern kann. Und die richtigen Zutaten dieses glücksbringenden Rüstzeugs finden Sie in der teamgesunden Ernährung, denn sie bringt das Glückshormon Serotonin nachweislich in Schwung.

EIN KLEINER ABSTECHER:
HORMONE – DIRIGENTEN DER GEFÜHLE

Hormone teilen jeder Zelle mit, was sie zu tun oder zu lassen hat. Sie sind die Informationsübermittler in Ihrem Körper und halten Sie gemeinsam mit dem Nervensystem im Gleichgewicht.

Während das Nervensystem seine Anweisungen über elektrische Signale weitergibt, setzt das Hormonsystem Hormone als Botschafter ein. Signale im Nervensystem werden schnell weitergegeben und wirken nur auf Muskeln, Drüsen und Nervenzellen. Hormone haben hingegen ein breiteres Wirkungsfeld: Sie übermitteln Botschaften vor allem zwischen Gehirn und anderen Organen und Geweben des Körpers. Dabei steuern sie wichtige Vorgänge wie Verdauung, Wasserhaushalt, Stoffwechsel, Blutdruck oder Atmung. Zudem üben sie einen Einfluss auf die Persönlichkeit aus und wirken somit auch auf das Denken und Handeln. Manchmal dauert es nur Sekunden und mal einige Minuten oder noch länger, um eine Botschaft zu überbringen und somit eine Reaktion auszulösen.

Hormone werden in bestimmten Organen gebildet und anschließend ins Blut abgegeben, um zu ihren Zielzellen zu gelangen. Angekommen, docken sie an spezifische Rezeptoren an, die ihre Botschaft lesen. Dieses funktioniert – wie bei den Enzymen auch – nach dem

Schlüssel-Schloss-Prinzip und hierbei ist das Hormon der Schlüssel und die Zelle das Schloss. So wird ja z. B. Insulin in der Bauchspeicheldrüse gebildet, gelangt über den Blutweg zu den Zellen und übergibt ihnen die Botschaft, sich zu öffnen, um der Glukose den Weg aus der Blutbahn in die Zellen zu ermöglichen.

Auch Dan ist ein großes Hormon-Organ. Bisher sind mehr als 20 Hormone bekannt, die von ihm gebildet werden. Hierzu gehört auch das Glückhormon Serotonin, das er zu 95 Prozent für viele seiner Steuerungsprozesse produziert. Lediglich 5 Prozent werden im Kopfhirn gebildet. Und auch dies ist ein Grund für Dans Sensibilität und seinen Einfluss auf Gefühle, Stimmung und Verhalten.

DIE GLÜCKSBOTEN DOPAMIN UND SEROTONIN

Hunger, Durst und Schlaf sind elementare Lebensbedürfnisse. Werden sie gestillt, ist das Bedürfnis ausgeglichen und Glücksgefühle stellen sich ein. Das gilt auch für andere Lebensbereiche, denn auch der Wunsch nach körperlicher Nähe, die Herausforderungen im Beruf oder beim Sport oder die eigene Lebensplanung sind immer von der Hoffnung begleitet, am Ende glücklich zu sein.

Glücksgefühle und Wohlbefinden entstehen dann, wenn die Chemie stimmt. Die kann aber durch viele Dinge durcheinandergebracht werden, vor allem Tageszeit, Stress, fehlende Bewegung und ungesunde Ernährung beeinflussen Ihren Hormon-Cocktail und somit Ihre Gefühle, Ihr Denken und Handeln.

Die Hormone, die Sie mit Aussicht auf Belohnung oder Erfolg zum Handeln motivieren, sind Dopamin und Serotonin.

Dopamin ist für die Weiterleitung Ihrer Gefühle und Empfindungen zuständig. Es ist der Hauptakteur Ihres körpereigenen Belohnungssystems im Gehirn, weckt Verlangen und wird bei Vorfreude ausgeschüttet. Es verschafft den nötigen Ansporn, um ein ersehntes Ziel zu erreichen. Sei es der erhoffte Sieg beim Sport oder die heiß geliebte Schokolade als kleines Highlight zwischendurch.

Ist das Ziel erreicht oder der Schokoladengenuss gegenwärtig, wird ein anderes Hormon ausgeschüttet: Serotonin. Serotonin entspannt und macht glücklich und zufrieden. Es motiviert, bringt klare Gedanken hervor, steigert die Leistungsfähigkeit, regelt den Schlaf, beruhigt die Nerven und dämpft Angstgefühle und Aggressivität. Zudem beeinflusst es das Sättigungsempfinden und wirkt auf diese Weise appetitregulierend.

Normaler Zucker und insbesondere Fruchtzucker aus verarbeitenden Lebensmitteln aktivieren Dopamin und somit auch das Belohnungssystem im Gehirn über das normale Maß hinaus, sodass die süße Lust nach mehr verlangt. Das wirkt sich besonders dann ungünstig aus, wenn zu wenig Serotonin anwesend ist, um das Zuviel an Dopamin auszugleichen – und somit das unbefriedigende Gefühl nach sich zieht, nicht *genug* belohnt worden zu sein.

Stressige Zeiten verbrauchen besonders viel Serotonin und bekräftigen den Wunsch nach entspannten Glücksgefühlen. Für den notwendigen Nachschub sorgt das richtige Glücksrezept. Es gibt zwar einige Lebensmittel wie bestimmte Südfrüchte, die Serotonin besitzen, allerdings kann es nicht in das Gehirn vordringen, da es die Blut-Hirn-Schranke nicht passieren kann.

KLEINER ABSTECHER:
NADELÖHR BLUT-HIRN-SCHRANKE

Die Blut-Hirn-Schranke ist ein Schutzmechanismus des Gehirns. Sie bewahrt das Gehirn vor schädlichen Stoffen aus dem Blut wie Krankheitserregern oder Toxinen und stellt einen hochselektiven Fil-

ter dar. Nährstoffe können zu- und Stoffwechselprodukte abgeführt werden. Auch Arzneistoffe, die mit bestimmten Substanzeigenschaften ausgerüstet sind, können die Blut-Hirn-Schranke überwinden, um im Gehirn wirksam zu werden.

DAS GLÜCKSREZEPT

Teamgesunder Zucker und die Omega-3-Fettsäuren sind zwei der Zutaten, die beim Glücksrezept für Serotonin mitwirken und über diese beiden haben Sie schon eine Menge erfahren. Auch Vitamin B3, B6 und Vitamin C sowie Magnesium, Eisen, Zink und Mangan sind mit einer teamgesunden Ernährung problemlos zu beschaffen. Daher brauchen Sie sich um diese keine weiteren Gedanken zu machen.

Somit fehlen jetzt nur noch zwei Zutaten, um das Glückshormon mobilisieren zu können: die Aminosäure Tryptophan, die im Gehirn zu Serotonin umgewandelt wird, und Vitamin D3, wofür normalerweise die Sonne zuständig ist.

Und so sieht das komplette Glücksrezept aus:
- teamgesunder Zucker und Omega-3-Fettsäuren
- Vitamin B3, B6 und Vitamin C sowie Magnesium, Eisen, Zink und Mangan
- Tryptophan
- Vitamin D3

Dieser Wohlfühl-Mix ist genau das Richtige, um Sie mit einer glücklichen Grundstimmung auszustatten, damit negative Stressgefühle und nagende Hungerattacken erst gar nicht aufkommen.

TRYPTOPHAN, TEAMGESUNDER ZUCKER UND OMEGA-3-FETTSÄUREN

Die Aminosäure Tryptophan passt durch das kleine Nadelöhr der Blut-Hirn-Schranke. Allerdings fällt ihr das bedeutend leichter, wenn sie vom teamgesunden Zucker begleitet wird, denn er sorgt für eine rasche Insulinausschüttung und unterstützt das Tryptophan auf dem Weg ins Gehirn. Hier liegt auch der Grund, warum eiweißreiche Diäten häufig von schlechter Stimmung geprägt sind, denn hier fehlen die schnell wirksamen Kohlenhydrate zum Glücklichsein. Das ist vor allem dann der Fall, wenn bevorzugt Eiweißpulver zur Nahrungsergänzung eingesetzt wird. Somit würde schon ein kleiner Löffel Kokosblütenzucker oder Yaconsirup genügen, der nicht nur den Geschmack, sondern auch die Stimmung versüßt.

Glücksversprechende Lebensmittel, die Sie mit Tryptophan versorgen, sind (in absteigender Reihenfolge):
- Obst: Avocados, getrocknete Datteln und Feigen sowie Bananen
- Nüsse und Saaten: Kürbiskerne, Cashewnüsse, Erdnüsse, Sonnenblumenkerne, Sesamsamen, Haselnüsse, Mandeln, Paranüsse und Walnüsse
- Getreide und Scheingetreide: Weizenkeime, Teff, Amaranth, Hafer, Dinkel, Hirse, Buchweizen, Reis und Quinoa
- Algen und Gemüse: Spirulina, Sojabohnen, Pilze, Bohnen, Kichererbsen und Erbsen

Schokolade wird zwar auch oft als *Glücklichmacher* angesehen, allerdings reichen ihre Mengen für einen dauerhaften Seelenfrieden nicht aus oder Sie müssten schon mehrere Tafeln täglich davon essen.

Neben den glücksversprechenden Lebensmitteln gibt es auch solche, die dem Glück im Wege stehen. Besonders Fleisch und Milchprodukte sind für die Serotoninbildung nicht förderlich, obwohl sie viel Tryptophan enthalten. Denn diese Lebensmittel enthalten nicht nur Tryptophan, sondern noch viele andere Aminosäuren und da fehlt Tryptophan einfach das Durchsetzungsvermögen, weil es sich lieber hinten anstellt und wartet, bis die anderen Aminosäuren das Gehirn erreicht haben – es reiht sich immer als Letztes ein und die Chance, das Gehirn in brauchbaren Mengen zu erreichen, ist gering.

Daher sind auch hier schnell wirksame Kohlenhydrate nützlich. Sie helfen Tryptophan, sich gegen seine Mitstreiter zu behaupten. Denn durch die Insulinausschüttung werden diese vermehrt ins Muskelgewebe befördert und Tryptophan kann ungehindert die Reise ins Gehirn antreten und seinen Aufgaben gerecht werden.

Anders sieht es bei Fisch aus, denn Fisch fördert die Serotoninbildung. Und auch hier sind es die guten Omega-3-Fettsäuren der Kaltwasserfische, die Tryptophan den Weg ins Gehirn freimachen. Die pflanzlichen Quellen hingegen reichen durch ihre eingeschränkte Bioverfügbarkeit unter Umständen nicht immer hierfür aus.

VITAMIN D3 – DAS SONNENVITAMIN MIT HORMONCHARAKTER

Vitamin D3 wird mithilfe des Sonnenlichtes von der Haut gebildet. Allerdings wirkt es nicht wie ein klassisches Vitamin, sondern vielmehr wie ein Hormon.

Gerade Vitamin D3 kann Ihnen zeigen, wie gut Serotonin wirkt und welchen Einfluss es auf die Stimmung ausüben kann – besonders im Sommer und Winter. Denn im Sommer, wenn die Sonne passend scheint, ist Serotonin zur Stelle und sorgt für Glücksgefühle, weil dann genug Vitamin D3 für seine Herstellung gebildet werden kann. Im Winter dagegen fehlt mit der Sonne auch das Sonnenvitamin und dann fehlt auch oftmals der innere Antrieb und die Stimmung ist eher betrübt und von gesteigertem Verlangen nach Süßem geprägt.

Allerdings lässt sich das Sonnenlicht nicht so einfach einfangen, denn:
- Die Haut kann das Vitamin in ausreichenden Mengen nur in den Mittagsstunden (11:00–15:00 Uhr) bilden, da nur zu dieser Tageszeit das Sonnenlicht im ausreichend steilen Einfallswinkel auf die Haut fällt, wobei im Liegen weit mehr als im Gehen oder Stehen gebildet wird. Daher funktioniert die Synthese bei einem Einfallswinkel von weniger als 45 Grad nicht mehr und somit ist es im Winter in den nördlichen Regionen selbst in der Mittagszeit nicht möglich, Vitamin D3 über die Haut aufzunehmen, weil die Sonne dann viel zu tief steht.

- Die Synthese funktioniert nur dann, wenn kein Lichtschutzfaktor verwendet wird.
- Schule und Beruf finden in geschlossenen Räumen statt und dann hat die Haut häufig keine Gelegenheit, die Sonne in den Mittagsstunden zu nutzen.
- Die Fähigkeit das Vitamin über die Haut zu bilden, lässt im Alter stark nach, weshalb ältere Menschen oft an einem Vitamin-D3-Mangel leiden.

Auch mit einer teamgesunden Ernährung ist Vitamin D3 in ausreichender Menge nur schwer zu besorgen. Denn auch die Lebensmittel, die es besitzen, verfügen nicht über die Mengen, um den Bedarf sicher zu decken. Hierzu gehören die omega-3-reichen Kaltwasserfische, Ziegen- und Schafsmilch sowie Eier, Avocados und Moringa.

Bequemer und sicherer sind entsprechende Nahrungsergänzungsmittel. Mit 1000 IE (Internationale Einheiten) am Tag sind Sie gut versorgt. Im Winter können auch höhere Dosen von 3000–4000 IE notwendig sein, um die Körperspeicher nicht bis zum Ende des Winters zu erschöpfen.

Vitamin D3 ist nicht nur am Glück beteiligt. Auch das Immunsystem ist von ihm abhängig. Zudem ist es das wichtigste Knochenvitamin und transportiert das Kalzium in den Knochen. Daher kann eine Unterversorgung nicht nur auf die Stimmung schlagen, sondern auch Osteoporose, Nahrungsmittelunverträglichkeiten sowie rheumatische und entzündliche Erkrankungen hervorrufen.

DAS BRINGT DAS GLÜCKSHORMON IN SCHWUNG: MEINE TIPPS

AUSDAUERSPORT MACHT GLÜCKLICH

Regelmäßiger Ausdauersport bringt auch die Serotoninproduktion in Schwung, denn Ihre Muskeln brauchen während und nach dem Sport bestimmte Aminosäuren, um sich zu stärken. Tryptophan wird jedoch nicht benötigt und kann sich, während die anderen Aminosäuren zu den Muskeln wandern, in Ruhe Richtung Gehirn begeben.

ESSENSPAUSEN MACHEN GLÜCKLICH

Auch Essenspausen fördern die Serotoninbildung. Denn ähnlich wie beim Sport, gehen auch hierbei die Energievorräte der Muskulatur zur Neige, sodass alle verfügbaren Aminosäuren, abgesehen von Tryptophan, die Muskeln ansteuern. Somit können Sie die Serotoninproduktion auch dadurch ankurbeln, dass Sie erst dann essen, wenn sich der echte Hunger meldet. Vor allem am Morgen ist es einfach, den Glücksspeicher zu füllen, weil gerade dann Ihr Körper einen hohen Eiweißbedarf hat und seine Vorräte auffüllen muss.

DIE GUTEN DARMBAKTERIEN MACHEN GLÜCKLICH

Und wie könnte es anders sein, auch Dans Bakterien sind am lang anhaltenden Serotonin-Glück beteiligt, weil die Produktion von Serotonin ebenfalls zu ihren Aufgaben gehört. Das klappt allerdings nur dann, wenn es Dan gut geht und die Symbiose stimmt. Denn bei einem Ungleichgewicht in der Darmflora befinden sie sich in der Minderheit und schaffen es nicht, ausreichend Serotonin aus Tryptophan herzustellen. Aber auch all die anderen Dinge wie guter Schlaf und ein gesundes Essverhalten, die Serotonin sonst noch vollbringen kann, werden hiervon beeinflusst.

Zudem verbraucht nicht nur Stress, sondern ebenso Entzündungen im Körper recht viel Tryptophan. Das erklärt auch, warum chronische Erkrankungen oft von innerer Unruhe, Angst, Aggressivität oder depressiver Stimmung begleitet sind. Aber auch eine Fruktoseunverträglichkeit übt einen Einfluss auf die Verfügbarkeit von Tryptophan aus, weil sie seine Aufnahme behindert.

GETREIDE UND MILCH – NICHT IMMER GANZ EINFACH

So wie das Glücksrezept für gute Laune sorgt, gibt es andere Lebensmittel, die schnell Missmut und Unbehagen hervorrufen. Vor allem Getreide und Milch sind hierfür bekannt. Und das liegt an ihren Eigenarten, die sie sich angesichts ihrer evolutionären Entwicklung, aber auch durch die industriellen Vorgaben angeeignet haben. Daher können sie leicht zu sturen und aufmüpfigen Lebensmitteln werden, die besonders Dan das Leben schwer machen. Ist er gesund und fit, machen ihm diese Eigenarten nichts aus. Ist er jedoch angeschlagen und empfindsam, sind Probleme kaum abzuwenden. Und diese irritieren auch den Spürsinn Ihres Coaches.

GETREIDE

Im Grunde ist Getreide ein wunderbares Lebensmittel und kann Ihren Speiseplan auf vielfältigste Weise bereichern. Aus Sicht der TCM ist es auch das Getreide, das den Menschen stabilisiert. Denn es gehört zu den Lebensmitteln, welches die goldene Mitte in sich vereint, weil es harmonisierend auf Körper und Geist wirkt. Vor allem sein natürlich süßer Geschmack und die Glückszutat Tryptophan, die in ihm steckt, tragen dazu bei.

Getreide ist gekocht besonders gut verträglich, denn es wärmt und erdet den Körper am besten. Brot wird in der TCM als *Fast Food* angesehen. Überträgt man diesen Gedanken auf die konventionellen Getreideprodukte, ist das verständlich, denn diesen fehlen nicht nur die guten Dinge aus der traditionellen Herstellung, sondern sie sind zudem nährstoffarm und oft mit Zucker und anderen Zusätzen belastet.

Wie jeder Samen besitzt auch das Getreidekorn mit seinem Keimling das Potenzial einer neuen Pflanze. Vollkorngetreide ist reich an Ballaststoffen, Eiweiß, Mineralstoffen, Spurenelementen und B-Vitaminen sowie Enzymen und Antioxidantien. Seine Ballaststoffe verbessern nicht nur die Verdauung, sondern sie sind auch in der Lage, Gifte aufzunehmen und Krankheiten vorzubeugen. Auch seine Antioxidantien sind optimaler Krankheitsschutz, denn obwohl lange Zeit vermutet wurde, dass Getreide kaum Antioxidantien liefert, hat es eine Menge von diesen cleveren Radikalfängern. Sie liegen jedoch nicht wie beim Obst und Gemüse in freier Form vor, sondern sind bis zu 99 Prozent gebunden, was ihre Wirkung jedoch nicht schmälert, da sie von den guten Bakterien gelöst werden können. Außerdem befinden sich unter seinen Mineralstoffen, Spurenelementen und B-Vitaminen auch wichtige Zutaten aus dem Glücksrezept: und zwar Vitamin B3 und B6, Magnesium, Eisen, Zink und Mangan.

Auch feinst gemahlenes Vollkornmehl enthält noch alle Bestandteile des vollen Korns. Fein gemahlenes Mehl wird meistens auch besser vertragen als ganze Körner in Vollkornbroten – vor allem dann, wenn Dan geschwächt ist. Auch grobe Getreideflocken, ob nun im selbst gemachten Müsli oder in fertigen Müslimischungen, erschweren seine Verdauungsarbeit, wenn sie nicht für einige Zeit eingeweicht werden.

Gutem Getreide fällt es leicht, Sie mit einer gleichbleibenden Leistungsfähigkeit bis zur nächsten Mahlzeit zu versorgen. Es ist ein exzellenter Sattmacher, der seine komplexen Kohlenhydrate nur langsam und beständig an den Körper abgibt. Besonders die alten Getreidesorten wie Einkorn, Emmer, Kamut, Dinkel und Hafer, die noch in ihrer Urform angebaut werden, gehören hierzu. Sie sind bekömmlicher als die industriell genutzten Weizen- und Roggensorten und enthalten höhere Mengen an Nährstoffen und Antioxidantien wie Vitamin E und die Carotinoide Beta-Carotin und Lutein. Lutein benötigt das Auge für das scharfe Sehen und schützt es vor schädlicher UV-Strahlung.

Jedes Urgetreide hat seine speziellen Vorzüge:

- **Einkorn**
  Einkorn heißt ganz einfach deshalb Einkorn, weil nur jeweils ein Korn in einer Ähre heranreift. Es schmeckt mild-nussig und sein Mehl ist goldgelb. Das liegt an seinem hohen Gehalt an Beta-Carotin. Außerdem steckt es voller Lutein und ist darüber hinaus reich an Magnesium, Eisen, Zink und Mangan.

- **Emmer**
  Emmer ist ein Zweikorn. Bei ihm sitzen zwei Getreidekörner in einer Ähre einander gegenüber. Mit Emmer gebackene Brote haben einen herzhaft würzigen Geschmack, sind von dunkler Farbe und heben sich ebenfalls durch ihren Reichtum an Lutein hervor.

- **Kamut**
  Wie Einkorn enthält auch Kamut viel Beta-Carotin und ist daher ähnlich gelb. Auch er schmeckt ebenso mild-nussig und hat zudem eine butterweiche und süßliche Note. Übersetzt bedeutet Kamut *Seele der Erde*. Kamut glänzt mit viel Vitamin E und den höchsten Mengen an Magnesium, Zink und Selen.

- **Dinkel**
  Nicht nur der feine nussige Geschmack macht Dinkel zu einem überaus beliebten Getreide, sondern auch seine gute Wasserlöslichkeit. Sie sorgt dafür, dass er besonders leicht verdaulich und somit gut verträglich ist. Im Dinkel ist Tryptophan stark vertreten. Es verleiht ihm seine ausgleichenden und beglückenden Eigenschaften, die schon Hildegard von Bingen zu schätzen wusste.

- **Hafer**
  Hafer enthält viel Magnesium, Eisen und Zink sowie die Vitamine B1 und B6. Sein Geschmack ist leicht süßlich, kräftig und vollmundig sämig. Hafer ist ein sehr nahrhaftes Getreide. Das liegt sowohl an seiner guten Fettzusammensetzung als auch an seinen schleimlösenden Substanzen. Und die sind es auch, die ihn zusammen mit Tryptophan zu einem aufbauenden und stärkenden Getreide machen. Denn auch im Hafer ist diese Glückszutat reichlich vorhanden. Somit kräftigt er besonders einen schwachen Dan und wirkt gleichermaßen erfrischend und stimmungsaufhellend auf das Gemüt. Daher kommt der Spruch *Ihn sticht der Hafer* nicht von ungefähr. Außerdem beeindruckt Hafer mit dem Antioxidans *Avenanthramid*, denn dieses Antioxidans verhindert die Oxidation des schädlichen LDL-Cholesterins zu Oxycholesterin.

- **Hirse, Reis, Teff und Scheingetreide**
  Auch Reis, Hirse und die Zwerghirse *Teff* gehören zum Getreide und besitzen viel glückbringendes Tryptophan, wobei beide Hirsesorten außerdem mit recht hohen Mengen an Magnesium, Kalzium, Eisen und Mangan aufwarten können. Alle drei sind glutenfrei und reizen somit selbst einen kranken Dan nicht unnötig.
  In die Reihe der tryptophanreichen und glutenfreien Körner reihen sich auch die Scheingetreidesorten Buchweizen, Amaranth, Canihua und Quinoa ein. Diese vier sind in Wirklichkeit kein echtes Getreide, da sie nicht zu den Süßgräsern zählen, können aber ähnlich wie Getreide verwendet werden. Amaranth, Canihua und Quinoa kommen aus Südamerika und gehören zu den besten pflanzlichen Eisenquellen.

Es gibt keine pauschalen Empfehlungen, ab welcher Menge Getreide unbekömmlich und somit ungesund wird. Sicher ist, dass Getreide Unverträglichkeiten hervorrufen kann. Und das liegt an den Überlebensstrategien der Pflanzen, die sie sich im Laufe der Evolution angeeignet haben. Hierzu zählen die Phytinsäure, die als Nährstoffspeicher dient, sowie die Lektine, die als Abwehrstoffe gegen Fressfeinde fungieren. Und diese für das Getreide wichtigen Pflanzenstoffe sind es auch, die Dan unter gewissen Umständen recht stark belasten können. Sie gehören zu den Anti-Nährstoffen, da sie die Aufnahme der Nährstoffe behindern und seine Schleimhaut reizen können. Sie stecken jedoch nicht nur im Getreide, sondern ebenso in vielen anderen Lebensmitteln, wobei sie in höheren Mengen auch in Hülsenfrüchten wie Bohnen, Erdnüssen und Soja zu finden sind. Zudem besitzen auch Nüsse noch recht hohe Mengen. Vergleichsweise gering sind sie in den meisten Obst- und Gemüsesorten enthalten, mit Ausnahme von Nachtschattengewächsen wie Tomaten, Paprika, Auberginen und Kartoffeln, wenngleich es hierbei *nur* die Lektine sind. Es sind also ganz natürliche, aber problematische Ernährungsbestandteile.

PHYTINSÄURE, LEKTINE UND GLUTEN – UNVERTRÄGLICHE STÖRENFRIEDE

PHYTINSÄURE

Mit der Phytinsäure als Phosphat- und Mineralstoffspeicher besitzt die Getreidepflanze alles, was sie zum Wachsen braucht. Sie befindet sich vor allem im Keimling und in den Randschichten des Getreidekorns.

In hohen Mengen ist Phytinsäure ein Störenfried, da sie die Eigenschaft hat, Kalzium, Magnesium, Eisen und Zink unlöslich zu binden sowie bestimmte Enzyme zu blockieren, die für die Eiweißverdauung zuständig sind. Daher schränkt sie die Nährstoffaufnahme erheblich ein und kann bei einer auf Getreide, Hülsenfrüchte und Nüsse basierten Ernährungsweise zu einer Unterversorgung führen. Insbesondere für Vegetarier und Veganer kann sich dieses nachteilig auswirken, da sie diese Lebensmittel oft und in größeren Mengen essen.

Daneben hat Phytinsäure aber auch Vorteile, wenn sie in kleinen Mengen aufgenommen wird. Sie gehört zu den sekundären Pflanzenstoffen und hat antioxidative Wirkungen. Ihr wird eine schützende Wirkung vor Darmkrebs zugesprochen und zudem verzögert sie die Verdauung der Kohlenhydrate und hat dadurch eine regulierende Wirkung auf den Blutzuckerspiegel.

Früher war Phytinsäure für die Menschen kein Problem, denn sie nutzten die richtigen Verarbeitungsmethoden, um möglichst viel davon loszuwerden. Sie wussten um die Zeit, die es braucht, Getreide bekömmlich zu machen und seine Nährstoffvielfalt voll auszuschöpfen, die Zeit, die ein spezielles Enzym benötigt, um die gebundenen Mineralstoffe zu lösen. Denn das Korn enthält nicht nur die Phytinsäure, sondern auch das Enzym *Phytase*, welches durch Einweichen und Ankeimen freigesetzt wird. Und auch durch Fermentieren, wie dies bei der Herstellung von Sauerteigbroten der Fall ist, wird die Phytase freigesetzt, nur sind es hierbei die Milchsäurebakterien, die sich im Brotteig befinden und an ihrer Freisetzung mitwirken.

Somit kann Einweichen, Keimen und Fermentieren die Phytinsäure nahezu vollständig abbauen und leicht verdauliches Getreide hervorbringen – Getreide, das schon außerhalb des Körpers vorverdaut wurde und Dan nicht über seine Maßen hinaus beansprucht. Gleiches passiert im Übrigen bei längerem Kauen, denn auch hierbei wird die Phytase freigesetzt und kann zumindest einen kleinen Teil der Phytinsäure abbauen. Durch Hitze lässt sich die Phytinsäure allerdings nicht beeinflussen.

LEKTINE

Lektine sind Abwehrstoffe, mit denen sich die Getreidepflanze vor Fressfeinden schützt. Auch sie sitzen vor allem im Keimling und in den Randschichten des Korns.

Durch ihre eigentliche Funktion, als Abwehrstoffe zu fungieren, sind Lektine recht hartnäckige Störenfriede. Es sind komplexe Eiweißstoffe, die über zahlreiche Bindungsstellen verfügen und Kohlenhydratstrukturen binden. Hierdurch sind sie in der Lage, sich an Zellen und auch an Dans Schleimhaut zu binden.

Lektine stellen für Dan unverdauliche Ernährungsbestandteile dar, die er nicht kennt und die er nicht zu verdauen weiß, weil ihm hierfür nicht die richtigen Verdauungsenzyme zur Verfügung stehen. Daher stuft er sie wie Kohlenhydrate ein und nimmt sie wie solche auf. Hierdurch schädigen sie seine Schleimhaut, fördern das *Leaky-Gut-Syndrom* und können wie Allergene leicht in den Blutkreislauf gelangen und Autoimmunerkrankungen wie Hashimoto, rheumatische Arthritis, chronisch entzündliche Darmerkrankungen und andere Krankheiten fördern. Mit ihrer Bindungsfreudigkeit heften sie sich ebenso an die roten Blutkörperchen, ballen diese zusammen und erhöhen dadurch das Risiko für Durchblutungsstörungen.

Jedoch sind Lektine nicht grundsätzlich schlecht, denn in geringen Mengen sind sie aufgrund ihrer Fähigkeiten überaus nützlich und zum Beispiel in der Lage, Krebszellen zu bekämpfen.

Im Gegensatz zum Weißmehl besitzt vor allem Vollkornmehl neben seinen guten Ballaststoffen und Nährstoffen auch entzündungsfördernde Lektine. Es sind allerdings eher die Lektine aus dem hochgezüchteten Weizen, denen misstraut wird. Denn Getreide gehört erst seit ungefähr 10.000 Jahren zu den Lebensmitteln und aus dem ursprünglichen Einkorn sind durch systematische Züchtungen neue Weizensorten entstanden, die mit den alten Getreidesorten nicht mehr viel zu tun haben. Weizensorten, die immer höhere Eiweißmengen und somit auch übermäßig hohe und ungesunde Lektinmengen enthalten, die zudem den Lektinen Vorschub gewähren, die besonders aggressiv sind, wie das gut erforschte Weizenkorn-Agglutinin (WGA). Denn gerade die hohen Mengen dieses Lektins schaden Dan und provozieren viele Krankheiten, da es sich an fast alle Zellen im Körper binden kann.

Gute Alternativen zum Weizen sind die bereits beschriebenen alten Getreidesorten. Diese Sorten durften ihrer Ursprünglichkeit treu bleiben und besitzen sowohl geringere Lektinmengen als auch friedlichere Lektine, sodass die Bilanz für sie durch ihre *inneren* Werte positiv ausfällt.

Wie den Lektinen das Handwerk zu legen ist, ist nicht ganz klar, denn hierzu gibt es keine einheitlichen Empfehlungen. Die Quintessenz ist folgende: Das aggressive Weizenlektin ist recht hitzestabil und lässt sich auch durch Fermentieren nicht abbauen.

Alle anderen Getreidelektine werden zum größten Teil durch Fermentieren abgebaut. Auch langes Einweichen lässt ihren Anteil sinken und ein weiterer Abbau kann durch Ankeimen erzielt werden. Eine Restaktivität bleibt meist jedoch bestehen.

GLUTEN

Gluten ist im Grunde ein Bestandteil des Lektins, das sich aus verschiedenen Eiweißen zusammensetzt. Es entsteht jedoch erst dann, wenn diese Eiweiße nass werden und sich zu einer klebrigen Masse verbinden. Somit ist Gluten im Getreide selbst nicht enthalten, sondern ein Klebereiweiß, welches bei der Teigverarbeitung entsteht.

Gluten sorgt für die guten Backeigenschaften eines Mehls und macht den Teig elastisch. Es gibt dem Gebäck seine luftig leichte Struktur, bindet Wasser, stabilisiert, geliert und wird deswegen auch gern als Hilfsstoff in Fertig- und Light-Gerichten wie Pudding, Quark und Joghurt, Wurst, Pizzen oder Soßen eingesetzt.

Von allen Lektinen ist Gluten der größte Störenfried, weil seine Eiweiße dem Eiweiß der körpereigenen Zellen sehr ähnlich sind. Daher greift das Immunsystem nicht nur das Gluten, sondern auch die Zellen an. Auch hier wirken vor allem die übermäßig hohen Eiweißmengen aus den modernen Weizensorten aggressiv, denn wo heutige Weizensorten bis zu 55 Prozent Gluten enthalten können, besaß der einstige Urweizen nur 5 Prozent.

Gluten wird maßgeblich für die Entstehung der autoimmunen und entzündlichen Darmerkrankung *Zöliakie* verantwortlich gemacht. Bei Zöliakie entzünden sich Dans Zotten und werden vorzeitig abgestoßen, sodass sich ihre Lebenszeit von fünf Tagen auf nur sechs Stunden verkürzen kann – zu wenig Zeit, um groß zu werden und Nährstoffe aufzunehmen. Viele Zöliakiepatienten leiden durch den Nährstoffmangel vor allem an verstärkt auftretenden Infekten, Osteoporose, Blutarmut, Muskelschwund und Hautkrankheiten. Auch Multiple Sklerose, Rheuma, Krebs, Depressionen, Migräne und andere Erkrankungen können durch Gluten verursacht werden. Die einzige Möglichkeit Dan zu stärken, ist eine lebenslange glutenfreie Ernährung.

Glutenfrei sind die Getreidesorten Reis, Hirse, Mais und die Zwerghirse Teff sowie alle Scheingetreidesorten.

Aber auch Hafer enthält kein Gluten, wie oft angenommen wird, sondern eine andere Eiweißzusammensetzung namens *Avenin*. Hafer wird besonders in Schweden und Finnland als kräftigendes Getreide für die tägliche Ernährung empfohlen. Bekanntlich ist Haferschleim ein bewährtes naturheilkundliches Mittel bei Magen-Darm-Entzündungen. Seit einiger Zeit dürfen Haferflocken als glutenfrei verkauft werden, wenn sie weniger als 20 ppm (20 mg/kg) Gluten enthalten. Dieser Grenzwert ermöglicht eine tägliche Aufnahme von bis zu 300 Gramm.

Die Veranlagung, an Zöliakie zu erkranken, wird vererbt. Allerdings bricht die Erkrankung eher bei den Menschen aus, die über eine schlechte Darmflora verfügen. Daher kann auch hier eine teamgesunde Ernährung bereits in den ersten Lebensmonaten den Lebensraum der guten Bakterien aufrechterhalten und Dan von Anfang an stärken.

FAZIT

Phytinsäure und Lektine gehören zu den Pflanzenstoffen, die Unverträglichkeiten hervorrufen können – nicht nur im Getreide, denn auch andere wichtige Nahrungspflanzen enthalten roh und unverarbeitet eine Reihe Anti-Nährstoffe, die nur schwer verdaulich sind, zu starken Blähungen führen und die Nährstoffaufnahme blockieren. Getreide also ganz aus dem Speiseplan zu streichen, wäre sicherlich zu schade, dafür schmeckt es in seinen unzähligen Variationsmöglichkeiten einfach viel zu gut. Es ist ja nicht das Getreide als solches, sondern der Umgang mit ihm, der es zu einer unverträglichen Angelegenheit werden lässt.

Heute dient vor allem der hochgezüchtete Weizen für die Getreideprodukte, die in hohen Mengen verzehrt werden. Und diese hohen Mengen sind es auch, die Dan belasten und viele Krankheiten fördern.

Aber auch die viel zu schnellen Zubereitungsmethoden tragen dazu bei. Ein Natursauerteig wird in der Industrie praktisch nicht mehr verwendet, dafür werden künstliche Enzyme eingesetzt, die den langen Fermentationsprozess ersetzen und dem Getreide die Möglichkeit nehmen, auf die Störenfriede einzuwirken, die sich ansonsten noch beeinflussen lassen.

Traditionell hergestellte Sauerteigbrote aus alten Getreidesorten stellen Dan nicht vor unlösbare Aufgaben. Mit diesen Broten fühlt er sich wohl und hat keine Schwierigkeiten sie zu verdauen. Und mit diesen Broten fühlt sich auch Ihr Coach wohl.

Es gibt die Erkenntnis, dass Gluten nicht für jeden Menschen schädlich ist und die Bakterien sehr wohl in der Lage sind, es zu verarbeiten. Somit können auch hier probiotische Lebensmittel wie fermentiertes Gemüse, Sojasaucen oder Sauermilchprodukte sowie probiotische Nahrungsergänzungsmittel für tatkräftigen Bakteriennachschub sorgen.

Darüber hinaus haben Forschungen in der Vergangenheit gezeigt, dass selbst Zöliakie-Patienten mit probiotischen Lebensmitteln den Verlauf der Erkrankung positiv beeinflussen können.

Recht junge Ergebnisse zeigen auch, dass sich eine glutenfreie Ernährung unter Umständen negativ auf Dans Gesundheitszustand auswirken kann. Wie weit sich die Ergebnisse festigen, werden weitere Forschungen zeigen.

SO WIRD'S VERTRÄGLICH: MEINE TIPPS

Mit Einweichen, Keimen und Fermentieren können Sie den Störenfrieden mal gut und mal weniger gut das Handwerk legen – denn wo die Phytinsäure sich schnell *erweichen* lässt, sind die Lektine aufgrund ihrer Funktion als Abwehrstoffe recht wiederstandkräftig; allen voran das aggressive Weizenlektin, das sich leider nicht verändern lässt. Daher treffen meine Tipps nur auf die alten Getreidesorten zu.

EINWEICHEN – GEWUSST WIE

Durch Einweichen können Sie den größten Teil der Phytinsäure loswerden und den Lektinanteil reduzieren. Kochen oder Backen macht keinen Sinn. Nicht nur, weil die Phytinsäure hitzestabil ist, sondern auch, weil die hohen Temperaturen das Enzym *Phytase* zerstören würde, dass ansonsten noch gegen die Phytinsäure aktiv werden könnte.

Auch Nüsse und Samen können Sie einweichen. Das ist auf jeden Fall dann sinnvoll, wenn sie diese oft und in größeren Mengen verzehren. Stehen sie nur ab und zu auf dem Speiseplan, können Sie ruhig darauf verzichten. Das Einweichen ist im Übrigen nur ein kleiner Extraaufwand, der sich im Laufe der Zeit verselbstständigt.

- **Getreide**
  Ganze Getreidekörner werden je nach Sorte 8–24 Stunden in Wasser eingeweicht. Hierdurch verkürzt sich ihre Kochzeit um etwa eine halbe Stunde. Verwenden Sie zum Kochen immer frisches Wasser ohne Salz, da sie sonst nicht richtig weich werden. Geschrotetes Getreide braucht nur 1–3 Stunden eingeweicht zu werden.

- **Getreideflocken**
  Bei handelsüblichen Getreideflocken und fertiges Müsli kann Einweichen nur noch den Lektinanteil reduzieren. Die Phytinsäure hinge-

gen lässt sich nicht mehr abbauen, weil durch das Haltbarmachen, wie Dämpfen oder Darren, die Hitze die Phytase und damit auch ihre guten Eigenschaften zerstört hat.

Sollten Getreideflocken täglich auf Ihrem Speiseplan stehen, ist vielleicht eine Flockenquetsche eine gute Lösung. Mit ihr können Sie Ihre eigenen Flocken frisch pressen und das hilfreiche Enzym noch für sich nutzen. Haferkörner sind durch ihren Fettgehalt weicher als andere Körner und lassen sich besonders leicht durch die Flockenquetsche pressen.

Da sich beide Störenfriede im Keimling und in den Randschichten des Korns befinden, sind sie besonders reichhaltig in Weizenkeimen und in Kleie vertreten. Eine leckere und zudem basische Alternative zu Kleie ist Kokosmehl.

- **Nüsse und Samen**
  Nüsse und Samen können Sie gut auf Vorrat einweichen. Dann haben Sie immer welche zum Zubereiten von Speisen oder für unterwegs zur Hand. Alle lieben warmes Salzwasser und unterscheiden sich nur durch eine andere Einweichzeit:
  o Kürbiskerne und Mandeln brauchen lange 12 Stunden
  o Haselnüsse, Paranüsse, Pecannüsse, Sesamsamen und Sonnenblumenkerne benötigen rund 8 Stunden. Gleiches gilt auch für Erdnüsse
  o Pinienkerne und Walnüsse kommen schon mit 4 Stunden aus
  o Cashewkerne und Macadamianüsse brauchen nur 3 Stunden

Nach Ablauf der Einweichzeit werden die Nüsse unter fließendem Wasser gut abgespült. Sie können sie dann gleich nass essen oder trocknen lassen. Besonders lecker sind sie, wenn sie im Backofen getrocknet werden – am besten unter 42 Grad; dann besitzen sie kostbare Rohkostqualität. Die fertigen Nüsse lagern am liebsten offen oder in einem Gefäß mit losem Deckel, wo sie noch atmen können und sich kein

Schimmel bilden kann. Nur richtig gut getrocknete Nüsse dürfen fest verschlossen aufbewahrt werden.

KEIMEN WECKT SAMEN AUF

Durch Keimen können Sie den Anteil der Lektine noch weiter reduzieren und die Phytase nach wie vor für sich arbeiten lassen. Denn durch den Keimvorgang verwandelt sie Getreidekörner, Hülsenfrüchte, Sonnenblumenkerne, Kürbiskerne oder Sesamsamen in teamgesunde Kraftpakete. So ist Vitamin C, das im ruhenden Samen nicht vorhanden ist, in frischen Sprossen reichlich präsent. Zudem erhöhen sich die Mengen an Vitamin E, B-Vitaminen und Omega-3-Fettsäuren um ein Vielfaches.

Außer ein paar Samen brauchen Sie nur ein entsprechendes Keimglas, Wasser, Wärme und Licht, denn die Phytase mag es nicht allzu kühl und wird erst bei Temperaturen zwischen 20 und 30 Grad richtig aktiv. Die Einweichzeit verrät Ihnen die Verpackung, da jeder Samen unterschiedlich lange braucht. Ein verlässliches Zeichen ist das Einsetzen der Keimung, denn dann ist die Phytinsäure abgebaut. Jetzt brauchen Sie das Einweichwasser nur noch abgießen, die Samen gut abspülen und zwei- bis dreimal täglich kalt abduschen. Bereits nach 2–5 Tagen stehen Ihnen dann erntefrische Keimlinge zur Verfügung, mit denen Sie jahreszeitlich unabhängig Salate, Suppen, Eintöpfe, Pasta-Gerichte oder belegte Brote aufpeppen können.

AUCH BROT BRAUCHT RUHE UND ZEIT

Gutes Brot braucht Ruhe und Zeit, denn mit ausreichend langen Fermentationszeiten lassen sich auch die Lektine nahezu vollständig abbauen. Es ist eher das Biohandwerk, das Sauerteigbrote auf traditionelle Weise zubereitet. Zu den Sauerteigbroten gehört auch das Backferment. Dieses Brot wird aus getrocknetem Getreide, Hülsenfrüchten und Honig hergestellt und ist etwas milder im Geschmack.

Darüber hinaus gibt es Brote, die aus Keimlingen schonend unter rohköstlichen 42 Grad gebacken oder vielmehr getrocknet werden. Die

Trocknungszeit ist von der gewünschten Beschaffenheit der Brote abhängig und kann bis zu 8 Stunden betragen. Keimbrote strotzen vor frisch gebildeten Vitaminen und Enzymen und werden auch *Basisches Brot* genannt. Allerdings werden sie nur von wenigen Biobäckern hergestellt und sind daher nur sehr vereinzelt zu finden. Am besten Sie erkundigen sich im Bioladen, denn zumeist werden sie nur auf Bestellung gebacken.

Die in letzter Zeit verstärkt angebotenen kohlenhydratreduzierten Eiweißbrote sind für einen empfindlichen Dan nicht das Richtige, denn sie enthalten besonders viel vom Klebereiweiß Gluten.

Für Menschen mit Zöliakie bieten Biobäcker auch glutenfreie Backwaren an. Diese Produkte sind frei von Zusatzstoffen und dafür reich an natürlichen Zutaten. Sie werden nur mithilfe von Backfermenten und natürlichen pflanzlichen Verdickungsmitteln wie Guarkernmehl und glutenfreiem Getreide wie Reis, Mais, Hirse oder Teff sowie Buchweizen hergestellt.

Zudem sind in den letzten Jahren Mehle auf dem Markt gekommen, die aus Quinoa, Kastanien, Mandeln, Erdmandeln, Nüssen oder Kokosnüssen hergestellt werden. Mit diesen Mehlen können Sie zwar kein Brot backen, jedoch den Anteil des Hauptmehls reduzieren.

MILCH

Spricht man von Milch, ist meistens Kuhmilch gemeint. Sie ist die Milch, die fast ausschließlich in unseren Breiten konsumiert wird. Ziegenmilch und Schafsmilch erfahren erst seit einiger Zeit wieder eine zunehmende Beliebtheit und das liegt wohl auch an der schlechten Verträglichkeit der Kuhmilch.

WANN MILCH EHER MÜDE ALS MUNTER MACHT

Jede Milch ist anders und unterscheidet sich nicht nur im Geschmack, sondern auch im Fett-, Zucker- und Eiweißgehalt und damit auch in ihrer Verdaulichkeit. Daher beeinflussen die Inhaltsstoffe der Kuhmilch auch Dan ganz anders, als die Milch von Ziege und Schaf. Hauptsächlich sind es aber Dans Gesundheitszustand im Allgemeinen sowie die industrielle Weiterverarbeitung, aufgrund dessen die Milch eher krank als munter macht.

MILCHZUCKER
Evolutionär gesehen ist Milch, genau genommen Muttermilch, das Lebensmittel, das dem Säugling das Überleben sichert. Denn es ist auf seine Bedürfnisse abgestimmt und zu jeder Zeit verfügbar. Daher ist auch nur bei Säuglingen das notwendige Enzym *Laktase* voll aktiv, das für eine gute Verdaulichkeit der Milch sorgt. Es wird von Dans Dünndarmschleimhaut gebildet und spaltet den Milchzucker, die Laktose, in ihre Bestandteile. Erst mit der natürlichen Entwöhnung von der Muttermilch verringert Dan die Produktion, da er sich nun auf andere Nahrungsmittel umstellt.

Inwieweit Dan die Produktion zurückfährt, hängt von den Ernährungsgewohnheiten ab und ist von Weltregion zu Weltregion unterschiedlich. In Nord- und Mitteleuropa bleibt sie in der Regel bis ins hohe Alter bestehen, denn hier begannen die Menschen mit Beginn der Viehzucht Milch zu trinken und somit hat auch Dan sich weitestgehend angepasst.

Schafft Dan es nicht, das Enzym zu bilden oder reicht die Menge nicht aus, spricht man von einer *Milchzuckerunverträglichkeit* oder *Laktoseintoleranz*. Eine Laktoseintoleranz verursacht Blähungen, Durchfälle und krampfartige Bauchschmerzen, da die unverdaute Laktose in Dans Dickdarm wandert und dort die schlechten Bakterien ernährt, zu gären anfängt und Säuren bildet. Die Ursachen hierfür liegen oftmals in einer bakteriellen Fehlbesiedelung und somit gestörten Symbiose, sodass Dans Bakterien seine Schleimhaut nicht mehr schützen können.

Ungefähr 5–15 Prozent der Europäer leiden unter einer Laktose-intoleranz. In Asien und Afrika hingegen sind es mit 65–90 Prozent weitaus Menschen. Denn dort wird nur Säuglingen und Kleinkindern Muttermilch angeboten und Milch nicht als Lebensmittel genutzt, sodass sich bei ihnen mit dem Älterwerden die Laktaseproduktion naturgemäß ganz einstellt. Je nach Ausprägung des Enzymmangels sind Betroffene gezwungen, den Verzehr von Milchprodukten einzuschränken oder ganz darauf zu verzichten. Oft werden auch Ziegen- und Schafsmilch als Alternative empfohlen, jedoch enthalten beide fast gleichviel Laktose wie Kuhmilch.

Sauermilchprodukte wie Joghurt, Buttermilch oder Kefir sind in den meisten Fällen gut verträglich, wenn diese in kleinen Mengen gegessen werden, denn durch den Fermentationsprozess haben die Milchsäurebakterien den größten Teil der Laktose abgebaut. Hierzu zählt ebenfalls Sauermilchkäse, der genauso durch Milchsäurebakterien dickgelegt wird. Aber auch Hartkäsesorten wie Appenzeller, Bergkäse, Gruyère, Manchego, Parmesan oder Pecorino, die lange reifen konnten, enthalten kaum Laktose.

Einen unbeschwerten Genuss garantieren die laktosefreien Milchprodukte, denn bei ihnen ist der Milchzucker in seine Bestandteile aufgespalten. Deshalb schmeckt laktosefreie Milch auch süßer.

MILCHEIWEISS

Wie der Milchzucker eher die Großen trifft, trifft das Milcheiweiß eher die Kleinen. Denn Kuhmilch ist häufig die Milch, die Säuglingen und Kleinkindern angeboten wird – sei es als Muttermilchersatz oder wenn ihre Ernährung auf Lebensmittel umgestellt wird, die Kuhmilch enthalten – und kann daher die sogenannte *Milcheiweiß-* oder *Kuhmilchallergie* hervorrufen. Denn das Milcheiweiß ist aus unterschiedlichen Bestandteilen aufgebaut und einige sind recht schwer verdaulich, sodass sie vom Körper leicht als fremd eingestuft werden können. Hierzu zählen insbesondere Kasein, β- und α-Laktoglobulin. Ob Ziegen- und Schafsmilch Alternativen zu Kuhmilch sind, hängt vom Eiweißbestandteil ab, gegen den sich die Allergie richtet und ist folglich von Fall zu Fall verschieden. So ist z. B. der Kaseinanteil der beiden weitaus geringer und daher leichter zu verdauen.

Beschwerden einer Kuhmilchallergie betreffen häufig die Haut. Hierzu gehören ständiger Juckreiz, Ekzeme oder Neurodermitis. Aber auch andere Symptome wie Bauchschmerzen, Durchfall, Erbrechen, Asthma oder Müdigkeit sind typisch. Zudem können auch Säuglinge, die voll gestillt werden, an ihr erkranken, wenn ihre Mutter Kuhmilchprodukte zu sich nimmt. Stellt die Mutter die Ernährung um, verschwinden die Beschwerden.

Der Grund für die schlechte Verträglichkeit der Kuhmilch liegt bei Dan. Denn ein junger Dan ist mit dem Milcheiweiß überfordert, weil ihm noch helfende Verdauungsenzyme und Bakterien fehlen, um das schwer verdauliche Milcheiweiß aufzuspalten. Zudem ist auch seine Immunabwehr aufgrund der fehlenden Bakterien noch nicht voll ausgebildet. Daher ist auch seine Schleimhaut noch stark durchlässig, sodass das Milcheiweiß ungehindert in den Körper gelangen und wie ein Allergen wirken kann.

Studien zeigen, dass es einen Zusammenhang zwischen Kuhmilchallergien und Kaiserschnittgeborenen gibt. Den Kaiserschnittgeborenen fehlt sozusagen die Erstausrüstung an guten Bakterien, die sie ansonsten durch die natürliche Geburt erhalten würden und die ihren Darm besiedeln und stärken könnten. Und da auch Stillen zur Erstbesiedelung beiträgt, reduziert es ebenso das Allergierisiko. Darüber hinaus scheint auch eine genetische Veranlagung eine gewisse Rolle zu spielen.

Zunehmend leiden aber auch immer mehr Erwachsene unter einer Kuhmilchallergie. Auch bei ihnen liegen die Ursachen häufig in einem überforderten Dan, da die guten Bakterien ihre Majorität verloren haben und seine Schleimhaut nicht mehr schützen können. Das Risiko, eine Allergie gegen Kuhmilch zu entwickeln, steigt umso mehr, je verdauungsresistenter ihr Eiweiß durch die Weiterverarbeitung geworden ist. Wissenschaftliche Studien belegen, dass vor allem homogenisierte Milch, und hierzu gehört auch H-Milch, allergisch wirken. Bei der Homogenisierung wird die Milch in eine andere Struktur gebracht. Hierbei werden ihre Fettkügelchen im Hochdruckverfahren verkleinert, sodass sich ihre Anzahl erhöht und sie sich gleichmäßig in der Milch verteilen. Dadurch bieten sie dem Eiweiß eine erheblich größere Kontaktfläche, um sich anzuheften und somit wird auch die Kontaktfläche zu Dans Schleimhaut größer. Eine homogenisierte Milch kann durch die gleichmäßige Fettverteilung nicht mehr aufrahmen. Dies ist vor allem dann gewünscht, wenn die Milch weiterverarbeitet werden soll. Außerdem sieht sie auch nach ein paar Tagen noch schön gleichmäßig und somit appetitlich aus.

FAZIT

Milch ist wie Getreide auch ein wunderbares Lebensmittel mit unendlich vielen Variationsmöglichkeiten. Und was für Getreide gilt, gilt auch für Milch: *Gut Ding will Weile haben*, denn in der Regel sind es die fermentierten Produkte sowie die Naturbelassenheit, die Dan nicht unnötig belasten und Ihnen und Ihrem Coach unbeschwerten Genuss schenken.

Leicht bekömmlich sind auch Sahne und Butter, da sie hauptsächlich aus Milchfett bestehen und nur wenig Milcheiweiß und Laktose besitzen. Zudem stuft Dan diese fettreichen Köstlichkeiten als *Fett* ein und verdaut sie dementsprechend langsam. Daher verweilen sie auch länger bei ihm und somit haben auch seine Bakterien genug Zeit, um in Ruhe die Inhaltsstoffe zu verdauen.

Getreidedrinks, Nussdrinks oder Kokosmilch sind gesunde und leckere Alternativen zur Kuhmilch. Getreidedrinks werden aus fermentieren Getreide oder Mehl hergestellt. Sie enthalten allerdings nur wenige Nährstoffe. Im Vergleich dazu sind die nussigen Drinks reicher an Vitaminen, Mineralstoffen und Spurenelementen. Sojamilch ist für Kuhmilchallergiker nicht zu empfehlen, da häufig eine Kreuzallergie zum Sojaeiweiß besteht.

MUNTERMACHER ZIEGEN- UND SCHAFSMILCH: MEINE TIPPS

Auch wenn Ziegenmilch und Schafsmilch nicht immer eine Alternative zur Kuhmilch sind, so sind sie doch für Menschen, die sie vertragen, echte Muntermacher. Denn ihr Milchfett besitzt schon von Natur aus die vielen kleinen und gleichmäßig verteilten Fettkügelchen, die ein Aufrahmen so gut wie verhindern und ein Homogenisieren von vornherein unnötig machen. Außerdem können die Verdauungsenzyme das Fett durch die feine Verteilung leichter aufschließen – und das verbessert ihre Verdaulichkeit noch weiter. Daher sind die beiden auch viel öfter in der naturbelassenen Variante erhältlich.

Darüber hinaus haben beide noch einiges mehr zu bieten.

ZIEGENMILCH – FEIN MILD BIS HERB SÜSSLICH

Oft wird Ziegenmilch mit einem strengen Geschmack in Verbindung gebracht. Schuld daran ist ihr höherer Gehalt an *Caprinsäure*. Er ist dafür verantwortlich, dass die Milch leicht Fremdgerüche annimmt, die sich dann im Geschmack wiederfinden. Das war allerdings nur früher so, denn früher wurden die Ziegen in kleinen Ställen gehalten und gemolken, die zudem im Winter geschlossen waren. Daher konnte sich der Stallgeruch besonders schnell auf die Milch übertragen – und hierin liegt wohl auch der Grund für ihren schlechten Ruf. Dabei hat ihre geschmackliche Vielfalt weitaus mehr zu bieten und reicht von fein mild über aromatisch bis herb süßlich.

Heute werden die Ziegen draußen oder in einem luftigen Stall gemolken und die Caprinsäure kann problemlos ihre guten Eigenschaften preisgeben. Sie gehört zu den MCTs und fördert, wie Kokosöl auch, das gute HDL-Cholesterin, baut schlechtes LDL ab und bekämpft wirksam Krankheitserreger wie Pilze, Viren und Bakterien. Außerdem enthält Ziegenmilch noch eine weitere gute Fettsäure: die *konjugierte Linolsäure*, kurz CLA genannt und auch sie hat einen positiven Einfluss auf den Cholesterinspiegel. Ziegenmilch beeindruckt schon von Alters her als natürliches Heilmittel, denn ihre aufbauenden

Eigenschaften sind auf die robuste Gesundheit und Widerstandskraft der Tiere zurückzuführen. Sie ist der Muttermilch sehr ähnlich und wurde früher vor allem schlecht gedeihenden Kindern und Magenkranken empfohlen. Ziegenmilch stärkt die Zellen, fördert die Konzentration, beruhigt die Nerven und schützt vor Krebs. Neben ihrem hohen Anteil an Mineralstoffen und Spurenelementen verfügt sie über spezielle Immunstoffe. Diese sind zwar in anderen Milcharten auch vorhanden, aber nicht in der gleichen Menge und nicht mit den gleichen Zellverbindungen. Im Mittelpunkt dieser Wirkstoffe steht ein Antioxidans, das für das reibungslose Funktionieren des Zellstoffwechsels notwendig ist und das Leben der Zellen erhält: *Coenzym Q 10*. Dieses Antioxidans bewahrt die Zellen vor frühzeitigem Absterben und wirkt sich somit lebensverlängernd aus. Daher wird Ziegenmilch auch als *Jungbrunnen* bezeichnet und kann bei regelmäßigem Genuss die Zellen vor äußeren Risikofaktoren wie Umweltgiften, Giften in Nahrungsmitteln und Zigarettenrauch schützen. Ebenso beeindruckend ist auch ihr hoher Anteil an *Orotsäure*. Orotsäure wird für das Zellwachstum benötigt. Auch sie hat regenerierende Eigenschaften und hilft zudem Magnesium als Partner, um besser in die Zellen zu gelangen, was somit, wenn auch indirekt, eine entspannende Wirkung auf Muskeln und Nerven hat.

Wissenschaftliche Untersuchungen zeigen, dass Krebspatienten, die regelmäßig Ziegenmilch zu sich nahmen, sich wohler und widerstandsfähiger fühlten. Zudem verringerte sich die Häufigkeit von Wiedererkrankungen nach Operationen. Für die außergewöhnliche Kraft der Ziegenmilch spricht auch das lange Leben vieler Menschen auf dem Balkan, die täglich angesäuerte Ziegenmilch trinken – obwohl hierzu auch die guten Bakterien beitragen dürften.

Darüber hinaus ist Ziegenmilch reich an Vitamin D und A. Letzteres liegt bereits fertig und nicht in seiner Vorstufe als Provitamin Beta-Carotin vor. Deshalb sind Milch, Käse und Butter auch weiß. Allerdings ist der Anteil an Folsäure und Vitamin B12 sehr gering und dies sollte von Vegetariern und Veganer sowie in der Säuglingsernährung berücksichtigt werden.

Durch die heutige Ziegenhaltung ist die Milch weit weniger geruchsempfindlich und offenbart variationsreiche Geschmackserlebnisse. Ziegenkäse, ob Weich- oder Hartkäse, muss nicht streng schmecken und es gibt genauso viele milde wie aromatische Sorten. Generell milder sind Joghurt und Quark. Ihre Konsistenz ist nicht stichfest, sondern buttercremig weich, dafür sorgt die feine Eiweißstruktur.

Regenerierend wirkt Ziegenmilch auch auf Haut und Haar. Ihre Inhaltsstoffe entsprechen dem natürlichen Säureschutzmantel der Haut. Sie verbessern die Durchblutung, sind entzündungshemmend und wirken Hautstörungen entgegen. Zudem kann Ziegenbutter bei rheumatischen Beschwerden gute Dienste leisten.

SCHAFSMILCH – SAHNIG UND SAMTIG

Auch Schafsmilch ist besonders reich an Immunstoffen. Keine andere Milch enthält mehr von der wertvollen Orot- und CLA-Fettsäure sowie den Vitaminen A und E. Aber auch die Mengen an Vitamin C, D, B2, B6 und B12 sowie Eisen und Zink können sich sehen lassen.

Der Geschmack von Schafsmilch ist samtig und vollmundig, mit einem leichten Aroma von Mandeln. Typische Produkte sind der Rahmjoghurt mit 10 Prozent Fett, Quark, Feta, Roquefort und Pecorino-Käse.

Aber nicht nur als Lebensmittel beeindruckt Schafsmilch. Sie wird außerdem, wie die Ziegenmilch auch, gern in der Hautpflege eingesetzt.

BIO MACHTS LEICHT

Sie haben sicherlich schon festgestellt, dass Bio Ihrem Coach in vielerlei Hinsicht unter die Arme greifen kann, denn Bio hat es leichter, Unerwünschtes draußen zu lassen, weil Zusatzstoffe, Pestizide, ungesunde Fette sowie überzüchtete und veränderte Lebensmittel hier nicht erwünscht sind. Gerade diese machen Ihrem Coach und seinem Team zu schaffen und plagen Sie mit trüben Gedanken, weil Ihnen die richtigen Nährstoffe zum Glücklichsein fehlen.

Bio-Lebensmittel sind unverfälscht und unterstützen den Spürsinn Ihres Coaches. Sie geben ihre guten Eigenschaften an Sie weiter und versorgen Sie mit dem, was Sie brauchen: appetitzügelnden Bitterstoffen, cleveren Zuckern und unbeschwerten Fetten, die dem Heißhunger die Lust verderben und klare Gedanken und gute Gefühle hervorbringen.

Auch Fertiggerichte aus dem Bio-Regal können Sie in Stresszeiten bestens versorgen. Sie sind die idealen Mahlzeiten für die Pause am Arbeitsplatz oder wenn der Tag wenig Zeit lässt, teamgesund zu kochen. Sie sind lecker, schnell zubereitet und liefern Ihnen die Nährstoffe, die wirklich satt machen und sind somit eine echte Alternative zu den industriell hergestellten Varianten und Fast Food.

Zwar können sich Bio-Früchte vor der allgemeinen Umweltverschmutzung nicht schützen, jedoch sind ihre Giftbelastungen weitaus geringer als im konventionellen Anbau. Untersuchungen zeigen, dass konventionell angebautes Gemüse bis zu 320-mal mehr Pestizide enthält. Beim Obst war der Gehalt an Rückständen bis zu 80-mal höher. Pestizide beeinträchtigen vor allem Dan und Ihr Gehirn. Sie schädigen seine guten Bakterien und vermindern Ihre Denkfähigkeit. So werden zum Beispiel in Frankreich Krankheiten wie Parkinson als Berufskrankheit der Landwirte anerkannt.

Der Bioanbau lehnt den Einsatz von Pestiziden ab und setzt gezielt Pflanzen zur Schädlingsbekämpfung und Nährstoffanreicherung ein. Hierdurch sind die Früchte oft kleiner und unregelmäßiger gewachsen, dafür lagern sie nicht so viel Wasser ein, können noch voll ausreifen und dadurch ihre Nährstoffe und Enzyme optimal ausbilden. Das prägt ihr charakteristisches Aroma und gibt ihnen Vitalität. Das schmecken und spüren Sie auch.

Ebenso leben die Tiere hier fast noch nach ihrer eigenen Fasson. Hühner dürfen ihr Ei noch in ein Nest legen, haben Stroh zum Scharren, ausreichend Sitzstangen sowie Zeit zum Ausruhen und Schlafen. Kühe, Rinder, Schafe und Ziegen können auf der Weide fressen und die Nährstoffe aus Gräsern und Kräutern an ihre Produkte weiterreichen. Tiere, die im Stall gemästet werden, können das nicht. Daher enthalten Milch, Milchprodukte und Fleisch von Weidetieren auch höhere Mengen an konjugierter Linolsäure (CLA) und Omega-3-Fettsäuren als die ihrer Stallgenossen, die mit Kraftfutter vorliebnehmen mussten. Das Gleiche gilt für Wild und Freilandgeflügel und somit auch für Eier. Zudem besitzt Milch von Freilandtieren mehr Vitamin D, da die Sonne bekanntlich seine Bildung anregt.

Ohne Frage sind Bio-Produkte teurer als konventionelle Ware, denn ihr Ertrag ist um 10–50 Prozent geringer, weil Anbau, Tierhaltung und Verarbeitung aufwendiger sind. Der Ertrag bei den alten Getreidesorten fällt im Vergleich zu den modernen Weizensorten bis zu zehnmal kleiner aus. Auch die Herstellung der Sauerteig- und Keimbrote ist aufwendig und kostet mehr Zeit, als künstliche Enzyme zu verwenden. Ebenso zeitaufwendig ist die Ernte von Obst und Gemüse, denn hier werden die Früchte handverlesen und Blätter und Stiele aussortiert. Dafür kommt mehr Frucht ins Glas.

Selbst wenn Ihr Geldbeutel nicht ausreicht, um den kompletten Haushalt mit Bio zu bestreiten, kann schon ein kleiner Anteil dem Team und Ihrem Coach helfen. Es gibt eine große Auswahl an Bioläden und Bio-Supermärkten und die Warenvielfalt ist groß und macht neugierig, sich auf Neues einzulassen und unbekannte Gerichte auszuprobieren.

Auch Discounter haben ihre eigenen Biomarken. Allerdings unterscheidet sich Bioware beim Discounter von den Produkten aus dem Bioladen, Bio-Supermarkt oder Reformhaus, denn diese Eigenmarken erfüllen gerade einmal die Mindestanforderungen und können daher zu Preisen angeboten werden, die nicht viel teurer als die konventionellen Produkte sind.

Wenn Sie auf Nummer sicher gehen möchten, wählen Sie die Produkte, die mit dem Logo der Bio-Anbauverbände wie *Demeter*, *Bioland* oder *Naturland* gekennzeichnet sind. Diese Produkte finden Sie teilweise auch in herkömmlichen Supermärkten und Drogerien. Sie haben strengere Standards, als der Gesetzgeber vorschreibt. Das gilt für Zusatzstoffe, Futtermittel, Düngemittel, Auslauf der Tiere, Behandlung der Tiere im Krankheitsfall und vieles mehr. Der Anbauverband *Demeter* beispielsweise stellt aus Mist, Heilpflanzen und Mineralien seine eigenen Präparate für die Bodenbewirtschaftung her und ist der einzige, der die Homogenisierung verboten hat.

EINFACH FINDEN IM DENKEN

Keine Frage: Gute Gedanken bringen gute Gefühle hervor. Sie machen das Leben einfacher und schöner – nicht nur Ihres, sondern auch das Ihres Coaches. Denn wenn es Ihnen gut geht und Sie mit positivem Blick nach vorne schauen, hat auch er es leichter, Ihre Bedürfnisse zu erspüren. Ebenso profitiert auch Dan von Ihrer guten Stimmung, weil er dann weit weniger empfindsam ist und seine Stärken voll ausspielen kann. Und das merken auch Sebastian und Lynn, denn wo Stress, Ärger und Kummer sonst unnötige Säuren produzieren, fühlen auch sie sich ohne diese gleich viel unbeschwerter.

DIE GEDANKEN ENTSCHEIDEN

Durchschnittlich denkt der Mensch rund 60.000 Gedanken am Tag, wobei nur drei Prozent von ihnen positiv sind. Dabei sind die Gedanken frei. Denn das, was Sie denken, haben Sie selbst in Hand. Diese Freiheit sollten Sie nutzen.

Je länger ich lebe, desto mehr wird mir klar, welchen Einfluss die innere Einstellung auf das Leben hat. Einstellung ist in meinen Augen wichtiger als Tatsachen.
Sie ist wichtiger als die Vergangenheit, als Ausbildung, als Geld, als Umstände, als Misserfolge, als Erfolge, als das, was andere denken oder sagen oder tun. Sie ist wichtiger als Aussehen, Begabung und Geschick. Sie kann ein Unternehmen, ein Zuhause erfolgreich machen oder in den Ruin treiben.
Das Bemerkenswerte ist, dass wir jeden Tag die Wahl haben, welche Einstellung wir uns für diesen Tag aussuchen. Wir können unsere Vergangenheit nicht ändern, wir können die Tatsache nicht ändern, dass

Menschen auf bestimmte Art handeln. Wir können das Unvermeidliche nicht ändern. Das Einzige, was wir tun können, ist auf der einen Saite zu spielen, die wir haben, und das ist unsere Einstellung.
Ich bin überzeugt, dass das Leben zu zehn Prozent aus dem besteht, was mir zustößt und zu neunzig Prozent daraus, wie ich darauf reagiere. Und so geht es Dir auch – wir bestimmen unsere Einstellung.

CHARLES R. SWINDOLL, AMERIKANISCHER PASTOR, GEB. 1934

Eine positive Lebenseinstellung ist eine Ihrer wichtigsten Grundlagen und wirkt sich auf alle Bereiche Ihres Lebens aus. Sie ist Ihre emotionale Ausstattung und treibende Kraft, die Ihre Persönlichkeit stärkt und Sie zu Höchstleistungen beflügelt. Mir ihr können Sie Ihr wahres Potenzial entfalten, denn sie gibt Ihnen die Freiheit, die Sie brauchen, um die Entscheidungen zu treffen, die für Sie passend sind.

Was also spricht dagegen, den vielen Dingen des Lebens mit guten Gedanken zu begegnen? Um dem Stress dann und wann den Rücken zu kehren, um den Alltag mit kleinen Glücksmomenten zu füllen, um schwierige Situationen souverän zu meistern, um endlich mit einer teamgesunden Ernährung durchzustarten oder um die allzu lange To-do-Liste konsequent zu kürzen, damit auch die geheimen Träume und Lebensziele ihren wohlverdienten Platz finden?

MEINE TIPPS

LEBEN SIE MIT BEGEISTERUNG

Begeisterung kommt von innen und ist ein kostbarer Schatz. Sie bringt Ihr Gehirn in Höchstform und motiviert, weil Erlerntes zusammen mit guten Gefühlen abgespeichert wird. Denn Begeisterung durchströmt Ihren Körper mit einer Welle von Glücksgefühlen, die im Gehirn die emotionalen

Zentren aktivieren, die zur Lösung oder Bewältigung von neuen Herausforderungen benötigt werden.

Was lässt Ihre Augen strahlen? Wo möchten Sie sich selbst neu entdecken? Was interessiert Sie über alle Maßen? Lassen Sie sich inspirieren und gestalten und richten Sie Ihr Leben so glücklich und lebendig wie möglich ein. Am besten mit etwas, das Sie immer wieder aufs Neue mit Begeisterung erfüllt. Zugleich können Sie das herrliche Gefühl der Vorfreude genießen, wenn Sie sich schon im Vorfeld darauf einstimmen.

KEHREN SIE IHRE GEDANKEN UM

Ich bin zu Nichts zu gebrauchen. – Ich habe Probleme mit meinem Gewicht. – Das wird schiefgehen. – Es wird Streit geben. – Ich habe ein Gedächtnis wie ein Sieb. – Ich habe einfach kein Glück …

Mit diesen Gedanken ist es schwer, das Beste für sich zu wünschen. Kehren Sie Ihre Gedanken um und versuchen Sie, negative Dinge als Antrieb und Chance wahrzunehmen. Denn was Sie denken, entscheiden Sie:

Dadurch bin ich klüger geworden. – Das mit meinem Gewicht kriege ich hin. – Alles ist erreichbar. – Jeder Mensch ist einzigartig und deshalb ist es seine Meinung ebenso. – Das werde ich behalten. – Das schaffe ich.

Damit werden Sie sich nicht nur besser fühlen, sondern auch neue Erkenntnisse gewinnen, um Ihre Ziele zu erreichen.

MACHEN SIE SICH IHRE STÄRKEN BEWUSST

Was können Sie gut? Was fällt Ihnen leicht? Was machen Sie gerne? In welchen Situationen haben Sie Ihre Stärken bereits eingesetzt?

Wenn Sie eine Übersicht all Ihrer Stärken, Fähigkeiten und Eigenschaften erstellen und regelmäßig einen Blick darauf werfen, sickern diese in Ihr Unterbewusstsein ein und stärken Ihre Persönlichkeit. Regelmäßig bedeutet: zwei- bis dreimal am Tag für rund neun Wochen, denn so lange dauert es, bis sie sich im Unterbewusstsein gefestigt haben.

AKZEPTIEREN SIE IHRE SCHWÄCHEN

Schwächen machen Ihre Stärken sichtbar. Und nicht nur Stärken, sondern auch Schwächen bringen Sie voran, denn zu den eigenen Schwächen zu stehen, bedeutet Verständnis und Großzügigkeit für sich und seine Mitmenschen. Schwächen sind ein berechtigter Teil von Ihnen – sie anzunehmen befreit und macht den Weg frei für Gelassenheit, Souveränität und Heiterkeit.

KALKULIEREN SIE SCHWIERIGKEITEN EIN

Mit einer guten Vorbereitung bleiben Sie positiv gestimmt und werden Niederlagen als Chancen wahrnehmen. Machen Sie sich schon im Vorfeld klar, welche Schwierigkeiten möglicherweise auf Sie zukommen können. Das hat mit Schwarzmalerei nichts zu tun, im Gegenteil: Auf diese Weise haben Sie gute Lösungen parat, die Ihnen Sicherheit geben und neue Perspektiven aufzeigen. Dann werden Sie Ihr Ziel optimistisch weiterverfolgen. Auch andere Wege führen zum Ziel und sind im Nachhinein oftmals die besseren.

GEHEN SIE AUFRECHT DURCHS LEBEN

Bewegung und Körperhaltung beeinflussen Gedanken und Gefühle. Denn so wie Angst und Unsicherheit den Menschen niederdrücken, schenkt eine aufrechte Körperhaltung Selbstsicherheit und bringt leichten Schwung ins Leben. Darüber hinaus zieht eine positive und selbstbewusste Ausstrahlung auch andere positive Menschen an. Diesen Effekt sollten Sie nutzen.

NEHMEN SIE IHREN ERFOLG VORWEG

Erfolgreiche Menschen denken positiv und stellen sich vor, was sie wollen, und nicht, was sie fürchten. Ihr Unterbewusstsein denkt in Bildern und kennt keine Verneinungen, daher ist es wichtig, positiv und klar zu formulieren. Sagen Sie deshalb immer, was Sie möchten, und nicht, was Sie nicht möchten. Ihr Unterbewusstsein wird die Informationen akzeptieren, die Sie ihm geben, gleichgültig, ob diese gut oder schlecht, wahr oder unwahr sind. Dabei macht es keinen Unterschied, ob Sie etwas gedanklich durchspielen oder ob Sie es tatsächlich machen.

Vor allem Spitzensportler nutzen dieses mentale Training. Sie sehen und fühlen ihren Erfolg und haben dann auch Erfolg. Die bildhafte Vorstellung, die damit verbundenen Gefühle und das Vorwegnehmen des Erfolges sinken ins Unterbewusstsein und sind eine der wirksamsten mentalen Techniken. Ein bewusst gefühltes, positives und motivierendes Bild ist einfach und kostet nichts.

Welches Ziel liegt Ihnen am Herzen? Was müssen Sie tun, um es zu erreichen? Wie fühlt es sich an und welche Bilder entstehen in Ihrem Kopf, wenn Sie es erreicht haben? Nutzen Sie diese Bilder und die damit verbundenen Gefühle und bekräftigen Sie Ihre Vorhaben damit. Natürlich sind nur realistische Ziele erreichbar. Auf dem Weg dorthin helfen Ihnen Zwischenziele, die Sie motivieren und am Ball bleiben lassen.

SETZEN SIE SICHERE ANKER

Ebenso können Sie kraftvolle Bilder als sichere *Anker* nutzen, die Ihnen in kritischen Situationen innerhalb kürzester Zeit Ruhe und Gelassenheit geben.

Das *Ankern* ist eine programmierte Reaktion aus dem Speicher des Unterbewusstseins. Hierbei verbinden Sie sich mit einem besonders tollen Erlebnis aus Ihren schönen Erinnerungen und geben diesem ein Bild mit all den Menschen, Farben, Gerüchen und Gefühlen, die zu diesem Erlebnis dazugehören.

Das funktioniert am einfachsten, wenn Sie Ihr Bild einer unauffälligen Körperstelle zuordnen wie zum Beispiel Ihrer Hand oder Hüfte. Dann brauchen Sie in schwierigen Situationen nur diese Stelle zu berühren, in Ihr Bild *hineinsteigen* und verankern sich auf diese Weise mit

Ihren stark machenden Gefühlen. Das klappt recht schnell, wenn Sie diesen Schnellzugriff immer mal wieder üben. So kann sich Ihr Bild tief in Ihrem Innern festigen und ist in Sekundenschnelle für Sie da.

Was sind Ihre schönsten Erinnerungen, in denen Sie sich eins fühlten mit der Welt? Magische Augenblicke, in denen Sie etwas Besonderes erlebt oder geschafft haben ... Auch eine geliebte Musik, ein besonderes Gespräch, eine Berührung oder ein schöner Geruch können solche Anker sein, die Sie zu allen Herausforderungen Ihres Lebens mitnehmen können.

SCHREIBEN SIE IHRE BUCKET LIST

Lebensträume gibt es viele. Was möchten Sie in Ihrem Leben noch alles tun und erreichen? Was war Ihr größter Kindheitstraum? Mit den Delfinen schwimmen, Fallschirmspringen oder im *Hotel Adlon* übernachten? Was würden Sie machen, wenn Sie unendlich viel Zeit hätten? Halten Sie Ihre persönlichen Lebensträume in der sogenannten *Bucket List* fest. Oft genügt es schon, sich diese ins Bewusstsein zu rufen, um sie dann auch wirklich umzusetzen.

Das Leben ist kurz und es gibt noch viel zu sehen und zu erleben. Sollten Ihnen also noch neue Dinge einfallen: die Bucket List ist offen für alle Ihre Träume und die To-do-Liste, die Sie nicht kürzen sollten.

MACHEN SIE AB UND ZU EINE BESTANDSAUFNAHME

Es ist gut, von Zeit zu Zeit zurückzuschauen. Legen Sie dafür in regelmäßigen Abständen einen Termin in Ihrem Kalender fest. Das kann ein oder zweimal im Jahr sein oder auch öfter. Nutzen Sie diesen Termin zum Spüren, Nachdenken und Erkennen ob das, was Sie tun, noch zu Ihnen passt oder ob es nicht besser ist, sich neu auszurichten. Und ob Sie die letzten Monate nur mit Arbeiten, Essen und Schlafen verbracht haben oder ob Sie in regelmäßigen Abständen den Mantel der Hektik ablegen konnten.

EINE GESCHICHTE

Zum Schluss möchte ich noch einen kleinen Ausschnitt aus einer Geschichte zitieren. Eine Geschichte über eine Blüte, die ich in dem Buch *Ich pflanze ein Lächeln* von Thich Nhat Hanh gelesen habe – eine Geschichte, die treffend beschreibt, dass auch das Wahrnehmen und Genießen der kleinen Dinge den Menschen mit Glück, Lebendigkeit und stark machenden Gefühlen erfüllt:

Eines Tages hielt der Buddha vor einer Zuhörerschaft von mehr als tausend Nonnen und Mönchen eine Blüte hoch. Ziemlich lange sagte er nichts. Die Zuhörer waren völlig still. Alle schienen angestrengt nachzudenken und versuchten, die Bedeutung der Geste des Buddha zu verstehen. Dann lächelte der Buddha plötzlich. Er lächelte, weil einer der Zuhörer ihn und die Blüte anlächelte. Der Mönch hieß Mahakashyapa. Er lächelte als Einziger, und der Buddha lächelte zurück und sprach: Ich habe einen Schatz der Einsicht, und ich habe ihn Mahakashyapa übergeben.

[...] und er schrieb weiter: Die Geschichte wurde von vielen Generationen von Zen-Schülern erörtert, und die Leute suchen weiter nach ihrer Bedeutung. Ich meine, sie bedeutet etwas ganz Einfaches. Wenn jemand eine Blüte hochhält und sie dir zeigt, möchte er, dass du sie siehst. Wenn du weiter nachdenkst, entgeht dir die Blüte. Der Mensch, der nicht nachdachte, der nur er selbst war, konnte der Blüte intensiv begegnen und lächelte.

Hier liegt das Problem des Lebens. Wenn wir nicht ganz wir selbst sind, wahrhaft im gegenwärtigen Moment, verpassen wir alles. Zeigt sich dir ein Kind mit seinem Lächeln und bist du nicht wirklich anwesend – weil du über die Zukunft oder Vergangenheit nachdenkst oder mit anderen Problemen beschäftigt bist – dann ist das Kind für dich eigentlich nicht wirklich da. Lebendig zu sein heißt, zu dir selbst zurückzuge-

hen, damit dir das Kind als wundervolle Wirklichkeit erscheinen kann. Dann kannst du es lächeln sehen und in die Arme nehmen ...

THICH NHAT HANH, GEB. 1926,
GEHÖRT ALS SOZIAL ENGAGIERTER BUDDHISTISCHER
MÖNCH UND ZEN-MEISTER ZU DEN BEDEUTENDSTEN SPI-
RITUELLEN LEHRERN DER GEGENWART

EINFACH FINDEN IM FÜHLEN

Mit teamgesunden Lebensmitteln und stark machenden Gefühlen brauchen Sie sich über lästige Pfunde keine Gedanken zu machen. Sie machen den Weg frei, um das Gefühl wiederzufinden, auf das auch Ihr Coach vertraut: das Gefühl für Hunger und Sättigung. Dieses Gefühl signalisiert Ihnen, was Ihr Körper braucht und wann es Zeit ist, mit dem Essen aufzuhören. Mit diesem Gefühl müssen Sie weder einen lebenslangen Verzicht üben noch sich immer wieder anstrengen, um Ihr Gewicht zu halten, sondern einfach nur sich selbst vertrauen – und das ist auch das Geheimnis natürlich schlanker Menschen.

WAS MACHEN NATÜRLICH SCHLANKE MENSCHEN ANDERS?

Natürlich schlanke Menschen machen sich keine Gedanken zum Thema Gewicht und Diäten sind ihnen fremd. Sie zählen keine Kalorien und stellen sich nicht ständig auf die Waage. Bei ihnen arbeitet das Team fit und motiviert zusammen und sie wissen, was sie brauchen, denn sie

- essen nur dann, wenn Sie echten Hunger haben, und zwar das, was Ihnen schmeckt und auch bekommt. Sie besitzen ein natürliches Sättigungsgefühl und hören auf zu essen, wenn sie satt sind.
- sind kompromisslos und spüren, was ihnen guttut und handeln auch danach. Nichts ist verboten; auch nicht das Stückchen Schokolade oder die Extraportion Sahne.
- nehmen sich bewusst Zeit für ihre Mahlzeiten und essen langsam und mit Genuss. Schnelles Essen im Gehen kommt für sie nicht infrage; eher wird gewartet und später in Ruhe gegessen.
- wissen, dass teamgesunde Lebensmittel sie mit all dem versorgen, was sie brauchen, um sich rundum satt zu fühlen. Ihr Essverhalten ist nicht

von Stimmungsschwankungen abhängig und dient auch nicht dazu, Defizite auszugleichen.
- spüren, wenn sie zu viel oder zu wenig gegessen haben und gleichen es durch nachfolgende Mahlzeiten oder Bewegung wieder aus.
- bewegen sich gerne und merken, dass ihnen Bewegung guttut. Sie nehmen jede Treppe mit und freuen sich, Dinge mit dem Fahrrad oder zu Fuß erledigen zu können.

WAS ALLES SATT MACHT

Der Körper weiß, was ihm guttut. Das hat ihm die Evolution in die Wiege gelegt. Daher wohnt in jedem Menschen von Geburt an auch das richtige Gefühl für Hunger und Sättigung inne, das ihm sagt, wann er satt ist, wann er alles hat, was er braucht.

Dieses Gefühl zeigt sich dann, wenn zwei Zentren im Gehirn, das *Hungerzentrum* und *Sättigungszentrum,* bestimmte Signale auswerten und das Ergebnis positiv ausfällt. Ausgelöst werden diese Signale durch verschiedene Regulationsmechanismen, die über ein fein abgestimmtes Informationssystem gesteuert werden. Dieser Prozess dauert ungefähr 20 Minuten. Daher ist es wichtig, langsam zu essen und die Speisen gründlich zu kauen, damit die Nährstoffe auch optimal aufgenommen werden können und Sie nicht mehr essen, als Sie wirklich wollen und sich am Ende nicht vollgestopft fühlen. Zu den wichtigsten Sattmachersignalen zählen:

EIN VOLLER MAGEN

Ein passend gefüllter Magen ist der Erste, der ein Sättigungssignal über seine Rezeptoren an das Gehirn sendet. Denn ist er voll, verringert er die Freisetzung des Hungerhormons *Ghrelin* und somit ist auch der Hunger für Erste gestillt.

INSULIN

Ebenso macht das Hormon Insulin satt und das liegt am Blutzuckerspiegel: Er ist ein wichtiger Auslöser für Hunger und Sättigung, da die Bauchspeicheldrüse durch die Insulinausschüttung der Glukose den Weg in die Zellen ermöglicht und hierdurch eine Sättigung herbeiführt.

Allerdings macht nicht jedes Lebensmittel gleich gut satt, da jedes eine andere Wirkung auf den Blutzuckerspiegel hat:

- **Sättigen schnell und nur kurz**

  Kohlenhydrate aus stark verarbeiteten Lebensmitteln sättigen schnell, aber nur für kurze Zeit. Hierzu gehören Weißmehlprodukte wie Nudeln, Weißbrot oder Kuchen sowie Süßigkeiten, Zucker und süße Getränke.

  Durch die schnelle Verdauung wird übermäßig viel Insulin ausgeschüttet das schnell aber nur kurzfristig satt macht, weil den Zellen schon bald ihr Treibstoff fehlt und sich deshalb der nächste Hunger viel zu früh meldet. Auf diese Weise wird der Hunger zum ständigen Begleiter, weil die kurzfristige Sättigung nur für eine kleine Weile für Zufriedenheit sorgt.

  Den gleichen Effekt haben Zuckerersatzstoffe und somit auch Süßstoffe aus den sogenannten *zuckerfreien Light- und Diätprodukten*. Auch sie beeinflussen den Blutzuckerspiegel, weil die Bauchspeicheldrüse nicht zwischen Zucker und Zuckerersatzstoffen unterscheiden kann und in jedem Fall Insulin ausschüttet.

- **Sättigen schnell und lange**

  Kohlenhydrate aus Vollkornprodukten und Gemüse sättigen schnell und lang anhaltend, da sie reich an Ballaststoffen sind. Hierbei fungieren die Ballaststoffe als Füllstoffe, die den Kaloriengehalt von Lebensmitteln *strecken*. Sie bewirken, dass die Nahrung besser und länger gekaut wird und lassen den Blutzuckerspiegel nur langsam ansteigen.

- **Sättigt am längsten**
  Eiweiß ist der Langzeitsattmacher. Mageres Fleisch, Fisch, Eier, Käse, Hülsenfrüchte, Nüsse, Samen und Kerne lassen den Blutzuckerspiegel nur gering ansteigen. Der eigentliche Sättigungseffekt wird jedoch durch die Freisetzung des Sättigungshormon *Peptid YY* (PYY) anregt, das dem Gehirn signalisiert, dass genug gegessen wurde.

SEROTONIN

Sättigung und Glück liegen nah beieinander, denn bekanntlich fungiert Serotonin sowohl als Glückshormon als auch als Sättigungshormon und wird von den guten Bakterien produziert – vorausgesetzt alle Zutaten aus dem Glücksrezept stehen ihnen zur Verfügung. Ein Serotoninmangel hinterlässt ein unbefriedigendes Hungergefühl und fördert Heißhungerattakken.

DAN UND SEINE GUTEN BAKTERIEN

Zum fein abgestimmten Informationssystem gehören auch Dans enteroendokrine Zellen mit ihren verschiedenen Rezeptoren, die von den Bakterien und Nahrungsbestandteilen besetzt werden. Denn diese Zellen übersetzen nicht nur die Signale, die sie durch die Stimulation der Geschmacksrezeptoren empfangen, sondern auch Signale diverser anderer Rezeptoren. Und je nachdem, welche Bakterien und Nahrungsbestandteile diese Rezeptoren stimulieren, bilden sie die Hormone, die über Hunger oder Sättigung entscheiden und auch solche, die Stimmung, Vorlieben und Verhalten beeinflussen.

Und diese Signale sind am Sattsein beteiligt:

- **Prebiotisches Lieblingsfutter**
  Sobald die Bakterien ihren Appetit aus den löslichen Ballaststoffen wie resistente Stärke, Oligofructose, Pektin oder Inulin gestillt haben, wird die Sättigungsbotschaft zum Gehirn geschickt. Das dauert ungefähr

20 Minuten und entspricht eben der Zeit, die das Gehirn braucht, um zu wissen, ob der Körper satt ist. Denn so lange brauchen die Bakterien normalerweise, um sich zu versorgen, zu vermehren und die mit dem Stuhl verloren gegangenen Bakterien zu ersetzten.

Vermutlich liegt der Grund darin, dass die Bakterien danach streben, ihre Majorität aufrechtzuerhalten. Das können sie aber nur, wenn es ihnen gelingt, dem Gehirn ihren Bedarf an Nährstoffen mitzuteilen.

- **Geschmacksvielfalt**

Süß, sauer, salzig, bitter und umami: Jeder Geschmack übt eine andere Wirkung auf den Körper aus und gehört ebenso zum Sattsein dazu. In der TCM werden die verschiedenen Geschmacksrichtungen auch *Botschaftsgeschmäcker* genannt, denn so wie Süßes die Mitte stärkt und für Wohlgefühl sorgt, wirkt Bitteres appetitzügelnd und verdauungsfördernd.

WAS ALLES DICK MACHT

Nicht alle Übergewichtigen sind nur deshalb dick, weil sie viel zu viel oder nicht das Richtige essen, sondern weil bei ihnen das Hungerempfinden aus dem Takt geraten ist. Der Grund hierfür liegt an den Dingen, die das Gefühl für Hunger und Sättigung außer Kraft setzen, weil sie die körpereigenen Regulationsmechanismen unterbinden und die ursprünglichen Bedürfnisse überlagern. Daher kann vieles dick machen:

DAS FALSCHE KÖRPERFETT

Körperfett wird mittlerweile als eigenständiges Organ wahrgenommen. Es ist die größte Hormonfabrik im Körper, bildet viele lebenswichtige Stoffe und beeinflusst das Hunger- und Sättigungsgefühl.

Weißes Körperfett kennen Sie. Es ist das Fett, das überschüssige Energie speichert und an den Hüften oder am Bauch stört. Darüber hinaus gibt es noch braunes Körperfett. Es ist noch recht unbekannt und dasjenige Fett, das schlank macht und vorm Dicksein schützt, da es die Fettverbrennung anheizt. Denn das braune Fett nutzt das weiße Fett als Brennstoff, um den Körper mit Wärme zu versorgen. Vor allem kälteempfindliche Säuglinge haben recht viel von dem Energie erzeugenden braunen Fett. Und auch schlanke Erwachsene besitzen es zwischen den Schultern und am Hals.

Weißes Körperfett sieht nicht nur unsportlich aus und verleiht ein behäbiges Körpergefühl, sondern es kann das Dicksein noch weiter fördern, wenn es sich als Bauchfett ausbreitet. Zudem kann dieses Bauchfett Krankheiten wie Diabetes, Herz-Kreislauf-Erkrankungen und Krebs den Weg bereiten.

Es sind die ansonsten schlanken Menschen, die *dünnen Fettleibigen*, bei denen das Fett an den falschen Stellen sitzt. Menschen, die über eine gleichmäßige Fettverteilung verfügen, haben in der Regel gute Blutwerte und sind gesund, selbst dann, wenn sie dick sind. Es sind der *Heimatort* und die *Menge* der Fettzellen, die darüber entscheiden, welche Fettgewebstypen miteinander kommunizieren und welche Hormone gebildet werden. Daher macht insbesondere der Bauchspeck noch dicker, weil seine Zellen die Hormone ausschütten, die am Appetit beteiligt sind. Und hier kommt der verarbeitete Fruchtzucker wieder ins Spiel, denn gerade dieser ist, wie bereits bekannt, maßgeblich am Bauchspeck beteiligt, da er zum größten Teil in Bauchfett umgewandelt wird, ohne den Sattmacher Insulin auskommt und das Sättigungshormon Leptin hemmt. Und mit diesen beiden Hormonen fehlen dem Gehirn gleich zwei wichtige Signale, um Sättigung zu spüren.

Aber auch die durch Stress angestauten Hormone sind bei fehlender Bewegung am Bauchspeck beteiligt.

CRASH-DIÄTEN

Crash-Diäten machen dick, denn sie führen dem Körper zu wenig Nahrung zu, sodass er sich anpassen muss und den Stoffwechsel auf Sparflamme fährt. Daher purzeln in den ersten Tagen die Pfunde noch recht erfolgversprechend, während sich nach der Zeit der Anpassung die Gewichtsabnahme weitaus hartnäckiger gestaltet. Dieser Spareffekt ist eine Notfallmaßnahme des Körpers und bedeutet *Stress*. Denn nicht nur das Fett wird weniger, sondern auch die Organe nehmen ab. Nur das Gehirn als Hauptenergieverbraucher behält in etwa sein Gewicht, weil es die Verteilung der Energie steuert und sich als Erstes damit eindeckt. Und dies wird besonders in Stresszeiten für die anderen Organe problematisch, da die Selbstsucht des Gehirns durch das Stresshormon *Cortisol* unterstützt wird, denn Cortisol baut Gewebe von Organen ab und leitet die daraus gewonnene Energie an das Gehirn weiter. Verstärkt wird dieser Effekt noch dadurch, dass Stress den Energiebedarf des Gehirns erhöht – anstatt der sonstigen rund 66 Prozent beansprucht es dann fast 90 Prozent für sich.

Auch die Muskeln leiden unter der Nahrungsknappheit und verlieren an Gewicht. Neben der Glukose werden ihnen wichtige Aminosäuren weggenommen, die der Körper für Umbau und Erneuerung seiner Zellen benötigt. Hierdurch gestaltet sich auch das Abnehmen immer schwieriger, weil durch den Verlust der Muskelmasse der tägliche Kalorienbedarf sinkt, denn Muskeln benötigen selbst im Ruhezustand noch viel Energie, sodass neben dem Spareffekt noch weitere Kalorien den Energiebedarf schmälern. Um diesen Bedarf wieder nutzen zu können, muss die verlorene Muskelmasse erst mühsam wieder aufgebaut werden. Die Fettzellen hingegen verschwinden nicht, sie entleeren sich nur und werden bei Nachschub gleich wieder aufgefüllt und durch Extra-Speicher für knappe Zeiten erweitert.

STRESS

Nicht nur zu wenig Nahrung bedeutet Stress und treibt den Energieverbrauch des Gehirns in die Höhe, sondern auch ständige Anspannung,

Überlastung, Sorgen oder Ängste. Ob Stress eher dick und krank oder eher *nur* krank macht, hängt vom Stress-Typ ab:
- Typ A wird eher nur krank, denn er kann weniger gut mit dem Stress umgehen und daher ist auch das Cortisol ständig aktiv und hilft dem Gehirn, sich seine Extraenergie aus dem Körper zu holen.
- Typ B wird eher dick und krank. Er hat sich an den Stress gewöhnt und folglich hat sich das Cortisol zurückgezogen. Deshalb holt sich das Gehirn die Energie nicht aus dem Körper, sondern stiftet zu mehr Essen an.

Außerdem ist der Körper nach einer Stressphase immer darauf bedacht, seine Fettdepots aufzufüllen, und das bedeutet Heißhunger, speziell auf Süßes und Fettiges. Das kann obendrein noch einen unliebsamen Nebeneffekt haben, denn wenn der Heißhunger immer wieder gestillt wird, speichert das Gehirn diese Erfahrung und fragt in stressigen Situationen stets danach.

Darüber hinaus führt Stress auch häufig dazu, dass zum Ausgleich mehr gegessen wird, als guttut. Vor allem dann, wenn Ruhe einkehrt und das ist spätestens am Abend, zur ungünstigsten Zeit der Fall.

SCHNELLES ESSEN

Auch schnelles Essen zwischen Tür und Angel, im Gehen oder während des Arbeitens macht dick, weil es meist schlecht gekaut und in wenigen Minuten gedankenlos heruntergeschluckt wird. Hierbei fehlt dem Körper die Zeit, seine Regulationsmechanismen zu aktivieren und die entsprechenden Signale auszuwerten, die ihm sagen, dass er satt ist und keine weitere Nahrung mehr benötigt.

Hinzu kommt, dass der Genuss auf der Strecke bleibt. Denn ein Essen, das als Nebensache behandelt wird, kann nicht bewusst wahrgenommen werden, weil die Tätigkeit des Gehens oder die Arbeit am Computer ablenkt. Jedoch gehört auch das bewusste Wahrnehmen von Geruch, Geschmack, Form und Farbe der Speisen zum Sattsein dazu. Außerdem lässt die Ablenkung auch den Überblick auf die bereits gegessene Menge schlecht einschätzen. Und auch Schnellesser, die ihre Mahlzeit in Windeseile verputzen, essen meist über den eigentlichen Hunger hinaus.

NASCHEN

Naschen zwischendurch liefert nicht nur zusätzliche Kalorien, sondern hemmt auch den Fettabbau. Denn der Körper kann die unliebsamen Fettpölsterchen nur in der Zeit loswerden, wenn das Insulin seine Arbeit eingestellt hat – und das kann es erst dann, wenn keine Glukose im Blut wartet, die noch in die Zellen befördert werden muss. Bereits eine Tasse Kaffee mit Milch zwischendurch reicht aus, um den Fettabbau für eine Weile zu blockieren.

SPÄTES ESSEN

Eine chinesische Volksweisheit besagt: *Iss ein herzhaftes Frühstück, ein bescheidenes Mittagessen und ein kleines Abendessen.* Diese Weisheit deckt sich mit dem altbekannten Sprichwort vom Kaiser, Edelmann und Bettler und legt dem Menschen nahe, sich nach den Stärken und Schwächen seines Körpers zu richten. Darum entscheidet auch nicht die Kalorienanzahl allein, ob sich lästige Fettpölsterchen ansammeln, sondern auch, welche Lebensmittel um welche Uhrzeit gegessen werden.

Untersuchungen zeigen, dass bei gleicher Nahrungszusammensetzung der Verzicht auf das Abendessen mehr Kalorien einspart, als das Frühstück auszulassen. Zudem führt ein fehlendes Frühstück auch dazu, dass sich die Entzündungsmarker im Blut erhöhen, weil dem Körper wichtige Nährstoffe fehlen.

Der Mensch ist tagaktiv und auf die Nahrungsaufnahme am Tag programmiert. Auch der Kohlenhydratstoffwechsel hat seine festen Arbeitszeiten und läuft am Tag auf Hochtouren und in der Nacht auf Sparflamme. Deswegen muss am Abend, bei gleicher Mahlzeit, weitaus mehr Insulin als am Morgen aktiviert werden, das in der Nacht zudem deutlich leistungsschwächer ist und daher sehr viel länger braucht, um das Blut zu verlassen.

Und diese längere Insulinpräsenz lässt nicht nur die Fettpölsterchen entsprechend später schmelzen, sondern behindert obendrein auch das *Wachstumshormon* (human growth hormone, HGH), das ebenfalls am Fettabbau beteiligt ist und vor allem nachts seine Fett verbrennenden Eigenschaften aktiviert. Zudem muss ein spät aufgenommenes Essen bis zum nächsten Morgen auf seine Verdauung warten, da auch der Magen und Dan in der Nacht zur Ruhe kommen. Und währenddessen bildet es Säuren, belastet das Team und die Leber und nährt so auch die Fettspeicher.

Ein frühes und leichtes Abendessen mit nur wenigen Kohlenhydraten hat Vorteile, weil der Körper dann auf seine Reserven zurückgreifen muss, um die auch während der Nacht aktiven Organe wie Herz, Lunge und Leber mit Energie zu versorgen. Und je länger die insulinfreie Zeit im Blut dauert, desto schneller schwinden auch die unliebsamen Fettpölsterchen.

Zudem stellt sich mit einem frühen Abendessen meist auch das natürliche Hungergefühl fürs Frühstück am nächsten Morgen ein.

SCHLAFMANGEL

Sowohl schlechter als auch zu wenig Schlaf macht dick. Denn durch den fehlenden Schlaf kommt auch der Magen nicht zur Ruhe und schüttet vermehrt das Hungerhormon Ghrelin aus, das zu übermäßigem Essen anstiftet. Zudem behindert Ghrelin, wie Insulin auch, das nachtaktive Wachstumshormon. Überdies wirkt sich der Schlafmangel auch negativ auf das Bewegungsverhalten aus, da ein schläfriger Mensch keine Lust hat, sich zu bewegen.

DIE SCHLECHTEN BAKTERIEN

Die schlechten Bakterien machen dick, weil die Dickmacher ihr Überlebensfutter sind. Sie übertragen ihren Appetit und ihre Vorliebe für Zucker auf den Menschen und beeinflussen dadurch sein Ernährungsverhalten. Außerdem verdrängen sie die Bakterienart, die weniger Fett speichert und die Zellen zu vermehrter Fettverbrennung antreibt.

Aber nicht nur schlechte Bakterien, sondern auch Darmpilze brauchen vor allem Zucker, um zu gedeihen. Deshalb unterstützt eine zuckerreiche Ernährung sowohl ihr Wachstum als auch ihr Verlangen nach Zukker immer weiter. Und das ist auch der Grund, warum Übergewichtige eine andere Darmflora als Normalgewichtige besitzen: Bei ihnen sind die schlechten Bakterien und Darmpilze in der Überzahl; sie sind der Auslöser, warum sie viel zu viel Süßes und auch viel zu große Mengen stark verarbeiteter Kohlenhydrate wie riesige Spaghettiberge essen *müssen*. Den gleichen Effekt haben im übrigen Süßstoffe: auch sie verändern die Darmflora und machen dick.

Darüber hinaus setzt auch Schichtarbeit den guten Bakterien zu, denn auch sie haben ihren eigenen Biorhythmus und der ist eng an den Biorhythmus des Menschen gekoppelt, sodass sie durch das ständige Leben gegen den eigenen Rhythmus die schlechten Bakterien nicht unter Kontrolle halten können, die mit Übergewicht in Verbindung gebracht werden.

SOFTDRINKS

Softdrinks besitzen eine Menge Kalorien, und zwar so viele, dass sie leicht eine Mahlzeit ersetzen können oder ein 50-minütiges Lauftraining erfordern, um sie wieder loszuwerden. Und auch wenn sie keinen Zucker enthalten, so besitzen sie doch die nachweislich appetitfördernden und dick machenden Süßstoffe. Sie sind eine der Hauptgründe, warum vor allem immer mehr Kinder und Jugendliche übergewichtig werden.

AROMEN UND GESCHMACKSVERSTÄRKER

Gewürzmischungen und Fertigprodukte mit künstlichen Aromen und Geschmacksverstärkern wie Glutamat verstärken die Lust auf Süßes. Zudem hemmen sie die Fettverbrennung und setzen das Sättigungsgefühl außer Kraft, weil dem Gehirn die entsprechenden Signale fehlen. Letzteres ist auch ein Grund dafür, warum Restaurantköche immer öfter Glutamat verwenden. Glutamat versteckt sich hinter den Bezeichnungen *Würze, Aroma, Hefeextrakt, Nährhefe, gekörnte Brühe* und *E620* bis *E625*.

ALKOHOL

Gegen ein Glas Wein ist nichts einzuwenden, aber zu viel ist hinderlich – gerade beim Kampf gegen die störenden Pfunde.

Besonders während einer Mahlzeit, aber auch spät am Abend ist Alkohol ein echter Dickmacher, denn er bringt das Hunger- und Sättigungsgefühl durcheinander, weil er den Blutzuckerspiegel beeinflusst und dadurch den Appetit fördert. Außerdem entzieht er dem Körper Wasser und regt die Ausscheidung basischer Mineralstoffe an, die jedoch gerade zum Abnehmen dringend benötigt werden – und auch das fördert den Appetit, insbesondere auf Salziges und Fettiges.

Überdies ist Alkohol ein Zellgift und wird vom Körper als Erstes abgebaut. Hierdurch füllt er die Fettspeicher, weil die aufgenommene Nahrung erst später verdaut wird und während der Wartezeit sowohl dick machende Säuren bildet als auch dem Sättigungsgefühl im Wege steht.

KALTE GERICHTE

Kalte Gerichte begünstigen nicht nur Übergewicht, sondern verhindern auch das Abnehmen, weil sie die Verdauungsenzyme blockieren und Säuren bilden. Zudem verhindern sie hierdurch eine gute Nährstoffaufnahme und somit auch ein zufriedenes Sättigungsgefühl.

SO LASSEN SIE DIE DICKMACHER ABBLITZEN: MEINE TIPPS

Wie schaffen Sie es, Ihr Gefühl für Hunger und Sättigung wiederzufinden? Das Gefühl, das Ihnen verlässlich sagt, dass Sie passend satt sind und das die verführerischen Dickmacher einfach links liegen lässt?

AUF DEN HUNGER KOMMT ES AN

Naschen zwischendurch blockiert nicht nur den Fettabbau, sondern unterbindet auch das wichtige Signal des Hungergefühls, denn es vertreibt echten Hunger, verhindert eine zufriedene Sättigung und lässt Sie folglich immer ein wenig hungrig zurück. Besser ist es, nur dann zu essen, wenn der echte Hunger sich meldet. Und genauso wichtig ist es, nicht zu hungern. Auf diese Weise entwickeln Sie ein Gefühl für aufkommenden Hunger und wissen, ob der Hunger echt ist.

Mit teamgesunden Lebensmitteln kommt Ihr Körper leicht mit drei Mahlzeiten am Tag aus, ohne sich zwischendurch zu melden. Denn sie geben ihm alles was er braucht, sodass sich der Hunger in der Regel erst nach vier bis fünf Stunden wieder einstellt. – Es sei denn Ihr Körper hat Nachholbedarf, weil das Frühstück zu klein ausgefallen ist, der Sport eine Extraportion verlangt oder am Tag zuvor zu wenig gegessen wurde.

Bei plötzlich auftretendem unechtem Heißhunger sieht das ein wenig anders aus. Den dürfen Sie ruhig bis zur nächsten Mahlzeit vertreiben. Besonders gut besänftigt ihn ein Glas warmes Wasser – schon allein diese Maßnahme wirkt beträchtlich.

Wasser als *Magenfüller* vor oder während einer Mahlzeit zu trinken, erfüllt meist nicht den erhofften Zweck, denn es verwässert die Verdauungsenzyme und verhindert somit eine gute Nährstoffaufnahme und ein zufriedenes Sättigungsgefühl. Auch deshalb, weil es den Magen viel zu schnell wieder verlässt und eher dazu verleitet, zwischendurch zu naschen.

GÖNNEN SIE SICH GENIESSERZEITEN
Reservieren Sie Genießerzeiten für sich, in denen Sie Ihr Essen bewusst einnehmen, und pflegen Sie diese auch in Stresszeiten; das gilt auch fürs Naschen. Dann wird es Ihnen auch nicht schwerfallen, anstelle von zehn angebrochenen Keksstückchen zwischendurch nur zwei oder drei ganze Kekse zu essen – bewusst und mit Freude.

TRICKSEN SIE IHRE UNGESUNDEN ESSGEWOHNHEITEN AUS
Lebensmittel, die Sie mögen, ergeben sich aus denen, die Sie kennen und die Ihnen vertraut sind. Auch wenn Ihnen ungesunde Essgewohnheiten ans Herz gewachsen sind, lassen sie sich mit der richtigen Strategie nachhaltig ändern. Das klappt zwar nicht von heute auf morgen, ist jedoch mit einer kleinen Warmlaufphase gut zu erreichen – und zwar dann, wenn Sie den Gewöhnungsfaktor für sich nutzen: Das, was Sie häufig essen, schmeckt Ihnen am Ende auch am besten.

Eine geschickte Möglichkeit, sich mit teamgesunden Lebensmitteln anzufreunden ist diese bewusst in positiven Situationen mit Ihren Favoriten zu kombinieren. Das können Vollkornspaghetti sein, die Sie mit Ihrem Lieblingspesto essen, oder eine mit frischen Sprossen oder bitterem Rucola veredelte Tiefkühlpizza. Zugleich bietet Ihnen diese Warmlaufphase eine gewisse Unbeschwertheit, nicht allzu streng mit sich zu sein und sich nicht zu viel von der eigenen Freiheit zu nehmen.

Oft genügen schon kleine Anregungen, um ungesunde Essgewohnheiten abzulegen, neue Vorlieben zu entdecken und nur das zu essen, was Ihnen auch guttut. Fragen Sie sich einfach:
- Was meine ich zu brauchen und was braucht mein Körper wirklich?
- Worauf habe ich Appetit?
- Welche Lebensmittel locken mich an oder an welche möchte ich mich nun doch heranwagen?

LASSEN SIE SICH INSPIRIEREN

Lenken Sie schon beim Einkauf Ihre Aufmerksamkeit auf unbekannte Produkte. Was weckt Ihre Neugierde und welche Lebensmittel inspirieren Sie zu neuen Gerichten? Vielleicht ist es ja der Kokosblütenzucker, das Kokosöl oder die anderen Produkte aus der Kokosnuss. Auch Nüsse, Samen, Kerne und Trockenfrüchte lassen sich gern erobern. Sie passen gut zu Salaten und Gemüsegerichten sowie ins Müsli.

Chia-Samen zum Beispiel bereichern jedes Müsli und machen lange satt. Über Nacht in Getreide- oder Mandelmilch eingeweicht, lassen sie sich morgens einfach dem Müsli zugeben. Darüber hinaus können die glutenfreien Scheingetreidesorten viele Gerichte verfeinern. Die kleinen Körner lieben die Verwandlung und lassen sich gerne in Bratlingen und Pfannengerichten wiederfinden. Und genauso gerne lassen sie sich anrösten und puffen, um als ein krosses Topping zu dienen. Und haben diese kleinen Kraftpakete erst einmal einen festen Platz in Ihrer Küche eingenommen, wächst auch die Versuchung, neue Rezepte auszuprobieren. Am besten platzieren Sie sie gut sichtbar und in Reichweite, so lassen Sie sich schneller inspirieren und wissen schon bald, zu welchen Gerichten sie Ihnen am besten schmecken. Für ihre Aufbewahrung verwenden Sie am besten blickdichte Gefäße, wie solche aus Porzellan. Dann bleiben sie vor Licht gut geschützt.

Und für unterwegs und ein vollgepacktes (Arbeits-)Leben: Lassen Sie sich von den abgepackten *gesunden* Kleinigkeiten nicht hinters Licht führen. Selbst auch die auf den ersten Blick gesund aussehenden Müsliriegel oder Fertigsalate besitzen häufig überraschend hohe Mengen an schlechten Zucker und Fetten. Selbst gemachter Proviant ist zwar etwas aufwendiger als fertig gekaufter, aber mit etwas Routine sind klein geschnittenes Gemüse, Sprossen, Trockenfrüchte, Nüsse, Feta- oder Avocado-Dip schnell verstaut. In mehrteiligen Lunchboxen findet jede Zutat leicht ihr eigenes Fach und ist zudem der richtige Mitmischer, um Ihre Mahlzeiten aufzupeppen. Warme Gerichte wie Suppen lassen sich gut in einer Thermoskanne transportieren.

Ganz und gar unkompliziert ist der *Overnight-Brei* mit seinen vielen Variationsmöglichkeiten. Diese neue Müslivariante hat mit dem einstigen Haferschleim nichts mehr gemein und ist natürlich auch mit anderen Getreideflocken möglich. Für die Zubereitung lassen Sie die Flocken mit der doppelten Menge Wasser im passenden Behältnis wie zum Beispiel einem Schraubglas über Nacht einweichen. Dann werden sie schön cremig und beanspruchen am Morgen keine weitere Zeit. Mögen Sie lieber Milch, greifen Sie zu naturbelassener Kuhmilch, Ziegen- oder Schafsmilch. Aber auch die pflanzlichen Drinks aus Getreide oder Nüssen sind eine gute Wahl. Diesen Grundmix können Sie mit den verschiedensten Zutaten immer wieder neu kreieren. Mit Zimt, Vanille, Baobab- oder Macapulver, Kokosflocken oder Kokosmus, teamgesundem Zucker, Kakaonibs, Nussmusen oder ganzen Nüssen sowie frischen oder getrockneten Früchten ist er in jedem Fall ein teamgesunder und köstlicher Sattmacher. Und sollten Sie keine getrockneten Früchte vertragen, weichen Sie sie einfach zusammen mit den Flocken ein. Und wenn Sie die Möglichkeit haben, ihn in den Ofen zu schieben, schmeckt er schon allein mit Kokosöl, guter Butter oder Ghee und einer guten Prise Natursalz umwerfend gut.

Darüber hinaus sind Sie auch mit Müsliriegeln, Keksen und anderen Leckereien aus dem Bio-Regal bestens versorgt oder Sie kreieren Ihre eigene Superfood-Mischung. Besonders einfach ist es, wenn Sie diese gleich auf Vorrat portionieren. Auch hierfür eignet sich die ganze Vielfalt an Nüssen, Kernen und Trockenfrüchten hervorragend. Und natürlich ist auch das Stück Obst die ideale Verpflegung für unterwegs.

NUTZEN SIE DIE INTELLIGENTEN NÄHRSTOFFE

Die kleinen und großen Superfoods wie Trockenfrüchte, Nüsse, teamgesunde Öle sowie bittere Pflanzen, Maca & Co. verfügen über die Nährstoffe, die den Dickmachern die kalte Schulter zeigen; Nährstoffe wie Vitamin C, Magnesium, gute Fette und Eiweiß. Gerade diese wirken den entzündungsfördernden Eigenschaften des weißen Körperfetts entgegen, bringen Ihren Stoffwechsel auf Trab und hemmen die Hormone, die Sie zum Essen animieren.

- **Vitamin C und Magnesium**
  Vitamin C heizt die Fettverbrennung an, aber nur dann, wenn Magnesium mit im Spiel ist. Überhaupt wirkt Magnesium als *Salz der inneren Ruhe* nicht nur gegen Stress und hilft beim Knochenaufbau, sondern ist gerade beim Abnehmen ein wahres Multitalent. Es unterstützt den Muskelaufbau und hilft dem Insulin, die Glukose in die Zellen zu schleusen, und trägt somit zu einer insulinfreien Zeit in den Essenspausen bei. Außerdem besitzt Magnesium ein deutlich entzündungshemmendes Potenzial und bekämpft so wirksam den gefährlichen Bauchspeck.

- **Gute Fette**
  Zwar gelten Fette nicht als typische Schlankmacher, aber die Omega-3-Fettsäuren aus Leinöl & Co. sowie die MCTs aus Kokosöl lassen den Bauchspeck ebenso schmelzen (vorausgesetzt, dass Sie ihren täglichen Bedarf nicht überschreiten), vor allem dann, wenn beide gleichzeitig fungieren können. Denn dieses Zusammenwirken verhindert, dass sich lästige Pfunde ansammeln, hilft der Fettverbrennung auf die Sprünge und beugt dem Muskelabbau vor. Und in Verbindung mit Bewegung lässt sich diese Wirkung noch verstärken.
  Außerdem sind beide Fette natürliche Sattmacher, ob im Müsli oder als Zugabe zu Gemüsegerichten. Auch ein Löffel Kokosmus sättigt gut. Es kann aufkommenden Heißhunger schnell vertreiben und die Lust auf Süßes leicht und lecker wettmachen.

- **Eiweiß**
  Ebenso ist der Langzeitsattmacher Eiweiß sowohl für eine effektive Fettverbrennung als auch für den Aufbau und Erhalt der Muskulatur wichtig. Neben den eiweißreichen Lebensmitteln können Sie mit spe-

ziellen Eiweißpulvern Ihren Bedarf sicher und schnell decken. Gerade wenn Sie unliebsame Pölsterchen loswerden möchten und sportlich aktiv sind, sind sie mit ihren leichtverfügbaren Aminosäuren die richtigen Helfer und können Defizite leicht ausgleichen. Greifen Sie lieber zu den pflanzlichen Varianten, denn tierisches Eiweiß bildet besonders viele Säuren und steht somit dem Team und Ihrem Abnehmwunsch im Wege. Gute Quellen sind Reis-, Mandel-, Hanf- oder Lupineneiweiß. Lupineneiweiß ist das Einzige, das basisch wirkt. Und mit einem Löffel vom teamgesunden Zucker und omega-3-reichem Öl steht auch dem Glück und den starken Nerven nichts mehr im Weg.

Außerdem ist dieser Mix gerade am frühen Abend perfekt dazu geeignet, die Fettverbrennung während der Nacht sicherzustellen, denn gegenüber den Kohlenhydraten wird das Wachstumshormon vom Eiweiß nicht gestört, sondern sogar von ihm unterstützt.

PFLEGEN SIE IHRE FIGURBEWUSSTEN BAKTERIEN

Wie die schlechten Bakterien Sie zu den Dickmachern führen, legen die guten Bakterien ihren Fokus auf die Schlankmacher. Sie sagen Ihnen, was für Sie gut ist und wann es Zeit ist, mit dem Essen aufzuhören, denn sie führen Sie zu den satt machenden Lebensmitteln, die Ihrem Körper das sichere Gefühl geben, dass er alles hat, was er braucht, um sich rundum wohl zu fühlen.

Mit einer Darmreinigung und einem Probiotikum können Sie die Anzahl der figurbewussten Bakterien in Ihrem Darm ganz einfach erhöhen, sicher abnehmen und Ihr Gewicht auch bleibend halten. Denn warum sollte sich Ihr Appetit noch an die Dickmacher richten, wenn Ihre Darmflora wie die eines schlanken Menschen ist?

Schon 24 Stunden nachdem Sie neue Nahrungsmittel essen, verändert sich die Zusammensetzung Ihrer Darmflora messbar und je länger Sie am Ball bleiben, desto besser können sich die figurbewussten Bakterien etablieren und Vorlieben für teamgesunde Lebensmittel entwickeln. Und bereits nach rund 8–10 Wochen werden auch Ihre Stimmung und Ihr Gewicht davon beeinflusst.

UND ZU GUTER LETZT:

- **Geben Sie sich Zeit**
Unliebsame Fettpölsterchen lassen sich am einfachsten loswerden, wenn Sie sich ausreichend Zeit geben. Dann setzen Sie sich nicht unter Druck und können langsam mit den teamgesunden Lebensmitteln Freundschaft schließen.
Ideal ist es, wenn Sie pro Woche ein halbes Kilo Fett verlieren. Das entspricht im Durchschnitt 1600 bis 2000 Kalorien am Tag und ist davon abhängig, wie groß Sie sind und wie viel Sie sich bewegen. Demnach würde der Gewichtsverlust in den ersten drei Monaten ungefähr sechs Kilo betragen.
Am besten ist es, wenn Sie sich ein Kilo nach dem anderen vornehmen. Auch den täglichen Schritt auf die Waage sollten Sie nicht zu ernst nehmen. Er ist überflüssig und gefährdet nur Ihre Motivation. Überhaupt sollten Sie sich nicht zu sehr auf die Waage verlassen, denn durch sportliche Bewegung tauschen Sie überflüssiges Fettgewebe in kalorienverwertende Muskelmasse ein und die ist schwerer. Weitaus besser ist es, wenn Sie einen Blick in den Spiegel werfen und feststellen, wie sich Ihre Figur verändert.

- **Reservieren Sie sich Freiräume**
Schalten Sie einfach mal ab und reservieren Sie sich Freiräume, die nur Ihnen gehören. Denn solange Sie in der Tretmühle Ihrer Aufgaben und Pflichten stecken, werden auch Ihre Gedanken damit verhaftet sein.
Selbst wenn Sie zu den Menschen gehören, die sich an den Zustand des andauernden Drucks gewöhnt haben, kann Ihr Körper nur abseits der Arbeit den Mantel der Hektik ablegen, die Stresshormone abbauen

und Ihnen sagen, ob er hungrig oder satt ist. Und auch Ihr Coach bekommt dann die Ruhe, die er braucht, denn Stress und Ärger blockieren auch ihn und dann fällt es ihm schwer, Ihre Bedürfnisse wahrzunehmen. Sind Sie ruhig und ausgeglichen, kann auch er eine Atempause einlegen, eine Ist-Aufnahme machen und Ihnen gleich viel leichter helfen.

Bereits kleine Freiräume zwischendurch ermöglichen es Ihnen, sich selbst wieder ein wenig näher zu kommen. Freiräume, in denen Sie einfach mal nichts tun, außer Ruhe und Energie zu tanken. Oft reicht es schon aus, das Fenster für ein paar Minuten zu öffnen und tief Luft zu holen. Auch mit Dehnübungen können Sie Abstand gewinnen und Sauerstoff tanken. Oder Sie entspannen für eine Weile mit Ihrer Lieblingsmusik. Das gelingt auch mit Smartphone und Kopfhörer am Arbeitsplatz ganz gut.

Darüber hinaus sollten Sie sich zwei- bis dreimal in der Woche auch größere Freiräume gönnen. Gerade diese sind es, die Sie und Ihr Coach brauchen, sei es Yoga, Massage oder Bewegung. Insbesondere Bewegung hilft Ihnen, Ihre Bedürfnisse zu erspüren, denn sie übt eine Schlüsselfunktion aus und reguliert ihren persönlichen Bedarf – nicht nur an Kalorien, sondern auch an den richtigen Lebensmitteln.

EINFACH FINDEN IM BEWEGEN

Bewegung stillt ein evolutionäres Grundbedürfnis. Sie liegt in Ihren Genen und den Genen Ihres Coaches. Sie ist das Rüstzeug, das Sie fit und lebendig hält – körperlich und geistig. Sie unterstützt Sie beim Abnehmen – nicht nur durch eine effektive Fettverbrennung, sondern auch weil sie Ihnen hilft, das Gefühl für Hunger und Sättigung wiederzufinden.

Bewegung macht es Ihnen leicht, Ihren Körper besser zu verstehen, die teamgesunden Lebensmittel zu Ihren Favoriten zu erklären und den Genuss am Leben einzufordern. Denn ist Ihr Körper in Bewegung und gelassen, fühlt er sich erfrischt und glücklich und sendet die Botschaften aus, die Ihnen helfen, seine Reaktionen einzuordnen.

Früher war Bewegung normal und nichts Besonderes. Der Mensch lief täglich lange Strecken über mehrere Stunden. Laufen gehörte dazu und sicherte das Überleben, auf der Jagd und auf der Flucht. Der Drang sich zu bewegen ist bei vielen Menschen heute verschwunden. Er ist nur noch bei kleinen Kindern zu entdecken, die spontan einfach loslaufen.

Heute braucht der Mensch das Laufen nicht mehr, zu welchem Zweck auch immer. Heute ist er nicht mehr auf der Flucht, sondern am Schreibtisch gefangen. Dabei ist sein körperlicher Aufbau mit all seinen Funktionen und Bedürfnissen noch immer der eines Läufers und es wäre gut, die durch Stress und Ärger angestaute Energie loszuwerden. Angestaute Energien machen nicht nur dick und krank, rauben wertvolle Nährstoffe und Lebenszeit, sondern versperren auch den Weg zu den ganz persönlichen Bedürfnissen.

WAS BEWEGUNG ALLES KANN

BEWEGUNG VERTREIBT DIE STRESSHORMONE

Bewegung ist, wie eine teamgesunde Ernährung auch, eine Medizin, die erwiesenermaßen gesund hält und die Alterung verlangsamt. Kein Medikament kann innere Unruhe, aufgestaute Aggressionen und belastende Stresshormone besser abbauen.

BEWEGUNG LÄUFT VIELEN KRANKHEITEN DAVON

Bewegung kann Krankheiten wie Herzinfarkt, Bluthochdruck, Schlaganfall und Fettstoffwechselstörungen davonlaufen. Auch gegen Diabetes ist sie das richtige Mittel, denn sie wirkt besser als jede Diät, weil sie die Körperzellen sensibler für Insulin macht und dies zu einer verbesserten Glukoseverwertung führt. Zudem trägt sie auch zum Osteoporoseschutz bei, da sie die körpereigene Mineralisierung der Knochen aktiviert.

BEWEGUNG UNTERSTÜTZT DAS TEAM

Bewegung steigert die Lebendigkeit und Lebensqualität, denn sie führt zu einer besseren Durchblutung von Muskeln und Organen, sodass die Zellen vermehrt mit wichtigen Nährstoffen und Sauerstoff versorgt sowie von Schlackenstoffen befreit werden können. Bewegung erleichtert Dans Verdauungsarbeit und hilft Lynn bei der Entgiftung. Auch Sebastians Leben wird durch Bewegung erleichtert, weil die lästigen Säuren nicht nur über die Nieren, sondern auch über die Atemluft und den Schweiß ausgeschieden werden können.

BEWEGUNG STÄRKT MUSKELN UND GELENKE

Bewegung fördert die Beweglichkeit, stärkt Muskeln, Bänder, Sehnen, Knochen und Gelenke und führt zu einer guten Körperhaltung. Durch den

Muskelaufbau werden Knochen und Gelenke stabilisiert, Gelenkproblemen und Rückenbeschwerden wird vorgebeugt.

BEWEGUNG INSPIRIERT

Bewegung bringt gute Gedanken hervor und inspiriert, denn der Atemrhythmus wirkt nicht nur auf den Stoffwechsel, sondern auch auf das Gehirn, sodass es mit der Rückenmarksflüssigkeit umspült wird. Dieses Zusammenspiel ermöglicht es, in eine rhythmische Mitte des Denkens zu kommen, und erklärt auch, warum Ausdauersportler leichter zu klaren Gedanken und guten Lösungen gelangen.

BEWEGUNG MACHT SCHLAU

Bewegung entwickelt geistiges Potenzial, denn eine moderate Bewegung steigert die Gehirndurchblutung in dem Maße, dass sie die Bildung neuer Blutgefäße und Nervenzellverbindungen angeregt. Hierdurch entstehen sogenannte *Querverbindungen*, die das Zusammenspiel von linker (rationaler) und rechter (emotionaler) Gehirnhälfte fördern. Zudem sinkt das Risiko, an Demenz zu erkranken.

BEWEGUNG MACHT GLÜCKLICH

Bewegung fördert die innere Stabilität und lässt Sie einen neuen Rhythmus finden, welcher zu geistiger Ruhe und positiver Lebenseinstellung führt. Denn mit Bewegung gelingt es Tryptophan gleich viel leichter, das Gehirn zu erreichen und für Serotonin-Glück zu sorgen.

Hinzu kommt das gute Gefühl, den inneren Schweinehund besiegt zu haben. Dieser Effekt spiegelt sich auch in anderen Lebensbereichen wider und stärkt das Selbstvertrauen, auch andere Herausforderungen mit Zuversicht meistern zu können.

BEWEGUNG ENTSPANNT

Bewegung löst muskuläre Verspannungen und wirkt ausgleichend auf Herz und Kreislauf, denn eine moderate Bewegung führt nach einiger Zeit sowohl zu einer tieferen und langsameren Atmung als auch zu einem langsameren und kräftigeren Herzschlag und somit zu einer Senkung des Belastungs- und Ruhepulses.

BEWEGUNG FÖRDERT DEN SCHLAF

Bewegung verhilft zu einem besseren Schlaf und löst Ängste, Schritt für Schritt, nachhaltig und gesund.

BEWEGUNG UNTERSTÜTZT DAS ABNEHMEN

Bewegung beugt Übergewicht vor und unterstützt das Abnehmen. Nicht nur, weil sie den täglichen Kalorienbedarf erhöht, sondern auch, weil sie den Fettabbau auf Touren bringt. Denn bewegen sich die Muskeln, werden die Enzyme in den Muskeln aktiviert, die für die Fettverbrennung zuständig sind.

Darüber hinaus ist Bewegung auch in der Lage, das weiße Körperfett in fettverbrennendes braunes umzuwandeln.

Und letztendlich reguliert Bewegung auch den Appetit, da sie die Serotoninproduktion vorantreibt.

WIE SICH DER INNERE SCHWEINEHUND VERTREIBEN LÄSST UND WAS SONST NOCH ZÄHLT: MEINE TIPPS

Wenngleich sich meine Tipps auf das Laufen beziehen, so lassen sie sich genauso gut fürs Radfahren, Nordic Walking, Walking oder für flotte Spaziergänge anwenden. Auch Schwimmen gehört zu den gesunden Ausdauersportarten, nur fehlt Ihnen hierbei all das, was die Natur Ihnen bietet, denn Sie sind beides: Bewegungsmensch und Naturmensch. Und nur die Natur mit ihrer

Weite kann Ihnen den Raum geben, den Sie brauchen. Sie gibt Ihnen Ruhe und Freiheit für Ihre Gedanken und verstärkt den Effekt, gute Lösungen zu finden, weil sie das Zusammenwirken von Bewegung und Atmung unterstützt. In der Natur ist niemand, der Sie drängt und hetzt, hier können Sie sich Ihren Freiraum immer ein wenig mehr *eratmen*, sich von Ballast befreien und Frische tanken.

Und nicht zuletzt kann die Natur auch Ihr Immunsystem stärken. Hierbei sind es sind die eigentümlich duftenden Pflanzen des Waldes, die sich mit ihren ätherischen Ölen vor Schädlingen schützen und auch Ihre Abwehrkräfte mobilisieren. Sie wirken wie kleine Superfoods, die Sie über die Atmung aufnehmen. Diesen Schutz können Sie bei jeder Ihrer Runden mit nach Hause nehmen; er hält sieben Tage an.

Im Übrigen bestätigen mehrere japanische Studien die Effekte des sogenannten *Waldbadens* oder *Shinrin-yoku*. In Japan wird es seit 1982 als Teil eines gesunden Lebensstils gepriesen und ist als Therapie sowohl dort als auch in den USA anerkannt.

IHR INNERER SCHWEINEHUND HAT VIELE VERBÜNDETE

Der wohl größte Bewegungsgegner ist Ihr *innerer Schweinehund*, denn er hat viele Verbündete, die er zielsicher und überzeugend einsetzt: sei es das gemütliche Sofa, Regen oder das noch nicht gewaschene Laufshirt. Besonderes nach einem arbeitsreichen Tag hat er ein leichtes Spiel, Sie zum gemütlichen Sofaabend zu überreden, obwohl gerade dann eine Runde durch den Wald genau das richtige Mittel wäre, um negative Energien loszuwerden und aus dem Gedankenstrudel wieder herauszufinden.

Auch Ihr innerer Schweinehund ist ein Geschöpf der Evolution. Dass er so bewegungsfaul ist, hat Energiespar-Gründe, denn früher gab es Nahrung nicht an jeder Ecke, sodass der Mensch jede Gelegenheit wahrnahm, Notpölsterchen für schlechte Zeiten anzulegen. Grundlos loszulaufen und diese zu gefährden, wäre also lebensmüde gewesen.

Allerdings hat Ihr innerer Schweinehund auch seine Schwachstellen. Insbesondere Wohlgefühl, Motivation und Spaß machen ihm zu schaffen und lassen ihn schnell das Weite suchen. Doch wie wird ein Bewegungsmuffel zu einem motivierten Läufer, der mit Spaß und Wohlgefühl seine Runden dreht? – Mit dem Gewöhnungsfaktor. Was bei den ungesunden Essgewohnheiten funktioniert, funktioniert auch beim Sport: Je regelmäßiger Sie laufen, umso weniger Überwindung kostet es Sie und umso spürbarer wird das Bedürfnis, sich zu bewegen

Diese Dinge sollten in der Anfangszeit beherzigen:

- **Reservieren Sie sich Ihre Sportzeit**
  Planen Sie Ihre Lauftermine fest ein und nehmen sie diese genauso wichtig, wie alle anderen Termine auch. Denn eine nicht reservierte Sportzeit birgt Gefahren: Ihr innerer Schweinehund ist wachsam und nutzt jede Gelegenheit, Ihnen das Training schlecht zu reden und die Zeit lieber für etwas anderes zu verwenden.

- **Lassen Sie sich auf keine Diskussionen ein**
  Auch Diskussionen mit Ihrem inneren Schweinehund bergen Gefahren und lassen sie womöglich immer wieder von vorne anfangen. Verführungen gehen Sie am besten aus dem Weg, wenn Sie gleich nach der Arbeit loslaufen, bevor Sie zu Hause die Füße hochlegen. Anschließend sind Sie auf jeden Fall glücklich und zufrieden und für das nächste Training motiviert genug, kontinuierlich dabei zu bleiben.

WOHLFÜHLTRAINING

Wo liegt die Grenze zwischen einem Training, das Ihrem Körper schadet, und einem Training, das Sie fit und glücklich macht? Viele Faktoren fließen hier ein und Alter, Gesundheits- und Trainingszustand sowie Dauer und Intensität gehören auf jeden Fall dazu.

Klar ist, dass mehrmaliges überhöhtes Training in der Woche den Körper stark stresst, weil es das Immunsystem beeinträchtigt und somit die Infektanfälligkeit erhöht. Zugleich erfordert es erheblich längere Regenerationszeiten.

Die besten gesundheitlichen Effekte erzielen Sie, wenn Sie durch Sport pro Woche 1500 bis 2000 Kalorien verbrauchen. Das entspricht in etwa jeden zweiten Tag 45 Minuten oder jeden Tag eine halbe Stunde. Solch ein Training überfordert Sie nicht, macht Spaß und ist das Rüstzeug, mit dem sich auch Ihr Coach wohlfühlt. Er ist lieber langsam und locker unterwegs.

- **Langsam und locker stimmt ein**
Starten Sie zu Anfang langsam und steigern Sie das Training nur allmählich über viele Wochen und Monate. Der Trick liegt in einer unmerklichen Steigerung. Sie gibt Ihnen Zeit, sich mit dem Sport anzufreunden, beugt schlechtem Gewissen und Überlastungen vor und lockt Ihren verschwundenen Bewegungsdrang von ganz allein wieder hervor.

Somit lautet das anfängliche Ziel dreimal 15 Minuten pro Woche, wobei Sie zunächst nicht schneller als ein zügiges Gehtempo laufen sollten. Zudem sind auch zweiminütige Gehpausen möglich, die Sie dann einlegen sollten, wenn die Belastung zu hoch wird. Mit diesem Mix aus Laufen und Gehen machen Sie schnell Fortschritte und überfordern sich nicht.

Ein guter Anhaltspunkt ist ein Tempo, bei dem Sie sich noch problemlos unterhalten könnten und das Ihnen das Gefühl gibt, dass Sie noch über Reserven verfügen. Dieses Tempo setzt Ihren Körper nicht übermäßig unter Stress, verändert die Stoffwechselabläufe positiv und stärkt Ihre Gesundheit. Und nur in diesem Tempo besitzen Sie auch die Muße, die Natur zu genießen und Ihre Gedanken schweifen zu lassen.

Steigern Sie Ihr Training immer nur so weit, dass Sie auch weiterhin ohne Atemnot laufen und sich bei einer längeren Belastung genauso wohl fühlen wie zuvor bei der kürzeren. Diese stufenweise Anpassung ist ideal und führt dazu, dass Sie nach ungefähr vier bis fünf Wochen 25–30 Minuten in einem Stück durchlaufen können. Und nach ungefähr drei Monaten werden Sie an den Punkt kommen, an dem Sie auch 45–60 Minuten durchlaufen können.

- **Langsam und locker macht schnell**

  Mit der Zeit werden Sie so gut trainiert sein, dass Ihnen das Laufen immer leichter fällt und dann können Sie es auch ein wenig schneller angehen lassen, und zwar so schnell, dass Sie sich etwas mehr gefordert, aber trotzdem noch wohl fühlen. Durch diese langsame Tempoerhöhung werden Sie feststellen, dass Sie auch in einem etwas schnelleren Tempo Ihren gewohnten Atemrhythmus beibehalten können und sich Ihre Laufstrecke bei gleicher Trainingsdauer verlängert.

- **Langsam und locker motiviert**

  Geben Sie Ihrem Körper immer wieder die Gelegenheit, sich auf die nächste Belastung einzustellen, und gönnen Sie ihm eine Pause. Wenn Sie zu Anfang jeden zweiten oder dritten Tag laufen, ist das ideal, denn Muskeln, Knochen, Sehnen und Bänder sowie Herz und Stoffwechsel können sich nur in der Pause anpassen und besser werden.

  Mit dem Training setzen Sie einen Belastungsreiz, den Ihr Körper nicht sofort verarbeiten kann. Dieser schwingt als Restermüdung nach und ist gewollt und normal, weil er sich dabei auf das erforderliche Belastungsmaß einstellt, um für die nächste Einheit gut gerüstet zu sein. Bei unzureichenden Erholungszeiträumen ermüdet er jedoch vorzeitig, da er sich mehr mit der Überwindung der Restermüdung als mit der Verarbeitung der Trainingsreize auseinandersetzt. Und dann bleibt auch die Lust auf Bewegung aus, weil dann ganz einfach die psychische Leistungsbereitschaft fehlt.

  Ob Sie später in diesem Rhythmus bleiben oder täglich laufen möchten, liegt dann ganz bei Ihnen. Oft ist dann nicht die Zeit entscheidend, die *geopfert* werden muss, sondern eher die Belastbarkeit.

KLEINE MUSKELKUNDE

NICHT NUR MUSKELN BRAUCHEN BEWEGUNG

Nicht nur Muskeln, sondern auch deren Faszien brauchen Bewegung und wollen in alle Richtungen gestreckt werden.

Faszien kennen Sie bereits. Sie sind das Bindegewebe, das Organe, Knochen, Sehnen, Gefäße, Nerven und auch die Muskeln umhüllt und das von Sebastian und Lynn für ihre Aufgaben gebraucht werden, ob nun als Lagerplatz für lästige Stoffwechselschlacken oder als Übergabebereich für die Versorgung und Entsorgung der Zellen.

Doch nicht nur der Muskel als solcher wird von einer Faszie umhüllt, sondern auch jeder Muskelstrang und jede Muskelfaser. Und das ist wichtig: Nur so können sie aneinander vorbeigleiten und beweglich bleiben. Denn auch dies ist eine Funktion der Faszien: für die Beweglichkeit der Muskeln zu sorgen.

Zudem fungieren Faszien auch als Sinnesorgan. Sie sind sozusagen die Außenposten des Nervensystems, da sie die größte Anzahl an Rezeptoren und Nervenzellen besitzen und das Gehirn über jede Bewegung und Veränderung informieren.

Bei Stress, Bewegungsmangel und zu starken oder ungünstigen Muskelbeanspruchungen ziehen sich die Faszien zusammen. Sie werden kürzer und verkleben. Der Grund liegt bei Lynn, weil ihre Lymphe infolge der verkürzen Faszien nicht mehr richtig fließen kann und sich staut, sodass spezielle Stoffe aktiviert werden, die ansonsten der Blutgerinnung dienen. Diese Stoffe sind körpereigene Klebstoffe, die fehlendes Gewebe reparieren und ersetzen; allerdings durch festes und funktionsloses Gewebe. Dadurch verlieren die Faszien ihre Elastizität. Sie werden starr und unbeweglich und somit verlieren auch die Muskeln ihre Beweglichkeit. Aber auch der Bewegungsspielraum der Gelenke wird stark einschränkt.

Verklebte Faszien machen sich meistens durch dauerhafte Muskelschmerzen im Rücken-, Schulter- und Nackenbereich sowie Kopfschmerzen bemerkbar. Zudem steigt auch das Verletzungsrisiko. Insbesondere abrupte Abbremsbewegungen können dann leicht zu Muskelfaserrissen führen. Darüber hinaus können Verspannungen und Unbeweglichkeiten auch auf andere Körperteile übertragen werden, da die Faszien aufgrund ihrer Vernetzung mit diesen in Verbindung stehen.

Spezielle Faszien-Trainings geben den Muskeln und Gelenken ihre Beweglichkeit wieder. Solche Trainings werden mittlerweile von vielen Fitnessstudios angeboten. Sie bestehen aus speziellen Dehnübungen und machen die Faszien wieder elastisch. Einen ähnlichen Effekt haben Faszien-Rollen. Auch mit diesen Massagegeräten können leichte Verklebungen gelöst und die Beweglichkeit gefördert werden. Hierbei reichen schon 5 Minuten täglich aus, denn nach dieser Zeit schalten die Zellen der Faszien ab und sprechen auf die Behandlung nicht weiter an. Die Handhabung dieser Geräte ist einfach, nur sollten Sie sich diese von jemand erklären lassen, der Erfahrung damit hat. Und auch dauerhafte Muskelschmerzen gehören in die Hände eines Spezialisten.

WAS MUSKELN AUSBREMST

Muskelkater

Muskelkater ist am ersten Tag, wenn überhaupt, nur leicht spürbar, doch am zweiten oder dritten Tag folgt dann meist die Antwort auf ein ungewohntes Training – ein Training, das die Muskeln in einer für sie unbekannten Weise gefordert hat, wie zum Beispiel ein Bergtraining mit vielen Bergabläufen oder ein zu intensiver Start in eine neue Sportart.

Was sich genau hinter dem Muskelkater verbirgt, ist noch nicht ganz klar. Nach heutigem Stand der Dinge wird vermutet, dass er sich durch kleinste Risse in den Muskelfaserstrukturen bemerkbar macht. Der zeitverzögerte Schmerz entsteht durch die erst 12–24 Stunden später beginnende Ausleitung der Entzündungsstoffe, wenn diese die außen liegenden Faszien erreichen, da sich im Muskelgewebe selbst keine Schmerzrezeptoren befinden. Für die Ableitung dieser Entzündungsstoffe ist dann Lynn zuständig

Bei schwerem Muskelkater sollten Sie auf jeden Fall eine Pause einlegen und erst dann fortfahren, wenn Sie zwei Tage schmerzfrei sind. Bei leichtem Muskelkater können Sie in geringer Intensität weiter trainieren. Besonders hilfreich sind leichtes Radfahren oder Schwimmen, da hierbei andere Muskeln eingesetzt und durchblutet werden, die Lynns Arbeit unterstützen. Wärme, antioxidative Superfoods, Omega-3-Fettsäuren und eiweißreiche Nahrung, auch in Form von Eiweißpulvern, fördern die Regeneration. Zudem sind auch homöopathische Mittel wie Arnika-Globuli oder Arnikasalbe nützliche Helfer, die den Heilungsprozess beschleunigen. Darüber hinaus können Sie die entzündungshemmenden Eigenschaften des Ingwers nutzen. Wenn sie ihn regelmäßig in Ihren Speiseplan aufnehmen, ist er nicht nur das ideale Mittel, um Dans Gesundheit zu stärken, sondern auch, um die Auswirkungen eines Muskelkaters deutlich zu reduzieren. Aber auch andere Muskelschmerzen und -beschwerden kann er spürbar lindern.

Dehnübungen und kräftige Massagen sind bei Muskelkater kontraproduktiv, weil sie die überforderte Muskulatur nur irritieren würden. Leichte Massagen, die die Entzündungsstoffe flächig ausstreichen, sind hingegen hilfreich.

Muskelübersäuerung

Früher wurde angenommen, dass Muskeln dann übersäuern, wenn ihre Belastung eine Schwelle erreicht, bei der vermehrt *Lactat* gebildet wird. Lactat ist das Salz der Milchsäure und, wie der Name schon sagt, eine Säure, die Sebastian belastet.

Diese Annahme ist heute umstritten. Eher scheint es an Sebastians allgemeinem Gesundheitszustand zu liegen, wie schnell der pH-Wert bei körperlicher Anstrengung in den sauren Bereich absinkt. Deshalb kristallisieren sich die Folgen einer Übersäuerung bei einem Sportler besonders schnell heraus. Insbesondere wiederkehrende Infekte und Ermüdungsbrüche zählen hierzu, aber auch muskuläre Verspannungen und längere Regenerationszeiten. Denn durch die Übersäuerung haben die Muskeln ihre körpereigene Dämpfung einbüßen müssen, da die Faszien ihre Fähigkeit verloren haben, Wasser zu speichern. Somit fehlt ihnen auch ihre Elastizität und das spüren die Muskeln bei jedem Laufschritt.

Auch ein übersäuerter Muskel freut sich über leichte Bewegung in einer anderen Sportart, denn auch er erfährt hierbei eine Entlastung, weil nun andere Muskeln arbeiten und verstärkt durchblutet werden, die nun Sebastians Arbeit unterstützen.

Zudem sind Basenbäder eine willkommene Hilfe. Nicht nur für sportgeplagte Muskeln, sondern ebenso für ein stark beanspruchtes Team im Allgemeinen. Schon früher reisten die Menschen quer durch die Lande, um in heißen Mineralquellen ein heilsames und entspannendes Bad zu nehmen, das von schmerzenden Muskeln und Gelenken sowie von Stress befreit. Basenbäder bestehen aus basischen Mineralsalzen. Sie regen die Haut zur Ausscheidung der Säuren an, die dann gleich im Badewasser neutralisiert werden. Vor allem das neunmal gebrannte Bambussalz leistet hier vortreffliche Arbeit. Zudem ist es auch als Bestandteil im Körperöl eine Wohltat. Hier sind drei Salzkörner auf 100 ml Mandelöl genau passend. Leiden Sie an Diabetes oder Bluthochdruck, sollten Sie sich vorher mit Ihrem Arzt besprechen. Er wird Ihnen womöglich eine kürzere Badezeit und eine niedrigere Badetemperatur empfehlen.

Auch können Sie mit Magnesium-Öl Ihren Muskeln etwas Gutes tun. Vor dem Sport kann es die Auswirkungen eines Muskelkaters oder einer Muskelübersäuerung abschwächen und nach dem Sport lockert es die Muskulatur und fördert die Regeneration. Seine schnelle Wirkung wird durch seine hundertprozentige Aufnahme über die Haut erreicht und versorgt durch das gezielte Auftragen genau die Muskeln, die es gebrauchen können. Das Öl hinterlässt einen Film auf der Haut. Sollte Sie dieser stören, was vermutlich der Fall ist, können Sie das Öl nach 20 Minuten abwaschen. Auch ein gelegentliches Kribbelgefühl lässt sich hierdurch beseitigen.

Zu warme Kleidung
Auch zu warme Kleidung bremst Ihre Muskeln aus, weil sie zu übermäßigem Schwitzen führt. Schwitzen setzt Wärme frei, die über eine vermehrte Hautdurchblutung ausgeglichen wird und die erfolgt immer auf Kosten der Muskeldurchblutung. Sie können also ruhig leicht fröstelnd loslaufen, denn schon nach einer kurzen Weile wird Ihnen passend warm sein und dann bleiben Sie auch im weiteren Verlauf noch leistungsfähig und fühlen sich wohl.

NORDIC WALKING STELLT DIE MEISTEN MUSKELN AUF FETTVERBRENNUNG UM

Nordic Walking ist hinsichtlich der Effektivität kaum zu übertreffen, denn es ist ein Training in einem niedrigen Intensitätsbereich und kräftigt den gesamten Körper. Hierbei werden bei gleicher Intensität mehr Kalorien als beim Laufen oder Radfahren verbraucht, da es die Muskeln von Rücken, Brust, Schultern, Armen und Beinen beansprucht. 90 Prozent aller Muskeln stellen sich hierbei bei regelmäßigem Training auf Fettverbrennung um. Beim Laufen sind es 70 Prozent und beim Radfahren 50 Prozent.

Zudem ist Nordic Walking der perfekte Einstieg, um ohne Überlastungen sanft in ein bewegteres Leben zu starten, denn durch den Einsatz der Stöcke entlastet es gleich zu Anfang Hüft-, Knie- und Fußgelenke und ist somit ebenso ideal für Übergewichtige.

CHECK-UP VOR DEM START

Ein Check-up vor dem Start ist auf jeden dann sinnvoll, wenn Sie ganz neu beginnen wollen, Ihr letzter Sporttermin schon Jahre zurückliegt, Sie über 35 Jahre alt, krank oder übergewichtig sind. Zudem verrät Ihnen der Check-up auch Ihren Maximalpuls, mit dem Sie Ihren optimalen Trainingspuls ermitteln können, wenn Sie mit Pulsuhr laufen möchten.

Gerade zu Anfang ist eine Pulsuhr ein sicherer Begleiter und schützt vor Überlastungen. Der Puls für ein gesundes Ausdauertraining liegt bei etwa

60–75 Prozent der maximalen Herzfrequenz, wobei er sich bei Untrainierten eher im unteren Bereich und bei Trainierten im mittleren Bereich befindet. Die übliche Pulsformel 180 minus Lebensalter ist nur wenig aussagekräftig, denn es gibt 60-Jährige, die einen Maximalpuls wie 20-Jährige haben.

Im Übrigen lässt sich der Belastungspuls fürs Laufen nicht auf das Fahrradfahren übertragen, da hierbei weniger Muskeln beansprucht werden. In der Regel liegt er ungefähr 15–20 Schläge unter dem fürs Laufen.

Bei Infekten sollten Sie grundsätzlich eine Pause einlegen, weil dem Körper dann einfach die Kraft fehlt, sich sportlich zu betätigen. Außerdem würde sich der Gesundungsprozess nur unnötig verzögern und es dementsprechend länger dauern, bis Sie wieder auf die Beine kommen. Spaziergänge an der frischen Luft sind da weitaus heilsamer.

BEWEGUNG UND ABNEHMEN – DER MIX MACHTS: MEINE TIPPS

Was zählt, um unliebsame Fettpölsterchen loszuwerden? Langsame oder schnelle Läufe? Fettverbrennung oder Kalorienverbrauch?

Alles zählt, denn die langsamen Läufe heizen die Fettverbrennung an und die schnellen verbrauchen die meisten Kalorien. Daher entscheidet der richtige Trainingsmix, wie erfolgreich Bewegung das Abnehmen unterstützen kann. Aber auch der Trainingszustand und Sebastians Gesundheitszustand zählen dazu, denn nur wenn er fit ist, kann er die Säurebelastung so gering halten, dass sie der Fettverbrennung nicht im Wege steht. Und so sieht der optimale Trainingsmix aus: einmal in der Woche ruhig und lange und zweimal etwas schneller und dafür kürzer:

RUHIG UND LANGE HEIZT DIE FETTVERBRENNUNG AN

Ein langsamer langer Lauf von 45–60 Minuten in ruhigem Tempo hält Ihre Gesundheit stabil und fördert den Fettstoffwechsel. Hierdurch können sich mit der Zeit die fettverbrennenden Enzyme in den Muskeln bis zum Dreifachen vermehren und die Fette immer effizienter verstoffwechseln. Außerdem verbrennt ein gut trainierter Fettstoffwechsel selbst im Ruhezustand konstant Fett.

Ihre Fettverbrennung können Sie besonders effektiv trainieren, wenn Sie gleich morgens vor dem Frühstück Ihre Runde drehen, weil Ihr Körper direkt an seine Fettreserven geht und das Insulin aufgrund der fehlenden Nahrung noch nicht seine Arbeit aufnehmen musste und somit auch nicht die Fettverbrennung behindert.

Allerdings läuft nicht jeder Läufer gern mit leerem Magen los. Vor allem diejenigen, die mit Kreislaufproblemen zu kämpfen haben, sollten sich langsam herantasten und vorsichtshalber einen Früchteriegel mitnehmen. Und auch Muskeln, Sehnen und Bändern sind am Morgen noch träge und müssen sich auf die Belastung erst einstimmen. Zudem sollten Sie die morgendliche Einheit nur dann absolvieren, wenn Sie sich gesund und munter fühlen, da sich Ihr Körper noch nicht mit wichtigen Nährstoffen aus dem Frühstück stärken konnte.

Aber auch tagsüber lässt sich die Fettverbrennung gut trainieren. Idealerweise sollte die letzte Mahlzeit dann mindestens drei Stunden zurückliegen, um dem Insulin genug Zeit zu geben, das Blut zu verlassen. Dann stehen die Zeichen ebenfalls gut, dass Ihr Körper gleich seine Fettpölsterchen anzapft.

SCHNELL UND KURZ VERBRENNT DIE MEISTEN KALORIEN

Ein schneller und kurzer Lauf verbrennt effektiv die meisten Kalorien. Wie lange Sie das schnelle Tempo halten können, entscheidet Ihr Trainingszustand, 20–30 Minuten sollten es aber schon sein. Dabei unterstützt ein zehnminütiges Einlaufen Ihre Leistungsfähigkeit, da sich hierdurch der

Anteil des Fettstoffwechsels erhöht. Und dieser Anteil hilft Ihnen, dass Sie bei einem höheren Tempo auch nach hinten hin noch genug Kraft besitzen, um Ihre Runde ohne Probleme zu beenden. Zudem hält sich hierdurch auch die Lactatkonzentration in Grenzen, denn ein hohes Tempo geht immer mit einer vermehrten Lactatbildung einher.

Überlasten sollten Sie sich auch bei den schnellen Läufen nicht. Wenn Sie flott und ohne große Anstrengung unterwegs sind und sich gut fühlen, laufen Sie im richtigen Tempo. Überlastungssignale machen sich durch plötzlich schwere Beine und ein erheblich schnelleres Atmen bemerkbar, weil dann einfach die Lactatkonzentration zu hoch ist und Ihnen den Sauerstoff nimmt.

Gut ist es, wenn Sie sich auch nach dem Training noch frisch und munter fühlen, andernfalls war das Tempo für die Dauer zu hoch. Und gut ist es auch, am Ende einer schnellen Runde dem Körper noch 5–10 Minuten Zeit zu geben, um zur Ruhe zu kommen. Dann hat auch Sebastian Zeit, sich zu beruhigen und kann schon mal einen Teil des Lactats abbauen. Bewegen Sie sich dann einfach noch langsamer als zu Beginn der Einheit. Wenn Sie das Gefühl haben, Sie laufen viel zu langsam, liegen Sie genau richtig. Somit reicht auch Gehen völlig aus.

Vor allem mit den schnellen Läufen können Sie den *Nachbrenneffekt* nutzen, denn Ihr Körper braucht noch eine gewisse Zeit, um vom Aktivitätsmodus in den Ruhemodus zu wechseln, und somit tickt auch der Kalorienzähler noch weiter. Wie lange er das tut, hängt von der Intensität und Dauer der Belastung ab und kann zwischen einer und mehreren Stunden liegen.

EINFACH FINDEN IM SCHLAFEN

Auch den Schlaf hat Ihnen die Evolution mit in die Wiege gelegt. Daher funktioniert Ihr Körper in der Nacht auch anders als am Tag und hat andere Bedürfnisse. Diese Bedürfnisse haben sich fest etabliert.
Schlaf ist Ruhezone – Ruhezone, die Sie brauchen, um zu regenerieren, zu träumen und am Morgen erfrischt durchzustarten. Und auch Ihr Coach braucht diese Ruhezone. Sie gibt ihm die Möglichkeit, ungestört die Ereignisse des Tages zu sortieren, um die Dinge in Ihnen aufzuspüren, die für Sie wichtig sind. Und das fällt ihm umso leichter, je besser Sie schlafen.

Ihr Körper sagt Ihnen, wann er Ruhe braucht und sich zurückziehen möchte. Sie werden müde und fangen an zu gähnen, weil Ihre Energiereserven bald aufgebraucht sind. Außerdem beeinflussen auch die während des Tages angehäuften Stoffwechselprodukte das Müdigkeitsempfinden, weil sie darauf warten, von der Leber abgebaut zu werden, die im Gegensatz zu Sebastian und Lynn vor allem nachts ihre entgiftenden Tätigkeiten aufnimmt.

Das Hormon *Melatonin* bereitet Ihren Schlaf vor. Es ist das Hormon der Nacht, das Ihren Körper langsam herunterfährt. Es wird in der Zirbeldrüse des Gehirns gebildet und steuert den Wach-Schlaf-Rhythmus. Die Zirbeldrüse hat die Gestalt eines Tannenzapfens und ist mit einer Größe von rund 5 Millimetern ziemlich klein. Sie ist eng mit der inneren Uhr vernetzt. Beide befinden sich am Hinterkopf, eingebettet zwischen den Gehirnhälften. (Die innere Uhr wird im nächsten Kapitel noch ausführlich beschrieben.)
Melatonin hilft Ihnen nicht nur, in den Schlaf zu finden, sondern fördert auch den tiefen Schlaf. Zudem hat es noch viele andere Aufgaben im Körper zu erfüllen und gehört zu den Hormonen, die den Alterungsprozess verlangsamen. Es wird bei einsetzender Dämmerung in den Abendstunden freigesetzt. Bei Tageslicht wird seine Produktion erheblich gedrosselt. Aber auch elektrisches Licht übt einen Einfluss aus. Ob es hell oder dunkel ist,

erfährt die Zirbeldrüse über die innere Uhr, die durch eine Nervenverbindung mit den Lichtsinneszellen der Augen in Kontakt steht.

Eine weitere Abhängigkeit ist das Alter. Je älter der Mensch wird, desto weniger Melatonin wird gebildet.

Aber nicht nur Dunkelheit und Alter, sondern auch die richtigen Lebensmittel sind an der Melatoninbildung beteiligt. Es sind genau die Lebensmittel, die auch das Glückshormon Serotonin in Schwung bringen, denn die Zirbeldrüse braucht ausreichend Serotonin, um daraus nachts Melatonin herzustellen.

WAS IM SCHLAF ALLES ABLÄUFT

Während des Einschlafens entspannt sich der Körper und auch das Gehirn kommt langsam zur Ruhe. Den Augenblick des Einschlafens nehmen Sie nicht mehr wahr, denn in diesen Sekunden schüttet das Gehirn spezielle Substanzen aus, die Ihre bewusste Tageshälfte fürs Erste abschalten.

Nach dem Einschlafen befindet sich der Körper in der Phase des Leichtschlafs, die bereits nach 20–30 Minuten von der ersten Tiefschlafphase abgelöst wird. Danach wechseln sich Tiefschlafphasen und Traumphasen ab, wobei die Phasen des Tiefschlafs kürzer und die des Träumens länger werden. Eine Tiefschlafphase mit anschließender Traumphase wird als *Schlafzyklus* bezeichnet. In einer normalen Nacht wechseln sich diese Zyklen vier- bis fünfmal ab, wobei ein Zyklus zwischen 80 und 110 Minuten beträgt.

Der Tiefschlaf findet vor allem in den ersten Schlafzyklen statt. Er dient der geistigen und körperlichen Erholung. Im Tiefschlaf ist der Körper vollkommen entspannt und auch das Stresshormon Cortisol hat sich so gut wie zurückgezogen.

Im Tiefschlaf prägt sich das Gehirn Gelerntes ein. Dabei reaktiviert es die tagsüber aufgenommen und abgespeicherten Informationen und trennt die wichtigen von den unwichtigen. Sie können Ihrem Gehirn die Entscheidung erleichtern, indem Sie die Wichtigen im Moment des Erlebens kurz als solche bewusst benennen, damit es sie dann nachts im richtigen Ordner des Langzeitspeichers ablegen kann. Hier können sie sich in Ruhe festigen und machen Speicherkapazitäten für den neuen Tag frei. Das Gehirn wird in den Tiefschlafphasen sozusagen *durchgewaschen* und das Denken wird von Schlafphase zu Schlafphase reiner und klarer. Das ist auch der Grund, warum der Morgen oft einen passenden Lösungsweg bereithält, der am Abend noch undenkbar war.

Auch der Körper nutzt den Tiefschlaf. Er füllt verbrauchte Vorräte auf, bildet Hormone und stärkt sein Immunsystem. Deshalb schlafen kranke Menschen auch instinktiv länger und tiefer, denn sie brauchen diese Zeit, um ihre Abwehrkräfte zu mobilisieren. Zudem nutzt das Immunsystem diese Zeit auch, um sein Immungedächtnis auf den neuesten Stand zu bringen. Und auch das nachtaktive Wachstumshormon ist an der Immunabwehr beteiligt und wirkt zudem dem Alterungsprozess entgegen. Es regeneriert Haut und Muskeln, lässt Haare wachsen und heilt Wunden – denn die nächtliche Fettverbrennung zu unterstützen, ist nur eine seiner Aufgaben.

Die Traumphasen dienen der Gefühlswelt, in denen vorrangig Stress, Sorgen und Ängste bewältigt werden. Die erste Phase dauert meist nur wenige Minuten, die letzte vor dem Aufwachen 30, manchmal bis zu 60 Minuten. In diesen Phasen ist der Körper ruhig gestellt, fast wie gelähmt. Das dient dem Selbstschutz, um während des Träumens nicht um sich zu schlagen – hier liegt auch die Erklärung, warum gerade Albträume meist von dem Gefühl geprägt sind, nicht flüchten zu können, sondern wie erstarrt zu sein. Träumen hat also mit Erholung nicht viel zu tun, sondern ist dazu da, die erlebten Gefühle des Tages auszugleichen.

Im letzten Drittel des Schlafes bereitet sich der Körper auf den Tag vor und ähnlich wie beim Einschlafen, gleitet er etwa eine Stunde vor dem Aufwachen langsam in den Leichtschlaf über.

Das Schlafverhalten verändert sich im Laufe des Lebens. Die Tiefschlafphasen werden kürzer und oft werden die tiefsten Stadien dann nicht mehr erreicht. Dafür nimmt die Tendenz zum Nickerchen am Mittag zu.

Ob der Schlaf vor Mitternacht erholsamer ist als der nach Mitternacht lässt sich nicht verallgemeinern. Wichtig ist, dass der Körper in den einzelnen Schlafphasen sein Arbeitsprogramm ungestört absolvieren kann. Denn auch nachts hat jeder Mensch seine eigene Persönlichkeit. Nachtaktive *Eulen* werden weniger stark von der Melatoninfreisetzung beeinflusst als die *Lerchen*, die morgens früh aufstehen und abends schneller müde werden, denn bei beiden Typen beginnt die Nacht zu unterschiedlichen Zeiten, die sich bis zu zwei Stunden verschieben können und somit auch deren Schlafrhythmus beeinflussen.

Auch wieviel Schlaf der Mensch benötigt, ist individuell verschieden. Die amerikanische *National Sleep Foundation* empfiehlt für Menschen zwischen 26 und 64 Jahren 7–9 Stunden Schlaf, wobei Frauen ein klein wenig mehr Erholung brauchen. Wohl deshalb, weil ihr Gehirn tagsüber vernetzter arbeitet.

SCHLAFSTÖRER

Unruhige Nächte kennen Sie sicherlich und die Gründe sind vielschichtig. Gleich einzuschlafen, ohne Unterbrechungen durchzuschlafen und nicht mit zu wenig Schlaf aufzuwachen ist allzu oft nur ein Wunschgedanke, denn neben dem schnarchenden Partner, der Erkältung, Koffein oder der Vorfreude auf ein bevorstehendes Ereignis sind noch andere Schlafstörer aktiv:

STRESS, SORGEN UND ÄNGSTE

Stress, Sorgen und Ängste machen zwar müde, aber sie machen vor der Dunkelheit nicht Halt, denn nur wer wach bleibt, kann sich auch des nachts vor Gefahren schützen. Dieser Plan der Natur hält Cortisol aktiv und verhindert, in den Schlaf zu finden. Oftmals ist Cortisol auch für die Muskelzuckungen verantwortlich, die sich beim Einschlafen melden und das Gehirn dazu animieren, die Muskeln wieder aufzuwecken, weil sie schon eingeschlafen waren, denn nur wache Muskeln können bei Gefahr entsprechend schnell reagieren.

Zudem führen Stress, Sorgen und Ängste dazu, auf Lärm und andere Störquellen besonders empfindlich zu reagieren. Ebenso verstärkt der fehlende Schlaf den Stress noch mehr. Und sie haben noch einen weiteren unangenehmen Nebeneffekt: Sie führen zu Verspannungen im Gesichts-, Kiefer-, Nacken- und Schulterbereich, da sie oftmals mit Zähneknirschen bewältigt werden.

SPÄTES ESSEN

Auch spätes Essen verscheucht den erholsamen Schlaf. Das liegt vor allem an den Kohlenhydraten aus Brot, Pasta oder Reis, die das Insulin hervorlocken und die Arbeiten des Wachstumshormons behindern. Daher kann es nicht nur effektiv gegen die Fettpölsterchen antreten, sondern genauso wenig seine regenerierenden Arbeiten vornehmen.

Greifen Sie lieber zu warmen Suppen oder Gemüsegerichten, leicht verdaulichem fettarmen Fisch, Joghurt oder Nüssen, idealerweise 2–3 Stunden vor dem Schlafengehen – dann hat das Insulin ausreichend Zeit sich zurückzuziehen, um dem Wachstumshormon den Weg freizumachen.

NICKERCHEN AM TAG

Nicht ohne Grund gehören Nickerchen zur evolutionären Ausstattung. Sie sind eine hervorragende Möglichkeit, um sich in begrenztem Rahmen zu erholen, um Frische zu tanken, sich vor Überlastungen zu schützen und die eigenen Bedürfnisse wieder leichter wahrzunehmen.

Allerdings können Nickerchen den Nachtschlaf stören. Sollte Ihnen ein Nickerchen auf der ganzen Linie gut tun, ist die Zeit zwischen 13:00 und 15:00 Uhr die beste. Hierbei sind 10–30 Minuten völlig ausreichend – manche Menschen kommen auch nur mit ein paar Minuten aus, mehr als 30 Minuten benötigt Ihr Körper jedoch nicht. Außerdem würde ein längeres

Nickerchen das Wachwerden wesentlich erschweren und dann würde auch die Müdigkeit am Abend und in der Nacht fehlen.

Gehören Sie zu den Menschen, die täglich ein Nickerchen machen und nachts nicht zur Ruhe kommen, ist es besser, das kurze Schläfchen zu reduzieren oder ganz zu opfern, um das Schlafbedürfnis für die Nacht aufzusparen. Außerdem können Sie anstatt zu schlafen auch einfach nur mit Ruhen einen Erholungseffekt erzielen.

ALKOHOL UND SCHLAFMITTEL
Alkohol am Abend lässt Sie zwar rasch einschlafen, stört aber durch seinen Abbau den Schlafzyklus, sodass die zweite Nachthälfte diesen scheinbaren Vorteil oft mit Wachphasen sühnt. Zudem bremst er durch seinen Zuckergehalt die Arbeiten des Wachstumshormons erheblich.

Ebenso ist der durch Schlafmittel herbeigeführte Schlaf nicht erholsam. Denn abgesehen davon, dass Schlafmittel abhängig machen, reduzieren sie den Tiefschlaf und die Träume. Außerdem ist oft auch der nächste Tag von Müdigkeit und Konzentrationsschwierigkeiten geprägt, da der Körper Schlafmittel meist nur langsam abbaut.

INTENSIVER SPORT
Intensive sportliche Betätigungen am Abend können bis zu drei Stunden danach zu einem niedrigen Melatoninspiegel führen. Sie pushen hoch und halten Sie wacher als gewünscht.

KÜNSTLICHES LICHT
Künstliches Licht ist in zweierlei Hinsicht ein Schlafstörer: Tagsüber kommt es an die Lichteinstrahlung der Sonne nicht heran, um Serotonin und folglich auch Melatonin zu mobilisieren. Abends bremst es das Mela-

tonin, denn oftmals liegt es an den blauen energiereichen Wellenlängen, die Laptops, Tablets, E-Books, Handys oder Fernseher beleuchten und die ein natürlicher Bestandteil des Sonnenlichtes sind. Verstärkt wird dieser Effekt durch Cortisol, da es Blaulicht mit Tageslicht gleichsetzt und weiterhin auf *Wachhalten* setzt.

SEX – GUT FÜR MÄNNER, ABER SCHLECHT FÜR FRAUEN

Sex am Abend wirkt sich unterschiedlich auf den Schlaf aus. Männer können danach meist gut einschlafen, Frauen dagegen sind dann wieder munter und schlafen schlecht ein.

SCHLAFFÖRDERER: MEINE TIPPS

RESERVIEREN SIE SICH IHR SCHLAFZIMMER NUR ZUM SCHLAFEN

All die Dinge, die den Schlaf verscheuchen, sind außerhalb des Schlafzimmers besser aufgehoben, sei es der Stapel Bügelwäsche oder die Arbeitsakte als Gutenachtlektüre. Ihr Körper braucht einen Ort, der ausschließlich für den Schlaf reserviert ist, denn sonst verknüpft er das Schlafzimmer stärker mit dem Wachzustand und ist weiterhin auf Aktivität eingestellt.

Zudem lässt sich Ihr Körper mit ruhigen Bildern und Farben, schönen Dekostoffen und gedämpftem Licht gleich vier leichter davon überzeugen, dass Ruhe angesagt ist.

LEGEN SIE IHRE GEDANKEN AB

Niedergeschriebene Gedanken sind fürs Erste erledigte Gedanken. Sie geben dem Gehirn das Signal, endlich abschalten zu dürfen.

Machen Sie es sich vor dem Zubettgehen gemütlich und schreiben Sie auf, was Sie beschäftigt, was am nächsten Tag auf Sie zukommt und welche

Dinge Sie schon erledigt haben. So können Sie aus dem Gedankenstrudel leicht herausfinden und ruhig einschlafen.

PFLEGEN SIE ABENDRITUALE
Rituale sind feste Verbündete gegen den Stress, denn sie signalisieren Ihrem Gehirn, dass bald Schlafenszeit ist. Das kann zum Beispiel immer nur eine Kurzgeschichte sein oder eine Fußmassage mit einem entspannenden Körperöl wie zum Beispiel einem Lavendel- oder Melissenöl.

EHREN SIE DEN TIEFSCHLAF
Der Tiefschlaf reagiert sensibel auf ein unstetes Leben, daher ist Routine hier das Schlüsselwort: Je regelmäßiger die Zeiten sind, zu denen Sie ins Bett gehen und auch wieder aufstehen, desto einfacher fällt Ihrem Körper das Umschalten zwischen Wachsein und Schlaf und desto besser können Sie in Aufwachphasen wieder einschlafen. Darüber hinaus kann Ihr Körper dann auch zur gewohnten Stunde sein nächtliches Arbeitsprogramm absolvieren.

SETZEN SIE IHREN SCHLAF NICHT UNTER DRUCK
Es ist normal, wenn Sie nicht gleich einschlafen oder nachts aufwachen. Auch das geben die unterschiedlichen Schlafphasen vor. Machen Sie sich hierüber also keine Gedanken, denn meistens sind es gerade diese Gedanken, die Sie daran hindern, einfach weiterzuschlafen.

Und auch wenn Sie ein paar Nächte mal nicht gut geschlafen haben, sollten Sie versuchen, einen unbekümmerten Umgang mit Schlaf zu bewahren und ihn nicht unter Druck setzen. Dann kommt er meist von selbst, wie Hunger und Durst auch.

MOBILISIEREN SIE SEROTONIN

- **Glücksrezept Serotonin**
Mit den Zutaten aus dem Glücksrezept, wie den tryptophanreichen Lebensmitteln, Vitamin D3 & Co., ist die Zirbeldrüse mit ausreichend Serotonin versorgt, um es nachts in Melatonin umzuwandeln. Somit brauchen Sie nichts weiter zu tun, als das Glückshormon in Schwung zu halten.

- **Eiweiß-Schlummertrunk**
Ein Eiweißshake besitzt viel Tryptophan und ist durch seine leichte Verdaulichkeit gerade am Abend der perfekte Schlummertrunk, um dem Wachstumshormon bei der Fettverbrennung und Regeneration zu helfen. Reduzieren Sie dann einfach Ihre Abendmahlzeit dementsprechend oder nutzen den Schlummertrunk als Ersatz. Auch hierbei können Sie mit einem kleinen Löffel vom teamgesunden Zucker dem Tryptophan den Weg ins Gehirn erleichtern.

- **Moderate Bewegung**
Wie intensiver Sport munter macht, macht moderate Bewegung müde. Sie ist das natürlichste Schlafmittel, mit dem Sie nicht nur leichter einschlafen, sondern auch tiefer schlafen können. Denn sie sorgt nicht nur für eine angenehme Schwere in den Muskeln, sondern durch die Bildung von Serotonin auch für genug Melatonin. Bereits ein ein- bis zweimal in der Woche durchgeführtes moderates Ausdauertraining reicht schon aus, um diesen Effekt zu erzielen.

- **Gute Bakterien**
Auch Dans Bakterien sind gute Serotoninlieferanten und helfen folglich auch bei der Melatoninbildung. Übrigens ist auch das Bakterium *Lactobacillus Helveticus* an einem erholsamen Schlaf beteiligt.

HOLEN SIE SICH DAS SALZ DER INNEREN RUHE ZUR HILFE

Auch Magnesium als *Salz der inneren Ruhe* ist eine äußerst wirkungsvolle Hilfe, um einen tiefen und erholsamen Schlaf zu finden, da es Cortisol vertreibt und Nerven und Muskeln entspannt. Ein einfaches Mittel ist die morgendliche Salzsole, bei der Magnesium im idealen Verbund mit allen anderen Mineralstoffen und Spurenelementen vorliegt. Auch hier bietet sich eine Trinkkur von 4–6 Wochen an, um Defizite auszugleichen.

Melasse ist ebenfalls reich an Magnesium und anderen guten Mineralstoffen und in warmer naturbelassener Kuh-, Ziegen- oder Schafsmilch ebenso schlaffördernd.

LASSEN SIE LICHT UND LÄRM DRAUSSEN UND BETTEN SIE SICH GUT

- **Abdunkeln**

  Ein gut abgedunkeltes Schlafzimmer weckt Sie nicht vorzeitig auf, denn Dunkelheit ist wichtig, damit das Melatonin nicht allzu früh seine Arbeit einstellt. Dies macht sich besonders in den Sommermonaten bemerkbar, wenn mit der Morgendämmerung auch die Schlaftiefe sinkt, selbst wenn die Augen noch geschlossen sind. Ebenso können Straßenlaternen oder andere Lichtquellen den leichten Schlaf stören. Sollten Sie Ihr Schlafzimmer nicht ausreichend abdunkeln können, kann Ihnen auch eine Schlafbrille die nötige Dunkelheit geben.

- **Lärmschutz**

  Ohrstöpsel sind eine wunderbare Möglichkeit, den Lärm schnell abzustellen. Ob als Gehörschutz gegen Schnarchgeräusche, Straßenlärm oder die Party-Lautstärke der Nachbarn.

- **Matratze, Kissen & Co.**

  Mit der passenden Matratze schlafen Sie ruhiger, denn wie oft Sie nachts die Schlafposition wechseln, hängt auch von der Unterlage ab.

Je härter sie ist, desto häufiger sucht Ihr Körper eine bequemere Position, weil der Druck auf der Unterlage punktuell seine Durchblutung beeinträchtigt. Gesunde und trainierte Menschen wird dies nicht stören. Bei Menschen mit Muskelverspannungen und Rückenproblemen können diese Wechsel jedoch zu Schmerzen und Schlafdefiziten führen.

Genauso ist auch das richtige Kissen an einem erholsamen Schlaf beteiligt. Insbesondere das längliche, rechteckige Kissen hat sich bewährt, denn gegenüber dem großen quadratischen Kissen, liegen hierbei die Schultern auf der Matratze und der Nacken ruht gerade und entspannt auf dem Kissen; und das ist wichtig.

Einige Hersteller statten ihre Matratzen, Kissen oder Oberbetten mit einem Anteil *Zirbenholzspäne* aus. Die Zirbe ist eine Kiefernart aus den Alpen und besitzt pulssenkende, beruhigende und entspannende Eigenschaften. Auch Betten aus Zirbenholz haben diese Wirkung.

EINFACH FINDEN IM RHYTHMUS

Rhythmen sind all die Dinge, die immer wiederkehren, so wie die Jahreszeiten, der Cappuccino morgens um halb neun, die Kurzgeschichte am Abend oder die Runde durch den Wald dreimal in der Woche. Rhythmen tun gut. Sie geben Ruhe, Klarheit und Gelassenheit und stärken Selbstakzeptanz und Motivation. Sie gliedern das Leben und helfen Ihnen, das Gefühl zu finden, das Ihnen sagt, was zu Ihnen passt. Auch Ihr Körper braucht Rhythmen, die ihm verlässliche Strukturen geben. So wie der Schlaf-Wach-Rhythmus, den die innere Uhr mithilfe der kleinen Zirbeldrüse und Melatonin vorgibt.

Der Schlaf-Wach-Rhythmus ist nur ein Rhythmus, den die innere Uhr vorgibt. Und nicht nur Ruhe und Aktivität, sondern auch all die anderen täglichen Hochs und Tiefs wie Leistung und Stimmung werden von ihr beeinflusst. Sie ist sozusagen das körpereigene Taktwerk, das Ihrem Körper und Ihrem Gehirn sagt, was es wann zu machen hat. Und mit diesem Taktwerk ist auch Ihr Coach fest verbunden, um Ihre Intuition zu stärken.

DAS LEBEN HAT EINEN RHYTHMUS

Für die innere Uhr spielt das Tageslicht eine wichtige Rolle. Es ist ihr Taktgeber, um verschiedenen Rhythmen (wie dem Schlaf-Wach-Rhythmus) feste Zeiten geben zu können. Für die Einstellung mit dem Tageslicht ist der *Suprachiasmatische Nukleus* oder kurz SCN zuständig. Der SCN ist ein etwa reiskorngroßes Zellbündel und eben die Nervenverbindung, die mit den Lichtsinneszellen der Augen verbunden ist und die die Zirbeldrüse über hell und dunkel informiert. Der SCN ist jedoch nicht nur Taktgeber für hell und dunkel, sondern er ist auch die Hauptuhr oder *Masterclock*, die alle *Nebenuhren* täglich neu einstellt. Denn auch jede

Zelle hat ihre eigene Uhr und ebenso die Organe, in denen gleich eine ganze Gruppe von Uhren tickt, die parallel arbeiten, sich untereinander abstimmen und die von ihm immer wieder neu getaktet werden.

Aber auch ohne Tageslicht folgt die innere Uhr ihrem festgelegten Rhythmus, das ergaben die sogenannten *Bunker-Experimente*, bei denen Testpersonen für längere Zeit ohne Tageslicht lebten. Nur stellte sich die innere Uhr bei ihnen nach 2–3 Tagen auf einen 25-Stunden-Rhythmus ein und erst unter dem Einfluss des Tageslichtes synchronisierte sie sich wieder auf den 24-Stunden-Rhythmus.

Auch Tiere und Pflanzen tragen die innere Uhr mit sich herum und bei ihnen tickt sie nicht viel anders als beim Menschen. Bienen zum Beispiel wissen genau, zu welchen Zeiten sich die Blüten öffnen. Oder Gemüse das, wie bereits beschrieben, bei einer Lagerung im Tag-Nacht-Rhythmus mehr Nährstoffe enthält und sich besser vor Schädlingen schützen kann als solches, das nur im Dunkeln aufbewahrt wird.

Die innere Uhr kann durch viele Dinge aus dem Takt geraten und meist sind es Fremdrhythmen, die ihren Takt stören. Schon die Umstellung auf die Winterzeit macht sich bei vielen Menschen bemerkbar, da die Organe auf eine bestimmte Zeit eingestellt sind und es einige Tage dauert, bis sie sich angepasst haben.

Vor allem der heutige Zeitgeist stört ihren Takt. Oftmals treibt er den Menschen viel zu früh aus dem Bett und hält ihn bis spät in die Nacht am Schreibtisch, Laptop oder Fernseher gefangen, sodass manch einer durch seine ständige Müdigkeit nicht mehr weiß, wie es sich anfühlt, nicht müde zu sein. Denn wie das Licht abends nicht müde macht, macht es tagsüber nicht richtig wach. Daher kann es zu einer Abkoppelung der Nebenuhren von der Masterclock kommen, wodurch auch das Zusammenspiel der Körperfunktionen aus dem Takt gerät, sodass die Leistungsfähigkeit beeinträchtigt wird und die Hormone beeinflusst werden, die auf die Stimmung schlagen und das Hunger- und Sättigungsgefühl verunsichern.

Der Einfluss der inneren Uhr auf den Menschen wird durch eine recht junge Wissenschaft, die *Chronobiologie* erforscht. Sie ist es auch, die Langschläfer in *Eulen* und Frühaufsteher in *Lerchen*, die *Chronotypen* aufteilt. Die Chronobiologie legt nahe, den individuellen Chronotyp im Alltag stärker zu berücksichtigen, um die Gesundheit zu schützen, aber auch, um sein Potenzial zu stärken, weil dann jeder die gleichen Chancen hat; egal wie die innere Uhr tickt.

Jugendliche in der Pubertät sind tendenziell *Eulen* und kommen morgens nur schwer aus dem Bett. So würde eine Verschiebung des Schulbeginns von nur einer Stunde von 8:00 Uhr auf 9:00 Uhr gesündere und ausgeglichenere Schüler mit einer höheren Leistungsbereitschaft und besseren Noten hervorbringen. Denn eine *Eule*, die sich immerzu in eine Lerchengesellschaft reinzwängen muss, befindet sich ständig im sogenannten *Social Jetlag* und lebt somit auch ständig gegen ihren eigenen Rhythmus.

Das trifft ebenso für Menschen zu, die regelmäßig in Schicht arbeiten oder unter Jetlag leiden. Und diese sind es auch, die besonders leicht krank werden und recht schnell Fettpölsterchen ansetzen, da die Zeitverschiebung auch die innere Uhr der guten Bakterien durcheinanderbringt und eher die Bakterien unterstützt, die mit Übergewicht und Diabetes in Verbindung gebracht werden.

Auch für andere Bereiche sind die Erkenntnisse der Chronobiologie von Interesse, z. B. für die Sportmedizin, die mithilfe der Chronobiologie Ernährungs- und Trainingspläne erstellt; die Pharmazie nutzt die Chronobiologie, um den richtigen Einnahmezeitpunkt eines Medikamentes festzulegen und dadurch die bestmögliche Wirksamkeit zu erzielen.

DIE INNERE UHR LIEBT FESTE GEWOHNHEITEN

Was die Chronobiologie noch nicht allzu lange weiß, ist der TCM schon seit jeher bekannt: Die innere Uhr liebt feste Gewohnheiten. Zudem betrachtet die TCM ein Organ nicht nur als bloße Funktionseinheit, sondern schreibt ihm auch Gefühle zu. Hier liegt auch der Ursprung der *Organuhr*.

Die Organuhr hilft Ihnen, die Signale Ihres Körpers besser kennenzulernen und zu verstehen. Sie zeigt Ihnen, zu welchen Zeiten Ihre Konzentrationsfähigkeit am höchsten ist und wann es Zeit ist, einen Gang herunterzuschalten. Denn die Organe arbeiten nicht mit gleichbleibender Kraft rund um die Uhr, vielmehr ist jedes Organ einer bestimmten Zeit zugeordnet und hat aktive und ruhige Phasen, weil auch die Meridiane zu festgelegten Zeiten die Organe mit Energie versorgen. Dabei sind es 12 Meridiane, die sich im Zweistundentakt ablösen. Bedingt durch dem 24-Stunden-Rhythmus hat ein Organ 12 Stunden nach seiner Hochphase seinen Tiefpunkt und somit seine Ruhezeit.

Sie können Ihre Organe während ihrer Hochphasen unterstützen und in ihren Ruhezeiten entlasten. Benötigt das betreffende Organ zum Beispiel ein Medikament, ist die Wirkung in der Ruhezeit geringer und belastet zudem das Organ, wogegen die Hochphase der beste Zeitpunkt für die Einnahme ist. Wenn Sie das Gefühl haben, dass Medikamente nicht wirken, könnte das am Einnahmezeitpunkt liegen. Und vielleicht finden Sie hier auch Antworten auf bisher ungelöste Beschwerden, denn Schmerzen, Unwohlsein oder Wachphasen, die immer wieder zur gleichen Uhrzeit auftreten, helfen Ursachen zu erkennen.

Wahrscheinlich wird es Ihnen kaum möglich sein, Ihren Tagesablauf einzig und allein nach der Leistungsfähigkeit Ihrer Organe auszurichten. Aber auch hier können kleine Veränderungen schon große Wirkungen zeigen.

ORGANUHR

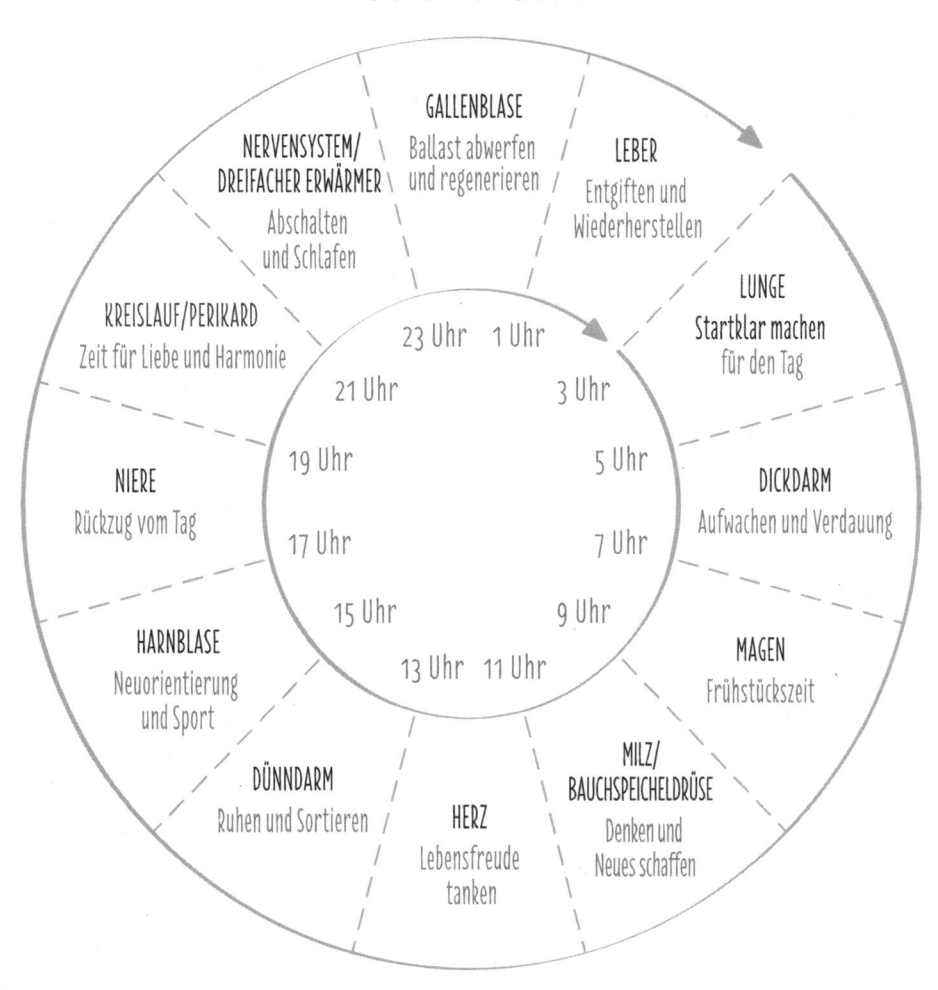

GALLENBLASE — Ballast abwerfen und regenerieren (23 Uhr – 1 Uhr)

LEBER — Entgiften und Wiederherstellen (1 Uhr – 3 Uhr)

LUNGE — Startklar machen für den Tag (3 Uhr – 5 Uhr)

DICKDARM — Aufwachen und Verdauung (5 Uhr – 7 Uhr)

MAGEN — Frühstückszeit (7 Uhr – 9 Uhr)

MILZ/BAUCHSPEICHELDRÜSE — Denken und Neues schaffen (9 Uhr – 11 Uhr)

HERZ — Lebensfreude tanken (11 Uhr – 13 Uhr)

DÜNNDARM — Ruhen und Sortieren (13 Uhr – 15 Uhr)

HARNBLASE — Neuorientierung und Sport (15 Uhr – 17 Uhr)

NIERE — Rückzug vom Tag (17 Uhr – 19 Uhr)

KREISLAUF/PERIKARD — Zeit für Liebe und Harmonie (19 Uhr – 21 Uhr)

NERVENSYSTEM/DREIFACHER ERWÄRMER — Abschalten und Schlafen (21 Uhr – 23 Uhr)

Je nachdem, zu welchem Chronotyp Sie gehören, können sich die Zeiten bis zu zwei Stunden verschieben. Die Stundeneinstellung gilt für die Winterzeit. Die in Klammern gesetzten Zeiten sind Ruhezeiten.

3:00–5:00 UHR
LUNGE: STARTKLAR MACHEN FÜR DEN TAG
(15:00–17:00 Uhr)

Ganz allmählich beginnt Cortisol als Wachmacher tätig zu werden und bereitet Ihren Körper auf das Aufwachen vor. Für Melatonin hingegen endet bald der Arbeitstag und es wird sich nach 4:00 Uhr langsam zurückziehen.

Nun führt die Lunge ihren Reinigungsprozess durch, daher sind Husten- und Asthmaanfälle jetzt recht häufig. Auch leichtes Frösteln zeigt die Arbeit der Lunge an und die meisten Menschen decken sich um diese Zeit noch einmal richtig zu. Zudem wachen depressive Menschen jetzt besonders leicht auf und haben es schwer, noch einmal einzuschlafen.

Sie können Ihre Lunge unterstützen, indem Sie bei offenem Fenster schlafen oder das Schlafzimmer vor dem Zubettgehen gut durchlüften.

5:00–7:00 UHR
DICKDARM: AUFWACHEN UND VERDAUUNG
(17:00–19:00 Uhr)

Melatonin hat sich nun zurückgezogen. Dafür wird Cortisol jetzt aktiver und macht Sie wach.

Und jetzt ist auch Dickdarm-Zeit und somit ein guter Moment für den morgendlichen Toilettengang. Denn auch wenn Sie noch müde sind, so ist dieser Teil von Dan nun besonders rege und lässt sich bei Verstopfungen auf diese Zeit am besten trainieren. Dabei hilft ihm ein Glas warmes Wasser gleich nach dem Aufstehen, um in Gang zu kommen. Außerdem können Sie ihn hiermit auch bei seiner Entgiftungsarbeit unterstützen und den Flüssigkeitsverlust der Nacht ausgleichen.

Gemäß der TCM befreit der Dickdarm den Körper nicht nur von körperlichem, sondern auch von emotionalem Ballast und entspricht somit den Wirkungen einer Darmreinigung. Denn auch hierbei werden belastende Themen durch Träume verarbeitet und mit den Schlacken ausgeschieden.

7:00–9:00 UHR
MAGEN: FRÜHSTÜCKSZEIT
(19:00–21:00 Uhr)

Frühstückszeit. Nun ist Ihr Magen an der Reihe und bereit für ein kaiserliches Frühstück, da die Vorräte für die nächtlichen Regenerationsarbeiten aufgebraucht wurden und gleich wieder aufgefüllt werden. Bitterstoffe helfen durch ihren bitteren Geschmack dem Magen bei der Produktion der Verdauungssäfte und erleichtern später auch Dans Verdauungsarbeit.

12 Stunden später stellt sich der Magen auf Ruhe ein. Daher unterbindet ein spätes Abendessen meistens auch das natürliche Hungergefühl für ein Frühstück, weil es morgens immer noch im Magen liegt und erst einmal verdaut werden muss.

9:00–11:00 UHR
MILZ/BAUCHSPEICHELDRÜSE: DENKEN UND NEUES SCHAFFEN
(21:00–23:00 Uhr)

Konzentration und Fokussierung ist das, wofür die Milz steht. Die perfekte Zeit also, um schwierige Aufgaben zu lösen, Prüfungen abzulegen oder wichtige Termine oder Gespräche wahrzunehmen.

In dieser Zeit ist auch die Widerstandskraft Ihres Körpers besonders hoch, da wichtige Abwehrfunktionen von Milz und Bauchspeicheldrüse gesteuert werden, die Entzündungen vorbeugen und für eine schnelle Wundheilung sorgen. Somit ist dies auch die perfekte Zeit für Impfungen, Arztbesuche und Operationen.

Auch die Bauchspeicheldrüse lässt sich durch den bitteren Geschmack leicht anregen, um die für die Verdauung benötigten Säfte und Enzyme bereitzustellen.

Ihre hohe Leistungsbereitschaft können Sie am besten nutzen, wenn Sie sich in dieser Zeit nicht mit schwer verdaulichem Essen belasten.

11:00–13:00 UHR
HERZ: LEBENSFREUDE TANKEN
(23:00–1:00 Uhr)

Die Mittagszeit gehört Ihrem Herzen und ist somit eine gute Zeit, einen Gang herunterzuschalten. Denn Ihr Herz braucht diese kleine 2-Stunden-Pause, um sich zu schonen, zu regenerieren und um Lebensfreude zu tanken, weil es kontinuierlich rund um die Uhr arbeiten muss. Deshalb verkraftet es körperlichen und geistigen Stress sowie Operationen jetzt nur schwer. Ihr Herz prägt Ihre Persönlichkeit und sorgt dafür, dass Sie Freude am Leben haben. Wenn Sie Ihr Essen in Ruhe genießen, sich mit anderen unterhalten und lachen, können Sie für den Rest des Tages gute Gedanken und Ausgeglichenheit tanken. Denn ist das Herz stark, sind auch die Gefühle wohl geordnet.

Auf das Mittagessen stimmt Sie Ihr Magen ein. Er stellt die ersten Weichen für eine gute Verdauung, indem er verstärkt Säure produziert. Das Frühstück liegt schon ein paar Stunden zurück und er fühlt sich dementsprechend leer und meldet seinen Hunger mit dem Hungerhormon *Ghrelin* an.

13:00–15:00 UHR
DÜNNDARM: RUHEN UND SORTIEREN
(1:00–3:00 Uhr)

Ihr Blutdruck sinkt und Sie werden müde, da der Dünndarm die ganze Blutversorgung für seine Verdauungsarbeit beansprucht, denn nun ist dieser Teil von Dan an der Reihe und für Sie eine gute Gelegenheit, eine kleine Pause einzulegen und ihn bei seiner Verdauungsarbeit zu unterstützen – ob nun mit einem Nickerchen oder einfach nur mit Ruhen.

Diese kleine Pause hilft Ihnen, die bisher gesammelten Eindrücke vom Tag zu reflektieren und für einen Moment in sich hineinzuhören. Und sie hilft auch Dan, weil sich Ihre Ruhe auf ihn überträgt.

15:00–17:00 UHR
HARNBLASE: NEUORIENTIERUNG UND SPORT
(3:00–5:00 Uhr)

Nach dem Mittagstief hat die Harnblase ihr Leistungshoch und scheidet vermehrt den von ihr gesammelten Urin der Niere aus. Die beiden sind Partnerorgane und folglich können Sie beide mit stillem, warmem oder heißem Wasser sowie basenreichem Kräutertee unterstützen.

Für Sie ist es das zweite und letzte Leistungshoch des Tages, an dem Blutdruck und Kreislauf ihr Maximum erreichen und Ihr Langzeitgedächtnis auf Hochtouren läuft. Der passende Moment also, um die während der Mittagspause reflektierten Gedanken gegebenenfalls für eine Neuorientierung zu nutzen.

Und sollten Sie morgens noch keine Gelegenheit gehabt haben, Wichtiges zu erledigen, können Sie dieses jetzt nachholen oder die Zeit für andere Dinge verwenden, die Ihre ganze Leistungsbereitschaft erfordern – sei es zum Gedankenaustausch, für kreative Tätigkeiten oder für solche, bei denen sich Ihr innerer Schweinehund immer wieder gerne einmischt – denn jetzt ist auch der passende Moment, sich sportlich zu betätigen.

17:00–19:00 UHR
NIERE: RÜCKZUG VOM TAG
(5:00–7:00 Uhr)

Zeit, den Tag langsam ausklingen zu lassen, denn Blutdruck und Puls sinken allmählich und Ihr Körper stellt sich auf Ruhe ein.

Jetzt ist die Niere mit ihrer Entgiftungsarbeit an der Reihe, um das Blut von den Abfallstoffen zu reinigen, die Sebastian und Lynn eingesammelt haben. Vermehrt trinken sollten Sie nur noch bis eine halbe Stunde vor dem Abendessen, weil die Flüssigkeit sonst die Verdauungsenzyme verwässert und außerdem die Niere zu sehr beschäftigt. Denn sie gibt die Flüssigkeit erst in den Morgenstunden wieder frei und wird Sie dann vermutlich früher als gewünscht wecken.

19:00–21:00 UHR
KREISLAUF/PERIKARD: ZEIT FÜR LIEBE UND HARMONIE
(7:00–9:00 Uhr)

In der TCM ist diese Zeit dem Herzbeutel, dem *Perikard* zugeordnet, das das Herz umschließt. Das Perikard ist genauso wie sein Partnerorgan, der nachfolgende *Dreifache Erwärmer* kein Organ, sondern der Meridian, der in der Schulmedizin dem Stoffwechsel zugeordnet ist.

Das Perikard ist der *Beschützer des Herzens*, da der Körper um diese Zeit besonders stressanfällig ist und nach Harmonie verlangt. Es bewahrt das Herz vor negativen Einflüssen, indem es den Kreislauf stabilisiert und die Gefühle im Gleichgewicht hält. Außerdem steuert es die Libido. Diese Zeit ist somit eine gute Zeit, um die Zweisamkeit mit dem Partner zu genießen, mit Freunden oder der Familie zusammenzukommen, ein Buch zu lesen, Musik zu hören oder um sich mit einem Spaziergang auf die Nacht einzustimmen.

Für Sport ist es nun zu spät, denn schon bald wird Melatonin Sie auf den Schlaf vorbereiten wollen. Und sollten Sie bis jetzt noch nicht zu Abend gegessen haben, nehmen Sie nur ein leichtes Essen zu sich, da sich auch der Magen und Dan schon im Ruhemodus befinden. Daher wären jetzt nicht nur leicht verdauliche Gerichte, sondern auch Eiweißshakes die richtige Wahl.

21:00–23:00 UHR
NERVENSYSTEM / *DREIFACHER ERWÄRMER:* **ABSCHALTEN UND SCHLAFEN**
(9:00–11:00 Uhr)

Der *Dreifache Erwärmer* reguliert das Nervensystem und übt dadurch einen Einfluss auf alle Organe aus. Er wirkt ausgleichend auf die Wärmeregulation, den Flüssigkeitshaushalt und das Immunsystem. Ist er im Gleichgewicht, können alle Organe ausgewogen arbeiten. Menschen, die um diese Zeit leicht frösteln, fehlt es oft an innerer Wärme und Sicherheit und für diese sind Regenerationszeiten besonders wichtig.

Jetzt ist Zeit zum Schlafengehen. Melatonin stimmt Sie auf die Nacht ein, denn seine Konzentration im Blut beginnt nun langsam zu steigen. Sollten Sie noch Dinge zu erledigen haben, planen Sie lieber den Morgen dafür ein. Das ist weitaus erholsamer, als bis spät in die Nacht zu arbeiten. Auf diese Weise können Sie leichter abschalten und Ihr Gehirn kann in Ruhe die Dinge vom Tag ordnen und für klare Gedanken am Morgen sorgen. Aber auch all die anderen Dinge, die Ihr Körper in der Nacht zu erledigen hat, kann er dann durchführen.

23:00–1:00 UHR
GALLENBLASE: BALLAST ABWERFEN UND REGENERIEREN
(11:00–13:00 Uhr)

Die Galle scheidet die Stoffe aus, die sie für die Leber zur Entgiftung vorbereitet hat. Beide Organe arbeiten eng zusammen und verarbeiten Ärger und Wut gleichermaßen. Dies verdeutlichen die Redewendungen wie *Mir läuft die Galle über* oder *Sprich frei von der Leber weg*, um Unmut auszudrücken bzw. um Mut zuzureden, die Dinge einfach auszusprechen.

Cortisol hat nun seine Arbeit eingestellt und unterstützt somit indirekt das aktiver werdende Melatonin, sodass Sie ungefähr 30 Minuten nach dem Einschlafen Ihre erste Tiefschlafphase erreichen. Auch das Sättigungshormon Leptin beteiligt sich an dem tiefen Schlaf und bremst das Hungergefühl in der Nacht. – Alles gute Voraussetzungen, damit das Wachstumshormon das Immunsystem stärken kann, die Fettpölsterchen abbaut sowie Zellen und Haut regeneriert. Salben, die den Heilungsprozess der Haut fördern, sollten daher vor dem Schlafengehen aufgetragen werden.

1:00–3:00 UHR
LEBER: ENTGIFTEN UND WIEDERHERSTELLEN
(13:00–15:00 Uhr)

Melatonin ist jetzt besonders tatkräftig und nimmt am Regenerationsprozess des Wachstumshormons teil. Kreislauf, Durchblutung und Körperwärmeregulierung laufen nun auf Sparflamme und die Leistungsfähigkeit ist auf dem Tiefpunkt angelangt.

Die Zeit des Tiefschlafs nutzt die Leber. Für sie ist diese Zeit besonders wichtig, weil sie nur dann arbeiten kann, wenn Sie tief und fest schlafen. Sie entgiftet und nährt den Körper und hat sowohl aufbauende als auch abbauende Aufgaben. Sie entnimmt die Nährstoffe, die der Körper für die Regeneration benötigt, und befreit ihn von Giftstoffen. Deshalb wird Alkohol in ihrer Hochphase auch recht zügig abgebaut, belastet sie aber auch um diese Zeit am stärksten. Viele Menschen wachen nach dessen Abbau auf, weil der Blutzuckerspiegel stark gesunken ist.

In der TCM wird die Leber *Haus der Seele* genannt. Ist sie gesund, fällt es leichter Grenzen zu ziehen, den eigenen Lebensraum zu bestimmen und Pläne mit Entschlossenheit zu realisieren. Ist sie krank, fällt das *Neinsagen* hingegen schwer.

Bitterstoffe sowie bestimmte Heilkräuter stärken die Leber bei der Produktion der Verdauungssäfte, unterstützen ihre Entgiftungsarbeit und sorgen für Abgrenzung; insbesondere Heilkräuter und Pflanzen mit Stacheln oder Nesseln wie Mariendistel oder Brennnessel.

ZURÜCK ZU DEN WURZELN – EIN BEISPIEL

Im Rhythmus zu leben, bedeutet in Balance zu sein. Es gibt Menschen, an denen der heutige Zeitgeist vorbeizieht. Bei ihnen scheint die Uhr noch richtig zu ticken; nicht nur die innere Uhr, sondern auch die Balance mit sich selbst und ihrer Umwelt scheint noch zu stimmen. Diese Menschen sind für ihre Langlebigkeit bekannt. Sie werden ohne Probleme 80 oder 90 Jahre alt und einige von ihnen kommen auch über das Alter von 100 Jahren leicht hinaus. Doch das ist nicht das Entscheidende, denn diese Menschen leben nicht nur länger, sie leben auch besser und sind für ihr hohes Alter körperlich und geistig ungewöhnlich fit. Diesen Menschen fällt es nicht schwer, eine gesunde Lebensweise zu erspüren. Vielmehr ist es so, dass sie ihren eigenen Rhythmus und somit sich selbst folgen. Sie haben ihren Coach nie aus den Augen verloren, denn sie leben von Kindesbeinen an mit ihm zusammen.

Einige dieser Menschen leben abseits von Stress und Hektik in dem kleinen Bergdorf Campodimele. Dieses Dorf liegt zwischen Rom und Neapel und ist einer der Orte auf der Erde, die zu den *Orten der Hundertjährigen* zählen.

Die Einwohner von Campodimele führen ein einfaches Leben. Sie gehen regelmäßig ihrer Arbeit nach und holen sich ihre Bewegung und frische Luft durch den Fußweg ins Tal und die Arbeit auf dem Feld.

Sie leben von den Lebensmitteln, die sie selbst anbauen und herstellen; Lebensmittel, die noch ihre ursprünglichen Eigenschaften besitzen. Große und kleine Superfoods wie ursprüngliche Gemüsesorten und Kräuter, die noch reich an Bitterstoffen und anderen guten Kräfte sind sowie selbst gebackenes Brot aus alten Getreidesorten. Fleisch wird nicht verzehrt, dafür Fisch, der reich an Omega-3-Fettsäuren ist. Kalt gepresstes Olivenöl und Rotwein gehören zu jeder Mahlzeit dazu und Genuss wird großgeschrieben.

Das tägliche Nickerchen ist fester Bestandteil des Tages, denn sie leben nach dem Grundsatz: *Ohne Ruhephasen kann man nicht arbeiten und ohne Arbeit bringen Ruhephasen keinen Nutzen.*

Die Menschen achten und schätzen einander und auch die Älteren nehmen noch rege am Gesellschaftsleben teil. Ruhestand ist ihnen fremd, denn sie fühlen sich noch gebraucht und finden Erfüllung in ihrem Leben. Das festigt den Glauben an sich selbst und bewahrt ihre Lebendigkeit.

GEFUNDEN
MEIN COACH UND ICH – WIR SCHAFFEN DAS!

Auch wenn Sie nicht in der abgeschiedenen Ruhe eines kleinen Dorfes wohnen und eher dem hektischen Leben ausgesetzt sind, so haben Sie nun dennoch alles beisammen, um Ihre Balance zu finden: das richtige Rüstzeug für Sie und Ihren Coach, das sie beide nach und nach wieder zusammenrücken lässt. Mit der Zeit und der Freiheit, das zu tun, was Sie mögen, werden Sie erkennen, wie fest Sie mit ihm verwurzelt sind.

Mit ihm werden Sie Lust auf die Lebensweise verspüren, die Ihrem Naturell entspricht. Eine teamgesunde Ernährung, gute Gedanken, Bewegung und mehr Zeit für sich selbst verschaffen Ihnen einen klaren Blick und ein verlässliches Gefühl für das, was Sie für sich persönlich brauchen. Dann sind Sie frei vom schlechten Einfluss störender Lebensmittel, schlechter Bakterien, fehlgeleiteter Hormone und Einwänden Ihres inneren Schweinehundes und können selbst wählen, was für Sie gut ist – zwanglos, frisch und belebend. So werden Sie immer ein wenig mehr über sich selbst erfahren.

RAUM FÜR EIGENE NOTIZEN

WICHTIGSTE QUELLEN

- H. Helander, L. Fändricks: *Surface Area Of The Digestive Tract - Revisited*, Scandinavian Journal of Gastroenterology (2. April 2014), doi: 10.3109/00365521.2014.898326
- Giulia Enders: *Darm mit Charme*, Ullstein-Verlag, 1. Auflage 2017
- B. Björkstén: *Evidence of probiotics in prevention of allergy and asthma*, Curr Drug Targets Inflamm Allergy. 2005 Oct; 4(5): 599-604 (Der Nachweis von Probiotika in der Prävention von Allergien und Asthma)
- Gr. R. Gibson: *Prebiotics as gut microflora management tools*, J Clin Gastroenterol. 2008 Jul; 42 Suppl 2, S 75-9 (Präbiotika als Darmflora Management-Tools)
- M. T. Liong: *Roles of probiotics and prebiotics in colon cancer prevention: Postulated mechanisms and in-vivo evidence*, Int J Mol Sci. 2008 May; 9(5): 854-63 (Rollen von Probiotika und Präbiotika in der Darmkrebsvorsorge: postulierte Mechanismen und in-vivo-Nachweis)
- Dr. N. Campbell-McBride: *Gut and Psychology Syndrome*, (Darm und Psychologie-Syndrom)
- Dr. Mercola, 06.03.2012: *Can Probiotics Prevent the Development of Celiac Disease?* (Können Probiotika die Entwicklung von Zöliakie verhindern?)
- Yamamura, S., et al.: *The effect of Lactobacillus helveticus fermented milk on sleep and health perception in elderly subjects*, European journal of clinical nutrition 63.1 (2007): 100-105 (Die Wirkung von mit L. Helveticus fermentierter Milch auf den Schlaf und die Gesundheit von älteren Personen)
- Valentina Taverniti, Simone Guglielmetti: *Health-promoting properties of Lactobacillus helveticus*, Frontiers in microbiology 3 (2012) (Gesundheitsfördernde Eigenschaften von L. Helveticus)
- Gabriel Vinderola, Chantal Matar, Gabriela Perdigón: *Milk fermentation products of L. helveticus R389 activate calcineurin as a signal to promote gut mucosal immunity*, BMC immunology 8.1 (2007): 19. (Mit L. Helveticus fermentierte Milchprodukte aktivieren Calcineurin und verbessern so die Abwehrkraft der Darmschleimhaut)
- Kolsoom Parvaneh et al.: *Effect of Probiotics Supplementation on Bone Mineral Content and Bone Mass Density*, Scientific World Journal, Januar 2014; doi:

10.1155/2014/595962, (Wirkung von einer Nahrungsergänzung mit Probiotika auf Mineralstoffgehalt der Knochen und Knochendichte)
- Joe Alcock, Carlo C. Maley, C. Athena Aktipis, BioEssays: *Is eating behavior manipulated by the gastrointestinal microbiota? Evolutionary pressures and potential mechanisms*, DOI: 10.1002 / bies. 201400071
- Heijtz, Rochellys Diaz u. a. 2011: *Normal gut microbiota modulates brain development and behavior*
- Axt-Gadermann, M. (2016): *Schlau mit Darm*, Südwest Verlag
- SWR Fernsehen, *Die Nase im Darm*, Sendung 04.12.2008, 22.00 Uhr
- www.apotheken-umschau.de: *Wie Darmbakterien uns beeinflussen*, 30.06.2016
- Wikipedia: *Sättigung* (Physiologie)
- Pharmazeutische Zeitung online / Die Zeitschrift der deutschen Apotheker: *Appetitsteuerung, Der Darm denkt mit*, Ausgabe 52/53/2015
- Walker et al.: *Mg citrate found more bioavailable than other Mg preparations in a randomised, double-blind study*, Magnesium Research 16: 183-191 (2003)
- Youngsuk Huh, Felicitas Kermarrec: *Naturerzeugnis Bambussalz: Ein uraltes Heilmittel neu entdeckt*
- Jörg Rinne: *Besser leben mit Melasse: Inhaltsstoffe und Anwendungsgebiete im Detail erklärt*, Taschenbuch, 2. Januar 2010
- Idan Shalev, Duke-Universität Durham, Fachmagazin *Molecular Psychiatry* / Audrey Tyrka, Brown University, Zeitschrift *Biological Psychiatry*, doi:10.1016, j. biopsych. 2009.08.014. (Äußere Einflüsse auf das Erbgut/Telomere)
- Universitätsklinikum des Saarlandes, Homburg/Saar: *Sport verlangsamt den Abbau der Telomere*
- *Einfluss der Omega-3-Fettsäuren auf die Telomere*, Quelle: Brain, Behavior and Immunity. 2013; 28:16-24.
- Tufts University USA (ORAC-Tagesbedarf)
- Fusco, Domenico, et al.: *Effects of antioxidant supplementation on the aging process*, Clinical Interventions in Aging 2.3 (2007): 377 (Auswirkungen einer Nahrungsergänzung mit Antioxidantien im Hinblick auf den Alterungsprozess)
- Diaz, Marco N., et al.: *Antioxidants and atherosclerotic heart disease*, New England Journal of Medicine 337.6 (1997): 408-416 (Antioxidantien und arterioklerotische

Herzkrankheiten)
- http://arnold-hilgers-institute.com/tl/antioxidantien-und-krebs-eine-wissenschaftliche-dokumentation.html/
- Dr. Barbara Rias-Bucher: *Heimische Superfoods, Natürliche Lebensmittel und ihre positive Wirkung - Gesundes vom Markt und aus eigenem Anbau*
- Gonzales, G. F.: *Ethnobiology and Ethnopharmacology of Lepidium meyenii (Maca), a Plant from the Peruvian Highlands*, in: Evid Based Complement Alternat Med. 2012; 2012: 193496.
- Brooks, N. A., Wilcox, G., Walker, K. Z., Ashton, J. F., Cox, M. B., Stojanovska, L. (2008): *Beneficial effects of Lepidium meyenii (Maca) on psychological symptoms and measures of sexual dysfunction in postmenopausal women are not related to estrogen or androgen content* (Menopause), 2008; 15(6): 1157–1162.
- Gonzales, G. F.: *Biological effects of Lepidium meyenii, maca, a plant from the highlands of Peru*, in: Singh VK, Bhardwaj R, Govil JN, Sharma RK, editors. Natural Products. Vol. 15. Houston, Tex, USA: Studium Press; 2006. pp. 209–234 (Recent Progress in Medicinal Plants)
- Dording, C. M., Fisher, L., Papakostas, G., et al. (2008): *A double-blind, randomized, pilot dose-finding study of maca root (L. meyenii) for the management of SSRI-induced sexual dysfunction*, CNS Neuroscience and Therapeutics. 2008; 14(3): 182–191.
- Gonzales, G. F., Cordova, A., Gonzales, C., Chung, A., Vega, K., Villena, A. (2001): *Lepidium meyenii (Maca) improved semen parameters in adult men*, Asian J Androl. 2001 Dec; 3(4): 301-3
- S. Coe, L. Ryan: *Kalzium: nol content and in vitro bioaccessibility of six baobab fruit extracts*, Proceedings of the Nutrition Society, 2012, (Polyphenolgehalt und in vitro Bioverfügbarkeit von sechs Baobab Fruchtextrakten)
- Stefano Manfredini: *The Health Properties of Baobab (Adansonia Digitata)*, University of Ferrara, 6. September 2002, (Die gesundheitlichen Vorteile von Baobab (Adansonia Digitata))
- Universitäten Ferrara, Italien; Oxford Brookes, Großbritannien; Monash, Australien (Wissenschaftliche Studien über die gesundheitliche Wirkungen von Baobab)
- Osaka-Institutes, Japan (Wirkungen von Chlorophyll bei Krebs)

- Forschungsinstitut für Wildtierkunde, Wien, Wildbiologen Kurt Onderscheka und Frieda Tataruch (die Wirkung der Bitterstoffe als Äsungsbremse)
- Dr. med. Detlef Pape, Anna Cavelius: *Die Fruktose Falle*, Goldmann-Verlag
- *De houdbare vrouw* (Die nachhaltige Frau) C 2012 :35 (Die Wirkung von Zucker auf Haut, Arterien, Gelenke und Gehirn)
- Skoog, S. M., Bharucha, A. E.: *Dietary fructose and gastrointestinal symptoms: a review*, J Gastroenterol. 2004 Oct; 99(10): 2046-50 (Fruktose und Magen-Darm-Symptome: eine Überprüfung)
- Miguel A. Lanaspa, Takuji Ishimoto [...],Richard J. Johnson, 2013: *Nature Communications* (Endogene Fructoseproduktion und Fructose-Metabolismus in der Leber tragen zur Entwicklung des metabolischen Syndroms bei)
- Cox, C. L., Stanhope, K. L. et al.: *Consumption of fructose-sweetened beverages for 10 weeks reduces net fat oxidation and energy expenditure in overweight/obese men and women*, September 2011, European Journal of Clinical Nutrition, (Verzehr von mit Fructose gesüssten Getränken über 10 Wochen reduziert die Fettoxidation und Energieverbrauch bei übergewichtigen Männern und Frauen)
- Joachim Mutter: *Lass dich nicht vergiften!: Warum uns Schadstoffe chronisch krank machen und wie wir ihnen entkommen*, Gräfe und Unzer, 2013
- Lesurtel, M., Graf, R., Aleil, B. et al,: *Platelet-Derived Serotonin Mediates Liver Regeneration*, Science, 7. April 2006
- M. Ledochowski, B. Widner, C. Murr, B. Sperner-Unterweger, D. Fuchs *Fructose Malabsorption is Associated with Decreased Plasma Tryptophan«* Scand J Gastroenterol 2001 (4)
- Kathleen A. Page, M. D.; Owen Chan, Ph. D.;Jagriti Arora, M. S et al: *Effects of Fructose vs Glucose on Regional Cerebral Blood Flow in Brain Regions Involved with Appetite and Reward Pathways*, JAMA, 2013; 309(1): 63-70, doi: 10.1001/jama.2012.116975
- Alvarez, F. P. P. et al.: *Prebiotic inulin/oligofructose in Yacon root (Smallanthus sonchifolius), phytochemistry and standardization as basis for clinical and pre-clinical research*, März 2008, Rev Gastroenterol Peru, (Präbiotisches Inulin/Oligofructose in der Yaconwurzel, Phytochemie und Standardisierung als Basis für klinische und präklinische Forschung)

- Caetano, B. F., et al.: *Yacon (Smallanthus sonchifolius) as a Food Supplement: Health-Promoting Benefits of Fructooligosaccharides*, Nutrients, Juli 2016, (Yacon als Nahrungsergänzung: Gesundheitsfördernde Vorteile von Fructooligosacchariden)
- Genta, S., et al.: *Yacon syrup: beneficial effects on obesity and insulin resistance in humans*, Clin Nutr., April 2009, (Yaconsirup: vorteilhafte Wirkungen auf Übergewicht und Insulinresistenz bei Menschen)
- Mäkinen, K. K.: *Sugar alcohols, caries incidence, and remineralization of caries lesions: a literature review*, Int J Dent. 2010;2010:981072, Epub 2010 Jan 5. (Zukkeralkohle, Karies Häufigkeit und Remineralisierung bei Karies: Ein literarische Zusammenfassung)
- Carolanne Wright: *Coconut Sugar: Enjoy the New Star Among Low Glycemic Sweeteners*, Natural News, Oct. 21, 2012 (Kokosnusszucker: Geniessen Sie den neue Star unter den niedrig-glykämischen Süssstoffen)
- Ohio State University in Amerika und University of Cambridge (gesättigte Fette und die Wirkung auf die Blutfettwerte)
- Lindy Wood und Stephen M. Setter, Pharmaforscher, Washington State University (Diabetes und Alzheimer)
- Plataforma SINC: *Eating eggs is not linked to high cholesterol in adolescents, study suggests*, ScienceDaily, 19 July 2013 (Der Verzehr von Eiern steht in keiner Verbindung zu hohen Cholesterinwerten bei Heranwachsenden, wie eine Studie vermuten lässt)
- Dr. med. Volker Schmiedel: *Cholesterin - 99 verblüffende Tatsachen*
- Kita, Toru, et al.: *Role of oxidized LDL in atherosclerosis*, Annals of the New York Academy of Sciences 947.1 (2001): 199-206 (Die Rolle des oxidierten LDL bei Arteriosklerose)
- Roland Stocker, John F. Keaney jr.: *Role of oxidative modifications in atherosclerosis*, Physiological reviews 84.4 (2004): 1381-1478 (Die Rolle von oxidativen Veränderungen bei Arteriosklerose)
- Peter L. Zock, Martijn B. Katan: *Diet, LDL oxidation, and coronary artery disease*, The American journal of clinical nutrition 68.4 (1998): 759-760 (Ernährung, LDL-Oxidation und koronare Herzkrankheit)

- Donner, S.: UGB-Forum 5/05, S 245-248 (Serotonin: Zum Glück gibt's was zum Essen)
- Patrick, R. P., Ames, B. N.: *Vitamin D and the omega-3 fatty acids contol serotonin synthesis and action, part 2: relevance for ADHS, bipolr, schizophrenia, and impilsive behaviour*, FASEBJ. 29, 000-000 (2015), www.fasebj.org.
- Uuliv.de Home Nadja Polzin (Getreide, Lektine und warum es immer mehr Menschen krank macht)
- http://ernaehrung-und-sport.de/getreide.html: *Ernährung & Sport, Die zwei Grundlagen der Gesundheit*, Robert Königbauer: *Getreide und Ernährung*
- www.codexalimentarius.net: *Grenzwert Gluten*
- Georg Loss, Ph. D., Martin Depner, Ph. D., et al.: *Consumption of unprocessed cow's milk protects infants from common respiratory infections*, Journal of Allergy and Clinical Immunology, 2014, (Der Konsum von Rohmilch schützt Säuglinge vor den üblichen Atemwegserkrankungen)
- Peters, Achim (2011): *Das egoistische Gehirn. Warum unser Kopf Diäten sabotiert und gegen den eigenen Körper kämpft*, Berlin, Ullstein Verlag
- http://derstandard.at/fs/1252680425340/Unser-Gehirn-setzt-auf-Energieeffizienz (09-09-13)
- lexikon.stangl.eu/5398/bauchhirn/ (Sättigungsgefühl durch Bakterien)
- Universität-Laval, Quebec (Wirkung von Probiotika bei Diäten)
- Personalized Nutrition Project (Wirkung von Süßstoffen)
- Universität Gießen (duale Lipidoxidation; Mix aus Omega-3-Fettsäuren und MCT (mittelkettige Triglyceride; Gewichtsreduktion)
- Untersuchung Universität Hohenheim: Veränderung der Zahl der täglichen Mahlzeiten bei gleichbleibender körperlicher Aktivität verändert den Kalorienverbrauch
- D. Sluik, Universität Wageningen, Niederlanden (Diabetes/Sport: Bewegung hat einen größeren Effekt als Diäten)
- Nippon Medical School, Tokio (Studie über die Wirkung des Waldes auf die Gesundheit; Phytonzyden gegen Krebszellen)
- geo/wissen/13369-rtkl-biorhythmus-die-unerbittliche-innere-uhr
- Zeit Online Gesundheit: *Jetlag bringt auch Darmbakterien aus dem Takt*, 16. Oktober 2014, 22:12 Uhr